数据资本大时代

朱民 潘柳 著

中信出版集团 | 北京

图书在版编目（CIP）数据

数据资本大时代 / 朱民，潘柳著. -- 北京：中信出版社, 2025. 7. -- ISBN 978-7-5217-7737-6
Ⅰ. F49
中国国家版本馆 CIP 数据核字第 2025N6L235 号

数据资本大时代

著者： 朱民　潘柳
出版发行：中信出版集团股份有限公司
　　　　　（北京市朝阳区东三环北路 27 号嘉铭中心　邮编　100020）
承印者： 北京通州皇家印刷厂

开本：787mm×1092mm 1/16　　印张：21.25　　字数：236 千字
版次：2025 年 7 月第 1 版　　　　印次：2025 年 7 月第 1 次印刷
书号：ISBN 978-7-5217-7737-6
定价：79.00 元

版权所有·侵权必究
如有印刷、装订问题，本公司负责调换。
服务热线：400-600-8099
投稿邮箱：author@citicpub.com

重磅推荐

随着时代的变迁，主要生产要素不断演化。农业经济时代以土地和劳动力为主要生产要素，工业经济时代以资本和技术为主要生产要素，数字经济时代以数据、资本和技术为主要生产要素。数据这一新型生产要素，不仅像传统生产要素那样，将自身价值转移到新产品当中，更通过与传统资本、劳动力、技术等生产要素相结合，提高既有生产要素利用率和配置效率。数据要素还能够优化企业生产决策流程，驱动企业管理模式创新，降低交易成本。数据要素与数字技术、数字化网络共同催生了一系列新产业、新业态、新模式，促进了传统农业、工业和服务业的数字化转型，推动了经济高质量发展。经济学家朱民与潘柳的著作《数据资本大时代》论述了从数据资源到数据资本的演变，数据作为数字经济时代关键生产要素的显著特征；阐述了数据资本化的国家战略和政策；探讨了数据资本化的三大突破，即数据资产在金融领域的应用、公共数据的授权使用和企业数据管理战略的建立，以及建立完整的数据产业链与实现数据资本化的关系；揭示了数字经济时代，数据与实体经济之间相互促进和相互增强的密切关系，数据的宽广发展前景和对中国高质量发展的推动作用。这是一部系统深入研究数据资本的著作，值得仔细阅读和深入思考。

——许宪春，国家统计局原副局长

在智能时代，数据是训练大模型的瓶颈，数据越多，AI能力越强，但比获取数据更重要的是用好数据。《数据资本大时代》擘画了数据从资源到资本的价值演变路径，阐述了构建数据产业链赋能实体经济的重要意义，具有很高的理论价值和参考价值。

——张亚勤，清华大学智能产业研究院（AIR）院长，中国工程院外籍院士

数据是人类进行判断、交流的事实或观察的结果，从古代到近现代，数据已经成为推动生产生活方式优化升级的核心要素。随着新技术的迅猛发展，数据的积累已经逐渐跨越"奇点"，全面改变了原有要素的边际报酬增长速率，带来全新的投入产出模式。在智能时代与大数据的加持下，数据资产化乃至资本化作为促使数据价值增值的关键抓手，已成新质生产力的核心内容，更是一国激发内生增长动力、参与全球新经济博弈的重要切入点。《数据资本大时代》一书构建了完善的历史视野、全球维度与技术脉络，结合中国式现代化建设的大潮，提供了兼具理论、政策与实践价值的诸多前沿研究，相信决策者、研究者和从业者都能

从中获得良好的阅读体验。

——杨涛，国家金融与发展实验室副主任，
全国金融标准化技术委员会委员

数据、算力、算法，构成了AI发展的三大支柱。而今，高质量数据的匮乏正成为瓶颈——数据的价值在于流通与聚合，唯有降低交易成本，释放规模效应，才能满足AI日益饥渴的数据需求。《数据资本大时代》以深邃的理论视角，剖析数据流通的价值链，从战略到生态，从政策到产业，为数据资本化时代提供了关键路标。此书为理解"数据入表"和"数据资本化"提供了一把钥匙。

——彭文生，中金公司首席经济学家、
研究部负责人，中金研究院院长

数据是推动人类文明进步的新生产资料，中国政府早在2020年就把数据归为生产要素，并开始了对其市场化运作的探索。经过5年的努力，中国的数据要素市场初具雏形，数据治理体系逐步建立，数据与产业融合的价值开始释放。但数据市场毕竟是新生事物，如何构建中国的数据产业生态依然是一个亟须探讨的问题。《数据资本大时代》一书从数据资本化入手，应用经济学的基本原理，探讨如何构建我国具有国际竞争力的数据产业链，进而回答了构建数据要素市场遇到的大量问题，是学习数据要素市场理论与实践相关知识的一本重要参考书。

——朱岩，清华大学经济管理学院管理科学与工程系教授，
清华大学互联网产业研究院院长

目 录

前　言　构建中国创新型数据产业体系　　　　　　　　　V

第一章
"数据＋人工智能"的新兴数字经济正在崛起

第一节　世界正在进入智能时代　　　　　　　　　　　003
第二节　范式变更：人工智能的突破与颠覆　　　　　　010
第三节　范式变更：数据是智能社会的基础、资源与资本　022
第四节　"数据＋人工智能"的未来：一个全新智能产业的崛起　029
小结：挑战与展望　　　　　　　　　　　　　　　　　040

第二章
发挥数据价值，走向智能数字经济

第一节　数字经济带来经济形态发展的变革　　　　　　045
第二节　数据是数字经济最优质的资产　　　　　　　　053

第三节　数据价值挖掘与演变：从数据资源到数据资本　　063

第四节　数据要素视角下的数据资本化研究　　081

小结：挑战与展望　　090

第三章
数据战略是国际竞争前沿

第一节　从数据战略立足点出发，制定政策规划与实施框架　　096

第二节　鼓励数据流动与使用，创造数据价值　　108

第三节　培育数据产业与生态，壮大数据产业链　　118

第四节　创新数据市场机制，关注数据供需匹配　　124

第五节　加强数据跨境流动治理，推进国际协作　　130

小结：挑战与展望　　138

第四章
数据资本化的中国战略与政策

第一节　中国数据战略框架　　145

第二节　"数据二十条"：顶层设计与引领　　152

第三节　数据资产入表：突破与创新　　159

第四节　国家数据局：组织保障与实施推进　　167

第五节　地方数据政策：积极探索，多元创新　　170

小结：挑战与展望　　180

第五章
数据资本化的三大应用突破

第一节　数据资产在金融领域的应用　　185

第二节　公共数据的授权使用　　195

第三节　企业数据管理战略的建立　　205

小结：挑战与展望　　217

第六章
构建具有国际竞争力的数据产业链

第一节　数据是实现数据资本化的基础　　223

第二节　数据产业高质量发展是国家数据战略落地的关键　　227

第三节　建立完整的数据产业链是实现数据资本化的核心　　231

小结：挑战与展望　　253

第七章
构建安全、公平、透明的中国数据资本生态

第一节　创新数据要素市场的制度建设与政策框架　　259

第二节　支持数据产业发展的监管生态　　261

第三节　继续数据要素市场新模式的区域探索　　269

第四节　以数据技术创新保障数据监管与治理　　273

第五节　促进与规范数据跨境流动　　275

第六节　提升数据治理的国际合作与交流　　　　　　　283

第七节　推动中国数据产业与数据资本生态发展的政策建议　287

小结：挑战与展望　　　　　　　　　　　　　　　　　301

参考文献　　　　　　　　　　　　　　　　　　　　　305

前　言

构建中国创新型数据产业体系

自 2022 年 12 月《中共中央 国务院关于构建数据基础制度更好发挥数据要素作用的意见》（简称"数据二十条"）发布以来，短短两年多的时间，我国数据资产的长潮开始涌起，并且连绵不断地发展。全面支持数据资产发展的政策正在密集推出，推动数据资产大潮的到来。数据资产长潮和大潮的叠加，成为我们现在面临的特别壮观的背景和形势。展望未来，培育一体化技术和数据市场、构建创新型数据产业体系，成为数据资产发展的重要战略方向。

一、过去两年中国数据资产迅猛发展

一是数据政策框架初步形成。

"数据二十条"史无前例地提出了数据资源持有权、数据加工使用权和数据产品经营权"三权分置"，这几乎是全世界没有

的概念。确定数据产权的经营性质，在这个原则的基础上，继续考虑数据流通、交易、估值、增值等，这是人类经济史上的创造。

第一，初步构建起数据治理的法律框架、政策体系框架和数据基础制度，涵盖数据权利、分类、采集、存储、估值、流通、使用和保护。这是推动数据资源高效利用的重要一步。

第二，明确各级政府，特别是地方政府在数据发展和管理等方面的权力和责任，推动地方政府开发公共数据，保障个人、企业和公共组织与数据相关的权益。

第三，为数据产权人资产会计处理和资产评估提供支持。确定数据资产入表的会计准则，明确"数据三权"的定义、内涵、外延、权能等处理规则，为数据产权统一登记提供基础，这些都是发展数据产业很重要的基础设施。

第四，国家提出构筑数据基础制度的部署，成立国家数据局。国家数据局密集出台了一系列文件，逐步构建起整个"数字中国"战略的"四梁八柱"基本架构。规范和加强数据资产管理，积极推动国有企业进行数据资产评估管理，特别是在电力系统、能源系统中，充分发挥数据资产的价值作用。

同时，政府在此基础上构建数据监管治理体系，管理数据采集、存储、流通、交易等一系列行为活动的整个过程，保障数据资产安全，推动数字经济发展。

至此，在短短两年多的时间里，我国支持数据产业、数据资产的政策框架体系已基本形成。这是一个了不得的创举，是人类历史上、经济史上的创新性发展。

二是数据资产金融化蓬勃发展。

从 2023 年 8 月财政部印发《企业数据资源相关会计处理暂行规定》以来,数据资产金融化的步伐加快迈进。实践中涌现了许多数据资产增信、数据资产抵押案例,也出现了数据资产保理、数据资产投资等探索。传统模式以实物资产抵押为主,现在也可以用以数据为基础的资产进行抵押,规模覆盖数千万元至数十亿元量级,从借贷到投资都已有落地的实践案例,这是非常令人振奋的。

通过数据打包、处理、定价、挂牌、交易,不仅数据资产的价值得到了体现,而且数据资产可以进入流通和生产领域。因此,数据得到金融化发展,这是过去两年可以观察到的特别重大的进展。数据资产与实体资产相结合,使融资价值得到互相增强。实体经济增强数据资产的价值,数据资产增强实体经济的价值,形成了新的金融业态。这个业态正在兴起,前景非常好。

三是以公共数据开放和授权运营为代表的新兴资源开发方兴未艾。

政府积极鼓励公共数据开放、授权运营,系统部署推进公共数据资源开发利用。制定加快公共数据资源开发利用的制度,鼓励应用创新,推动数据产业健康发展,繁荣数据产业发展生态。

地方政府持有的大量公共数据,对企业未来的经营意义重大,例如交通数据、低空数据、城市公共服务数据等,对实体产业的精准化发展和客户挖掘的影响都非常大。各地方出台了一系列公共数据管理法规和授权运营政策,为公共数据开放提供制度依据，规范公共数据的开放流程，明确数据开放的范围、方式和安全管理要求，以促进公共数据资源的共享与利用。各地成立地方数据集团作为数据的授权经营主体，创新开放机制，完善开放平台，鼓励数据利用、交易流通等。

当前，公共数据流通原则是以共享为主，不共享为例外。政府对公共数据的态度从注重隐私转变为鼓励共享。公共数据的流通市场空间将会非常大。公共数据的沉淀和开发对未来经济的促进作用是巨大的，因此，要充分发挥公共数据的资源力量，为经济服务。

可以预见，公共数据的大门在不远的未来会更加开放，形成另外一个数据产业发展大潮。

四是数据资产供应链初具规模。

在上述基础上，涵盖数据采集、存储、生产、处理、流通、交易和治理的数据供应链初步形成，也催生出一大批数据战略咨询企业、数据收集科技公司、会计估值公司、数据生产科技公司、数据交易所、数据流通和交易平台等企业新生态。例如，通过上海、北京、深圳等地的数据交易所挂牌数据产品，按照合法的程序经营和交易，使数据能够在法律界限明确、估值明确、有安全边界的市场应用下得到合理的使用。

数据跨境方面，国内数据可以通过数据海关走出国门，国外数据也可以通过数据海关走进来，整个数据产业链正在形成。这是市场的力量，也是了不起的巨变。

短短两年多的时间，政府从政策出台到框架构建，推动公共数据的开发利用，市场则以数据金融化切入，逐步形成完整的数据产业链。今天，中国数据产业的规模在全球领先，这是一个了不起的发展，也是一份了不起的事业。数据资产的长潮正在涌起。

二、数据资产发展的相关政策密集出台

在国家数据战略框架的顶层指引下，我国数据基础制度已逐步构建起来，形成培育数据要素市场、发展数字经济的初步框架。当前，政府正密集出台一系列重要的经济政策，进一步推动我国数据产业、数据资产向前发展。

党的二十届三中全会特别强调数字经济和实体经济的结合，要以数据为关键要素，健全促进实体经济和数字经济深度融合制度，加快培育新技术、新业态、新模式，全面提升数字消费能级，打造世界级数字产业集群。可以看出，数据产业将是我国未来经济重要的新增长点之一，这是在今天这个时点上，整个数据产业所面临的重大责任和机遇。

"数据要素×"行动计划推动数据要素赋能各行各业，到2026年底将形成相对完善的数据产业生态，使数据要素价值创造的新业态成为经济增长新动力。

深化智慧城市发展，支持城市全域数字化转型，以数据融通、开发利用贯穿始终，通过培育壮大数据产业，更好服务城市高质量发展。

促进数据产业高质量发展，在优化产业发展结构、促进产业链协同发展、推动数据产业区域聚集等方面加强数据产业规划布局，全面释放数据产业动能。

加快企业数据资源、公共数据资源的开发利用，完善公共数据资源的登记管理、授权运营，赋能产业数字化转型，助力提升治理效能和公共服务能力。

推进国家数据基础设施建设，加强数据中心、算力、网络等新型基础设施建设，到2029年基本建成国家数据基础设施主体结构，支持数据资源的汇聚治理、可信流通和高效利用，推动智能数字经济发展。

完善数据流通安全治理机制，提出到2027年底，基本构建起规则明晰、产业繁荣、多方协同的数据流通安全治理体系。

打造国际数据港，提出全球数据跨境流动合作倡议，积极开展相关领域的国际合作，携手构建高效、便利且安全的数据跨境流动机制。

这一系列政策，都是为未来中国数据产业发展做的准备，会更加推动整个数据资产的大潮涌起。

三、构建中国创新型数据产业体系

数据产业是中国经济未来新的增长点，是中国新质生产力的重要基础和组成部分。面向未来的这个战略定位决定了培育一体化的科技和数据市场、健全数据资产产业链，最终构建中国创新型数据产业体系的重要意义和发展必然。

一是要让数据更好地与科技、人工智能（AI）结合。

在智能社会中，创新离不开人工智能、科技和数据。数据是基础，这就奠定了数据在中国未来经济发展中的重大战略地位，指明了其发展方向，它的发展前景无限广阔。

数据产业是中国重要的创新型产业之一，与人工智能、量子科学、新能源、新材料、新高端制造等产业一样，都是国家未来发展的重中之重，需要国家创新型产业政策的鼓励和支持。我们正在构思如何构建创新型数据产业体系，让数据更好地与科技、人工智能结合起来，共同推动中国智能化的发展。

二是要让数据尽快进入生产函数，让数据用起来。

要让数据进入生产函数，让它变成真正的生产力，而不只是变成财富的一部分。把数据变成生产力将会产生更多的财富。因此，要推动数据尽快进入生产函数，进入物质生产领域，进入制造业，进入服务业，进入科研领域，推进中国经济数字化转型，促进中国数字经济和实体经济融合发展，推动中国经济高质量发展。

中国的制造业规模约占全球的30%，是美国、日本、德国和韩国的总和，保持中国制造业全球竞争力就是走向数字化，将数据资产与制造业相结合。中国正积极扩大内需，着力建立以国内消费市场为主导的新增长模式。在此进程中，服务消费将占较大比重，涵盖教育、医疗、文娱、旅游等重点领域，数据要素将在未来的服务企业中起到重大作用，特别是工业服务企业。让数据用起来，中国的城市进行改造后将是完全现代化和数字化的，中国新农村建设将是焕然一新的、现代化的和一流的，中国的碳中和将会实现重大发展、走向绿色。

未来，数据能够发挥作用的领域有很多，如城市建设、农业、制造业、服务业、碳中和、科技创新……尽管会面临巨大的挑战，但是也意味着有巨大的机会。

三是要培育一体化技术和数据市场。

培育一体化技术和数据市场是中国实现数字经济高质量发展的重要途径。通过政策支持、技术创新和基础设施建设，中国正在逐步构建一个高效、安全、开放的数据市场生态系统，为经济社会的全面数字化转型提供有力支撑。

加快培育统一的技术和数据市场，打造统一的要素和资源市场，是建设全国统一大市场的重要内容。在科技竞争的时代，数据与科技的结合是未来的前景。一体化技术和数据市场是数据产业发展的基础，需要培育通用规范的技术标准、数据的充分共享与互通、坚实的数字基础设施、政府支持性政策，以及多方协作的交易体系、生产体系和市场生态。

四、结语

人类正在走向智能社会，算法、算力和数据是智能社会的三大要素。中国是数据大国，且正在向高质量发展的社会主义大国迈进，数据将成为中国经济新的增长点，用好数据是中国发展的重要战略。

数据是智能时代中国高质量发展的基础支撑点和前沿，从这个意义上看，数据的前景是宽广的。想象在未来的世界里，实体经济的价值与数据的价值交织在一起，相互加强。实体经济产生数据、提升数据价值，反之，数据价值的提升也会进一步增强实体经济的价值。两个价值相互增强的新的混合产品将会出现，成为整个数据世界的新业态。它是物质和抽象相融合的，如果现有的物质世界与虚拟数据深度交融并相互强化，那么这个世界的发展空间将无比宽广。

数据资产发展的长潮和大浪正在涌现，这是中央在当前全球趋势的变化下做出的重大决策。数据资产是中国丰富的资源，也是当代人的责任和无限的机遇。我们不应辜负我们的时代，应承担我们的责任，构建数据资产产业链，构建中国创新型数据产业体系，推动中国经济高质量发展。

愿大家都能站在数据资产的长潮之上、大浪之巅，成为未来的赢者。

朱民
2024 年 11 月

第一章

"数据+人工智能"的
新兴数字经济正在崛起

第一节　世界正在进入智能时代

一、智能时代的到来与兴起

在人类的发展史上，每一代新技术的到来都势不可当，都会渗透式地改变人们生活、工作和相互关联的方式，影响全球经济的发展方向。从 20 世纪 40 年代的微电子技术到 20 世纪 60 年代的计算机技术，再到 20 世纪 90 年代的信息与通信技术（ICT）的迭代发展，相继引发了技术经济、信息经济、知识经济的繁荣，生产效率的跨越式进步，以及人们生活水平的大幅提升。2008 年爆发全球金融危机后，全球经济缺乏增长动力，世界发展迫切需要新一轮科技革命和产业变革的引擎推动。随着大数据、云计算、人工智能以及区块链技术的相继推出和应用，数字经济、智能经济开始步入社会舞台。2020 年，突如其来的新冠疫情对世界经济运作模式产生巨大冲击，也将全球的数字化进程大幅提前。自然语言处理（NLP）技术取得突破性发展，2022年11月ChatGPT（聊天机器人模型）横空出世，让大语言模型走到台前，加速了智能化对科技和人类社会产生的根本性颠覆和巨大变局。

信息经济最早于20世纪60年代提出，美国学者马克卢普（Machlup，1962）首次提出知识产业，奠定了宏观信息经济学的基础，意识到提供信息产品和服务的企业是重要的经济部门，提出了信息经济测度理论和方法。在此基础上，波拉特（Porat，1977）提出以信息产品或服务是否进入市场交易为标准，将信息部门划分为以信息设备生产与信息服务为主的一级信息部门，以及政府和企业内部以融合新型产品与服务为主的二级信息部门，界定了与信息经济相关的基本概念和测度范式。20世纪80年代后的信息产业概念出现了狭义和广义之分，狭义指以信息与通信技术为核心的信息处理产业，广义涉及更广泛的教育、科研等。随着信息产业大规模发展及其与经济运行不断融合，对信息经济的讨论和研究更为普遍，其核心内容主要是信息与通信技术产业及其带来的社会和经济影响。

信息时代开启的重要特征之一是，信息可以在任何时间、任何地点，以几乎零成本的方式获得。在信息时代，信息共享是所有交流的基础，包括从个人交往到整个社会、国家和文化之间的交流关联。通过知识和经验的交流，塑造了个人和集体对世界的理解。信息和知识的共享对于人类经验的形成产生了重要的影响。IT（信息技术）的应用广泛渗透到社会、经济和生活的方方面面，大量不同形式的信息以前所未有的速度得到处理和共享。信息时代的技术基础是计算机处理能力的进步、互联网连接和速度的提高以及移动通信设备的无处不在，由此提高了信息的获取、处理和传播效率，推动了信息流通的全球化。

当人工智能、大数据、云计算、物联网等前沿技术开始被广泛应用，机器和计算程序对信息的调用频率呈指数增长时，信息环境发生了巨大而深刻的变化，智能化在信息化的基础上得以延伸发展。我们开始面临时代的切换，离开信息时代走向智能时代，深入推动社会生产力的发展和生产方式的变革。

智能时代的到来意味着人类将越来越多地依赖智能机器进行信息的加工处理，并完成常规性质的工作。智能时代的主要特点是，系统具备更高的智能和自主决策能力，能够在复杂的环境下做出智能化的响应和决策。其中，人工智能发挥了尤其关键的作用，其基于大数据技术带来的丰富的数据资源，可以智能化提取有价值的信息来支持决策，使机器能够模拟人类的感知、认知、理解、决策和行为能力，完成更加复杂和高级的任务。正在形成的全球共识是，人工智能是人类历史上具有里程碑意义的技术创新，人工智能技术有望成为未来几十年最强大的工具，用于扩展知识、推动发展和丰富人类经验。

人工智能自20世纪50年代首次提出开始，其发展经历了跌宕起伏的三次浪潮，代表了三个时代。第一次人工智能浪潮是推理与搜索时代，第二次人工智能浪潮是知识时代，而第三次人工智能浪潮则是深度学习和大数据时代。其中，给人印象最为深刻的是三盘棋：1962年的国际跳棋、1997年的"深蓝"国际象棋、

2016年的阿尔法围棋（AlphaGo）。这三次计算机在特定领域战胜人类棋手的事件，都在当时引起了巨大的轰动。深度学习的算法、算力和数据三者结合起来，使机器可以根据原始数据学习。AlphaGo正是机器学习实现数据智能的重要标志。

大语言模型的诞生推动了人工智能的进一步发展。随着自然语言处理技术的飞速发展，特别是2022年以ChatGPT为代表的生成式人工智能的问世，人工智能进入了更高级别的阶段。ChatGPT源自以深度学习为代表的人工智能技术的长期积累，通过大数据、大模型和大算力的工程性创新整合，机器智能使统计关联得以涌现，推动了语言生成和对话式人工智能等领域的突破。智能化的应用范围由此更加广泛和深入，全面覆盖了农业、工业、服务业等领域。

人工智能的目标是构建类似人脑一样的智能系统，能够自主学习和进化，具有类人通用智能水平。根据英国数学家艾伦·图灵在1950年提出的图灵测试，如果一台机器能够与人类展开对话（通过电传设备）而不被辨别出其机器身份，那么便称这台机器具有智能。在人工智能领域，图灵测试一直是一个重要的基准测试，来证明"思考的机器"是可能的。在此之前，图灵测试是人工智能难以逾越的障碍，机器不能与人类完成自然对话而不被识别。如今，ChatGPT被普遍认为已经攻破了图灵测试，尽管仍然存在些许争议，但代表了一个重要的里程碑。人工智能正从狭义走向广义，"广义人工智能"类似于机器智能，接近甚至超过人类智能，产生了一种新的智能或者通用人工智能（AGI），这也是大模型和ChatGPT带给人们最大的震撼之一。

二、"人类智能 + 人工智能"的新智能时代

信息时代，以信息技术、信息与通信技术的发展为主线，产生了两个方面的进展：一方面是计算机硬件的发展与迭代，另一方面是互联网的发展。在计算机硬件和互联网的快速发展中，实现了信息的即时传播和自由流动。在信息时代，计算机作为信息机器的代表，大幅提高了人类的计算能力，并逐步承担了一部分脑力工作。但计算机本质上还是在人的指令下辅助完成繁杂的计算等执行性工作，是不具备自主意识的机器，其优势主要体现在算力和信息存储等方面，因此在与人类合作的过程中处于辅助和被动地位。

在智能时代，数字技术进一步发展和应用，能够主动为决策提供智能化方案，而不仅仅是被动地呈现信息和执行指令。智能机器变得更加"聪明"，能够部分实现人类所特有的感知、认知、行动、控制和决策等功能，承担更多的脑力工作，因此在与人类的合作中拥有了一定的主动权。在算法、算力和数据的支持下，智能机器逐步开始自我生长、进化，与人类的关系也开始从简单的决策和执行关系，转变为相互赋能的协同合作关系。

传统的人类智能是从观察走向科学，利用试验走向技术、走向产品。但是在智能时代，是数据直接通过人工智能产生知识，知识生成产品，整个生产过程路径缩短、效率提高。同时，产品在运行的过程中会产生更多新的数据，然后再输入智能系统进行迭代升级，优化位于起点的数据。从数据出发，再回到数据，形成闭环，打造从数据到服务社会的正循环，且路径更短、效率

更高。

这个变化意味着人们从观察试验、归纳总结的科研个体行为或者一个小群体的行为，开始走向一个全社会的、广泛的、无限制的数据和智能行为，这是人类有史以来第一次找到与人的认知平行的知识获取途径——机器认知，即由数据支持的人工智能。人工智能和人类智能开始平行发展，从而扩大了人类知识的绝对空间，在观察和归纳达不到的地方，机器可以自主发现以前出于认知的原因而无法看到的科技发展空间。最近10年的科技发现，特别是在空间宇宙领域，已经很好地证明了这一点。因此，数据成为知识的载体，数据流通就是知识流通，这是从信息时代到智能时代的一个巨大变化，也是数据作用在智能时代的重大变化。

在这个过程中，智能机器的发展也将经历弱人工智能和强人工智能两个能力阶段。弱人工智能，又称狭义人工智能，即应用型人工智能，指专注于解决特定领域问题的人工智能系统，如人脸识别、机器翻译等。这些系统通常被设计为在预定义的、受限的领域内表现出色，但缺乏跨领域的通用性和自主性。弱人工智能的行为完全基于其内部算法和预设的程序规则，不具备真正的智能推理、自我学习或情感理解能力。弱人工智能可以作为人类强有力的助手，帮助弥补人类在特定领域的短板，实现最大限度的互补。例如，人工智能擅长搜索和计算、处理大数据，人类擅长抽象思考、直觉感知、举一反三，两种智能相互补充、有机结合，可以提升人类文明进化的速度和高度。当前，弱人工智能已经取得了长足的发展，ChatGPT的问世加快了人与智能机器的互动进程，人工智能正在走向决策智能、感知智能、运动智能等相结合的下一阶段。

强人工智能，又称为通用人工智能，指具备与人类智能相似或超越人类智能水平的人工智能系统，是未来人工智能发展的终极方向。强人工智能系统能够处理复杂多变的环境和任务，不需要人类的持续干预或指导。因为能够独立思考问题、制定解决问题的最优方案，强人工智能在多个领域展现出高度的适应性和创造力。但是，强人工智能的价值取向、与人类的关系也面临重大的伦理道德挑战。

可以预见，随着人工智能的感知、决策、行动能力日益增强，在某些领域将逐渐上升到超越人类的智能水平，也将更大限度地实现对人类智能的增强以及与人类智能的互动。人工智能提供了人类与技术共生的全新语境，然而，人类所具有的独特的智慧、情感和创造力，仍将无法被人工智能模仿、逾越和取代。

未来的新智能世界无疑是人类与人工智能协同共处、共同进化的时代，需要人类智能与人工智能的完美结合、相互成就。从人工智能走向人机混合智能，旨在将人的作用或认知模型引入人工智能系统，提升人工智能系统的性能，使人工智能成为人类智能的自然延伸和拓展，通过人机协同更加高效地解决复杂问题。"人类智能＋人工智能"的强大组合，将推动人与机器、机器与机器以及人机共融社会形态的发展，以人为本，形成人机交互协同的混合智能增强模式，由人类智慧决定智能形态发展的最终高度和范畴，共同创造更美好的未来。

第二节　范式变更：人工智能的突破与颠覆

人工智能历经 60 多年起起落落的发展，带来了巨大的变革，在科研、生产、社会、国防等众多传统领域取得了显著的突破，深刻地改变着社会运作方式和生产效率。如今，大语言模型，特别是 ChatGPT 走到了台前，对科技和发展产生了根本性的颠覆。未来，随着技术的不断进步和应用场景的不断拓展，人工智能无疑将为人类社会带来更多惊喜和变革。

一、人工智能驱动科研进入"第四范式"

近 100 年来，科学研究的推进"既快又慢"。"快"是因为技术革命、学科交叉和知识积累带来的突破，我们获得了众多成果；"慢"是因为随着问题复杂性的增加，很多高维研究理论仍然难以用数学模型进行处理或验证。在学术研究领域，这被称为"维度的诅咒"。爱因斯坦在 1915 年基于四维的黎曼空间提出广义相对论，而以量子力学为代表的众多基础科学理论研究停留在四维领域已经很长时间，维度成为难以逾越的障碍。随着人工智能的发展，具备计算上千个维度、一万亿个变量方程式能力的大模型出现，由此引发了科学研究方法的根本变化。

从简单性科学到复杂性科学的演进，标志着科学范式的根本性转换。纵观人类科学发展史，从经验科学、理论科学到计算机科学，再到数据密集型科学，思维方式一直在不断变革，科学研究的范式也相应地不断转变。智能时代启动了以数据为基础出发点的科技和社会发展方式的转变，由大数据驱动的知识发现对社会科学认识论和方法论的传统研究方法提出了巨大挑战。基于数据的知识发现，1998年的图灵奖得主詹姆斯·格雷于2007年在美国国家科学研究委员会计算机科学和电信委员会的演讲中提出了科研"第四范式"（Kristin，2011）。

科学研究范式发展至今经历了四个阶段：实验科学范式、理论科学范式、计算科学范式和数据密集科学范式。

实验科学范式，是人类早期科学研究的第一范式，主要采取观测、记录、实验和归纳的方法，17世纪科学家弗朗西斯·培根提出一套包括"先观察—再假设—最后实验"的实验科学"三表法"，一直为科学界所沿用，但在这种范式下所取得的数据极为有限。典型范例如伽利略在比萨斜塔证明"两个铁球同时落地"的实验、牛顿的经典力学实验等，都属于实验科学的范畴。

在19世纪以后成熟起来的第二范式是理论科学范式，以建模和归纳分析为主，重视理论定义、逻辑推理及演绎，用模型或归纳法进行科学研究，例如数学、物理、地理、经济学、计算机等学科中以数学模型为主的理论研究。

第三范式被称为计算科学范式，由1982年的诺贝尔物理学奖得主肯尼思·威尔逊提出并确立，借助计算机软件的计算、仿真和模拟等手段来帮助分析那些无法通过实验和理论推导解决的复杂科学问题。

第四范式为数据密集科学范式，实现了从传统的假设驱动向基于科学数据进行探索的科学方法的转变（邓仲华和李志芳，

2013）。不同于第三范式中先设定理论再收集数据进行仿真计算和验证的过程，在第四范式下，人们是从已有的大量数据出发，通过计算去发现隐藏在数据中的科学规律和理论。这个过程可以理解为，以数据驱动为主导，用海量数据代替人类传统的经验观察过程，借助算法、算力来实现远超经验范式的理论归纳。

第四范式将数据科学与前三种科学范式区别开来，带来了科学发现的变革。从数据信息时代迈向数据智能时代，大数据"集量成智"的本质特征提供了解决问题的数据智慧，引起新的思维革命，在研究对象、研究路径、研究工具、知识产品、分工流程等方面都产生了深远的影响（牛正光，2017）。

随着人工智能与社会各领域的深度融合，大语言模型、机器学习在科研流程中广泛应用，"AI for Science"（人工智能驱动的科学研究）更进一步推动智能科学研究走向"第五范式"，即以人工智能技术为核心，融合人的知识和价值，帮助科学家提出假设、设计实验、收集和解释大型数据集，从而获得仅靠传统科学方法难以实现的洞察力和跨领域科学研究成果。从预测天气和蛋白质结构到模拟星系碰撞，再到设计优化核聚变反应堆，甚至像科学家一样进行科学发现，这种智能科学范式通过人类智慧、机器智能和数据之间的交互，实现了数据和智能的整合与强化，为科学研究开辟了新视野和新路径，在复杂巨系统科学研究领域有着广泛的应用前景（Xu et al.，2021；Wang et al.，2023；Berens et al.，2023；颜世健和喻国明，2024）。

二、以数据为基础，人工智能加速人类突破科研边界

人工智能能够帮助人类学习新知识，重组已有知识，并通过知识发现与知识重组促进经济显著增长（Agrawal et al., 2017; Aghion et al., 2017）。以数据为基础的人工智能科研具有非常广阔的跨领域应用前景，包括生命科学领域的药物研发、合成生物学，材料科学领域的金属材料、高分子材料、陶瓷和无机材料，能源科学领域的石化能源、电池、新能源，电子工程与计算机科学领域的半导体材料、信息储存以及地质和环境科学等。人工智能以数据为基础，正助力科学研究在各个领域快速突破和创新，促进经济增长。

1. 生命科学领域

基于数据的大模型在蛋白质组学、药物研发和基因组学等领域的应用已经取得了巨大的进步，未来仍具有非常广阔的想象空间。以蛋白质结构的分析为例，已知氨基酸顺序的蛋白质分子有1.8亿个，但其中3D（三维）结构信息被彻底看清的仅约为0.1%。截至2023年底，通过X射线晶体照相和冷冻电镜等实验方法获得数据，蛋白质数据库存有21万个被实验测定的三维蛋白结构。而在智能预测领域，2021年7月，谷歌旗下的DeepMind（深度思考）公司在《自然》杂志上宣布其人工智能程序AlphaFold 2预测出了98.5%的人类蛋白质结构，数据集中预测的所有氨基酸残基中，有58%达到可信水平，其中更有36%达到高置信度。预测精度达到了原子级别，预计预测数量将达到人类已知蛋白质

总数的一半（Jumper et al., 2021）。而在此之前，科学家们经过数十年的努力，也仅覆盖了人类蛋白质序列中 17% 的氨基酸残基。2023 年 10 月，DeepMind 宣布新一代的 AlphaFold 模型可以预测蛋白质数据库中几乎所有的分子。

AlphaFold 以前所未有的准确度和速度，使大规模结构预测的数据库得以建立。AlphaFold 蛋白质结构数据库现已发布 2 亿多条高精度蛋白结构预测数据，包括人类、植物、细菌、动物等，并对外大规模免费开放，未来可以用于药物发现或基础研究。这将使生物学家能够获得几乎任何蛋白质序列的预测结构模型，有助于将预测数据和实验数据相结合，改变解决研究问题的方式，并加速研究项目的进展。畅想未来，以 AlphaFold 为灵感的工具，今后不仅能用来模拟单个蛋白和复合物，还能模拟整个细胞器，甚至是在单个蛋白分子水平上的细胞。蛋白质的数字化，不仅为合成新的物种、实现物种的数字化提供了宽阔的想象空间，也为人工智能在生命科学中的应用打下了更坚实的基础，在更广泛的自然界提供了更深刻的科学认识。

2. 材料科学领域

基于数据的大模型也发挥了类似的革命性作用，在材料发现、性能预测和制造过程优化等方面，推动材料科学突破性发展。长期以来，新材料是通过实验、理论或计算来发现的，研发新材料一直面临高成本、低效率的难题。2023 年 11 月，DeepMind 在《自然》上发表论文，表示通过深度学习、计算机视觉、大数据等，开发了用于材料发现的图神经网络模型 GNoME。研究团队通过GNoME快速发现了220万个新的材料晶体结构，其中很多结构是人类预测和公式难以发现的，相较于传统的材料开发方法，效率提高了10倍。GNoME可以看作材料发现界的AlphaFold模型，GNoME发现的材料越多，整个模型的能力就越强，而整个训练流程全部由人工智能自动完成。超大规模的训练数据集是训练GNoME的关键，包括公开数据库、迭代计算以及模型生成，GNoME的训练数据总量超过1亿组，涵盖100多万种组成，是目前最大的计算材料数据集（Merchant et al., 2023）。

在材料预测方面，以2004年被提出的高熵合金（HEA）为例，因其革命性的设计理念以及特殊的物理、化学和力学性能，受到了全球性的研究与关注。高熵合金由多种占比相近的金属元素构成，相比传统合金具有很多独特的性质，例如很好的耐高温性。但是高熵合金往往很容易氧化，因此需要通过大量实验寻找具有耐氧化能力的高熵合金。这类耐高温、耐氧化材料在航空航天、核反应堆、化工设备等领域具有广泛而重要的用途。2022年，得克萨斯农工大学与美国埃姆斯国家实验室的研究人员联合开发了一个人工智能框架，可以预测能够承受极端高温和氧化环境的高熵合金，显著减少了实验分析的数量，节约了时间和成本。该框架结合计算热力学、机器学习和量子力学，能够定量预测任意化学成分的高熵合金的氧化情况，将计算筛选合金所需的时间从几年缩短至几分钟。根据预测结果，可以筛选出不满足要求的合金，为科学家提供优化设计的宝贵信息。

2022年，德国马克斯·普朗克钢铁研究所的学者在《科学》

发表论文，提出了一种基于使用机器学习技术，利用概率模型和人工神经网络的方法来加速对高熵合金的发现。通过主动学习策略，实现了基于小数据集在几乎无限的成分空间中加速高熵合金的设计，极大地提高了高熵合金的设计效率，并成功地设计了多种新型高熵合金。

3. 能源科学领域

以数据作为物理世界运营和优化的基础，人工智能帮助管理物理世界最为典型的案例，是近期美国在核聚变领域取得的最新突破。长期以来，核聚变面临的问题是其产出的电量小于投入的电量。笔者（朱民）当年在普林斯顿大学读书的时候，当地有一套20世纪80年代美国和苏联合建的核聚变装置，每当这个装置做实验时，整个小镇就会停电。这样的实验，做了几十年都没有进展。2022年12月，美国能源部宣布，劳伦斯·利弗莫尔国家实验室的科学家已经设计出一种可控核聚变反应，该反应产生的能量超过了所消耗的能量。这是数十年来人类寻找产生清洁和无废料核电方法过程中的一个里程碑式的成就。2023年7月，这些科学家成功重现了"核聚变点火"突破，第二次在可控核聚变实验中实现了"净能量增益"。

可控核聚变发电的主流方案包括采用惯性约束和磁约束两种。劳伦斯·利弗莫尔国家实验室的"国家点火设施"，是采用惯性约束核聚变方案，而磁约束则大多使用托卡马克装置（一种可以容纳核聚变反应的环形容器），也是很有希望实现的方案。采用磁约束方案的核聚变需要突破的一个核心功能是，在托卡马克中用磁场线圈限制等离子体粒子，使等离子体达到聚变所需的条件。聚变能科学家认为，托卡马克是未来聚变发电厂的主要等离子体约束装置。控制和约束这种等离子体的方法，就是核聚变迈向成功的关键，也将是人类社会未来清洁能源的源泉。可自主控制等离子体的人工智能，一旦学会如何控制和改变虚拟反应堆内等离子体的形状，就能自动控制托卡马克中的磁体而无须任何额外的微调，其结果就是将带来核聚变技术的重大突破。而美国的目标是通过核聚变，让每度电的成本降至1美分。如果能达到这个标准，那么当今全球能源格局将彻底改变（朱民，2023）。

数据支持强化学习是最新核聚变实验的核心部分。2022年，DeepMind与瑞士洛桑联邦理工学院合作，利用深度强化学习算法控制核聚变反应堆内过热的等离子体，取得了成功，研究论文刊登在《自然》杂志上。他们开发了世界上第一个深度强化学习人工智能系统，可以在模拟环境和真正的核聚变装置（托卡马克）中实现对等离子体的自主控制。该系统利用人工智能控制来帮助调整可变配置托卡马克的电磁线圈，它的灵活性也能用于世界上最大的国际热核聚变实验堆。核聚变要求在托卡马克装置中约束极其高温的等离子体足够长的时间，但是等离子体很不稳定，当它们碰到托卡马克装置的内壁时就会丢失热量，因此，要让等离子体达到稳定，电磁线圈需要以每秒数千次的频率实施实时反馈控制。以数据为支持的人工智能的发展正突破传统科学实验的边界，加速了通往聚变能量的漫长旅程，提供了探索接近极限的可能性。

4. 电子工程与计算机科学领域

基于数据的大模型在人工智能算法的发展中发挥着关键作用。这些大模型，如深度神经网络，是大数据时代研究的核心工具，它们在处理大量数据和执行复杂任务方面表现出色。

数据驱动的人工智能算法依赖于大量数据来训练模型，以便模型能够学习和推断出数据中的模式与关系。知识图谱构建和机器学习算法是这些模型在领域内的典型应用。知识图谱是一种基于图的数据库，可以存储并管理大量的实体和关系，在2012年谷歌首次提出后快速发展成为一种新颖的管理海量信息的方式。将知识图谱中的实体和关系表示为向量，可以进行高效的信息检索和数据处理。通过数据整合、数据分析和数据预测等流程，知识图谱可以帮助机器理解世界，提高人工智能模型的性能，在搜索引擎、智能客服、智能推荐、数据挖掘、金融风控等场景中发挥出数据驱动决策的广泛作用。

机器学习通过使用数据或数据集帮助建立模型来做出决策，在机器学习的过程中，数据起着至关重要的作用。由机器学习驱动的人工智能程序的效率取决于输入算法代码的训练数据的质量，不准确的数据集也会降低输出的性能。在金融、医疗、能源生产、汽车、航空航天等多个领域，机器学习算法正在帮助企业发现投资机会、处理欺诈、提高效率等。随着数据量的持续增长和对可变数据需求的进一步攀升，预计在未来几年，将有越来越多的任务可以由机器学习算法驱动的大模型来执行。

从总体趋势上看，以数据为中心的人工智能拥有巨大的能量和潜力。2022年，人工智能专家、斯坦福大学教授吴恩达在接受《IEEE 频谱》的采访时表示，以模型为中心无法有效助力人工智能落地。人工智能在过去 10 年中最大的转变是向深度学习转变，此后 10 年将向以数据为中心转变，形成以数据为中心的人工智能。如果将人工智能视为一个有移动部件的系统，那么就应该保持模型的相对固定，专注于高质量的数据来微调模型，而不是继续推动模型的边际改进。让每家机构训练各自的定制人工智能模型是不现实的，随着神经网络架构的成熟，许多实际应用的瓶颈将是"如何获取、开发所需要的数据"，因此，数据比模型更为重要。

三、人工智能助推社会生产效率提升、产业结构升级

人工智能以机器学习、自然语言处理和深度学习等前沿技术为核心，正以前所未有的速度影响和渗透到社会各行各业，通过生产方式的转变不断推动制造业、交通运输业、医疗健康业、金融业、教育业等领域的重大变革与产业升级。人工智能将引领新一轮科技革命和产业变革，促进产业的数字化、智能化和绿色化转型，重塑面向智能时代的产业新生态。

现有研究论证了人工智能通过优化要素配置与使用效率、提高生产效率、改善产品质量、降低运营成本等作用机制，对产业结构转型升级产生了积极影响（耿子恒等，2021），全球人工智能产业规模将进入高速增长期（谭铁牛，2019）。2018 年麦肯锡公司的研究报告预测，到 2030 年，约 70% 的公司将采用至少一种形式的人工智能，人工智能新增经济规模将达到 13 万亿美元。

从三大产业来看，在农业领域，人工智能赋能生产工具改造、农业生产技术实施以及农业管理水平提升；在制造业领域，人工智能显著提高了制造业的生产效率、产品质量和全要素生产率；在服务业领域，医疗、金融、法律、教育、物流等行业的人工智能产品正在潜移默化地改变着人类的生产生活，同时对传统服务业进行改造升级。

人工智能赋能农业发展，产生了精准农业、精准养殖等智慧农业新模式，并在全球范围广泛应用和推广。精准农业是结合信息技术与现代农业技术的新型农业生产方式，标志着农业生产从传统的经验判断转向科学决策和精准管理，推动农业现代化与智能化发展，其核心在于通过 3S［GPS（全球定位系统）、GIS（地理信息系统）、RS（遥感系统）］技术和自动化技术的综合应用，对农业生产过程中的各种因素进行精确监测和控制。将人工智能算法应用于农业生产，能够解决作物生长、病虫害识别、产量预测等复杂问题。机器视觉技术可以自动识别作物病虫害和生长状况，深度学习算法则能够预测作物产量和市场需求变化。人工智能的应用为农业生产者提供了精准、高效的决策支持，降低了人力成本，并提高了农业生产的技术水平。

在制造业领域，人工智能借助工业互联网，有望从三个维度实现工业企业的数字化。工业互联网平台下连万物、上接应用，是海量数据汇聚的枢纽。以工业互联网为中心的数据流，第一个维度是打通工厂平台架构，可以把制造业在生产层面的实体制造层，一直到云平台的运营技术层、信息技术层垂直打通，实现物理世界和信息世界的交互融合，这在以前是很难做到的。第二维度是打通供应链管理，从原材料供应商到制造商、零售商，再到消费者，可以真正实现从销售到零售的转变，以及产品的动态零库存。与此同时，在这两个维度之外的第三个维度，是打通产品生命周期，在生产的过程中，数据不断迭代产生新的产品设计和工艺设计，再进行加工制造，并提供后期服务。这就形成了一个以数据为基础的完整的数字化过程。

在服务业，大模型与数据广泛地结合产生新的服务生态，正深入所有垂直行业，提升消费者体验，逐渐改变人们的社会生活结构。ChatGPT通过浏览器插件让更多的数据、行业知识、第三方应用和开发者加入进来，把智能和网络广泛地连接起来，在医疗保健、金融服务、教育、电子商务等领域提供应用，超级应用生态正在形成。2024年1月，美国人工智能公司OpenAI宣布GPT Store（GPT应用商店）正式上线，它类似于苹果手机应用商店App Store，但GPT Store里的应用程序不需要下载即可成为人工智能助手，统称为"GPTs"（自定义GPT），上线当日提供的公共GPTs数量已超过300万个。当构建出一个类似于手机应用商店的GPT生态后，OpenAI就能成为人工智能时代的平台公司。平台的数据和GPT产生的数据不断交互、重叠、学习、反馈，使新的数据服务生态越来越便捷和高效。

以医疗行业为例，人工智能的广泛应用涵盖了诊断治疗、健康管理、药物研发、运营营销等方面，极大地提升了医疗服务的效率和质量。智慧医疗在人工智能、物联网、大数据、5G（第五代移动通信技术）的支撑下，实现了患者与医务人员、医疗机构、医疗设备之间的互动，达到了信息化、智能化的医疗方式。

人工智能可应用于远程医疗、精准医疗、智能医疗设备、智能影像识别、医疗机器人等众多场景，如视网膜人工智能评估已成为监测心脑血管疾病、糖尿病、高血压、贫血等风险的新手段；在智能诊疗的应用中，由IBM（国际商业机器公司）打造的人工智能系统IBM Watson已成为最成熟的应用，可以用于乳腺癌、肺癌、皮肤癌等多种癌症的诊断和治疗；在诊断效率上，哈佛大学公共卫生学院的研究表明，使用人工智能进行诊断或将降低50%的治疗成本，健康结果改善幅度提高40%。未来，随着技术的不断成熟和应用的深入，医疗行业发展预计将呈指数上升。

第三节　范式变更：数据是智能社会的基础、资源与资本

一、智能时代的新特征：数据先行

自20世纪60年代开始，信息技术的应用逐步渗透到社会、经济和生活的方方面面，信息化在将模拟信息转化为数字格式的过程中，也创造了全新的数据资源。随着收集的数据不断增多，人们开始应接不暇。当可用数据量增加后，信息的管理变得困难，更可能导致信息过载，出现信息爆炸（Sweeney，2001；Huth，1989；Shimada，2014）。处理信息和数据的应用程序就非常重要，包括软件、工具、算法等。因此，在信息时代的一个很重要的特点是应用和软件先行，数据是数字化服务的副产品，数

据的使用者和决策者是人。

当离开信息时代走向智能时代，我们面临着时代的切换，信息产生的规模如此之大，速度如此之快，数以亿计的计算机和移动设备每时每刻持续不断地创造数量惊人的信息。根据中国信息通信研究院发布的《大数据白皮书（2020年）》，2017年互联网用户每天产生大约2.5千亿字节的数据，而90%的数据都是在这之前的两年中创建的；2020年全球数据产生量接近47 ZB（泽字节，1 ZB=10^{21}字节），而作为数据流量代理的全球互联网协议（IP）流量，从1992年的每天约100 GB（吉字节）增长到2017年的每秒46 600 GB，到2022年，物联网的进一步接入预计将使全球IP流量达到每秒150 700 GB。大语言模型推动了人工智能的新一轮发展，信息被机器和计算程序使用的频率呈指数增长。以数据为载体的信息逐渐转向由机器和人工智能来使用，整体应用以数据为起点，让机器智能化，智能化的系统进一步处理更多的数据。数据成了训练大模型的"燃料"，模型从这些数据中学习和提取有用信息，而数据的数量、质量和多样性都会直接影响到模型的准确性和性能。因此，智能时代的一个根本特征是，数据优先、数据先行。

在"人类智能＋人工智能"的新智能时代，借助数据提供的"燃料"，机器可以自主探索以前因为人类认知或科学手段达不到的科技发展空间，这就赋予了数据一个全新的超越性职责和地位，数据变成了智能社会的重要基础。与此同时，数据和知识是一体两面的，数据是知识的载体，数据流通即知识流通，智能时代体现了以数据为基础的科技和社会发展过程。

随着时代的切换，全球的数据规模以惊人的速度扩大。2018年，国际数据公司在《数据时代2025》报告中测算，到2025年全球数据量将达到175 ZB，是2016年的10倍，其中超过一半（90 ZB）是物联网设备产生的数据，而不是以人为主体的互联网数据；80%的数据是非结构化的；数据交互用户将从50亿增加到60亿。从国际比较来看，2018年中国数据量为2.76 ZB，仅为美国数据量6.90 ZB的40%，而2023年数据生产总量达到32.85 ZB，同比增长22.44%。国际数据公司预计到2025年，中国数据量将达到48.60 ZB，全球占比接近28%，约为美国数据量30.60 ZB的1.6倍。国际数据公司按每年被创建、采集或复制的数据集来定义数据圈，其2023年发布的全球数据圈报告显示，中国数据量的规模将从2022年的23.88 ZB增长到2027年的76.60 ZB，复合年均增长率为26.3%。中国将毫无疑问地成为世界上数据量最多的国家。

二、数据带来思维方式的变革

人类思维方式的变革深受科技进步的影响。其演进历程可以概括为从远古时代的行动性思维方式、科学萌芽时期的经验性思维方式，到近代实验科学时期的机械性思维方式、自然科学进步时期的辩证性思维方式，再到现代以相对论和量子力学为标志的系统科学发展下的系统性思维方式、以计算机技术为标志的信息科技发展下的信息性思维方式。在这个漫长的过程中，思维主体的能力逐步提高，思维客体的领域逐步拓展，思维工具的功能逐步增强（宋海龙，2017）。进入大数据时代，人类的思维方式也再次产生巨大的变化，思维能力获得进一步提升。

大数据的特征通常被表述为"4V"。一是体量（Volume）大，全球数据量不断刷新量级单位，从 TB（太字节）、PB（拍字节）到 EB（艾字节）、ZB 级别，据国际数据公司统计，到 2022 年底全球数据总量已达到 103 ZB，约为 2019 年 41 ZB 的 2.5 倍，海量数据形成了巨大的数据资源库。二是速度（Velocity）快，互联网、物联网、社交媒体等的普及，使数据和信息的产生与传播速度越来越快。三是类型（Variety）多，数据的类型和形式多样，技术手段的进步提高了信息的电子化程度，音频、视频、图片、文本、信号等都转换为数据，其中非结构化数据占主导地位。四是价值（Value）密度低，尽管数据的商业价值高，但从海量数据中提取有用信息的难度大，数据的价值密度低，需要借助数据提取技术的突破才能挖掘其巨大的数据价值潜力。

爆炸性增长且形式多样的数据不断挑战人类能够处理的极限，也提供了人类认知的新来源，极大地改变了我们的生活方式和理解世界的方式（黄欣荣，2014）。维克托·迈尔-舍恩伯格在《大数据时代》一书中提出："大数据是人们获得新的认知、创造新的价值的源泉；大数据还是改变市场、组织机构，以及政府与公民关系的方法。"

大数据提供了新的认知方式，也必然带来新的思维方式的变革，从而产生科学范式的转变。与数据的"4V"特征相呼应，大数据思维具有整体性、多样性、开放性、相关性和生长性等特征，体现了思维方式的重大变革，本质上是一种复杂性思维。涌现也是复杂性科学和复杂性思维的一个重要特征。在智能时代，大数据思维借助技术上的实现，将对社会发展产生更加巨大和深远的影响。

三、数据成为智能社会的基础

人工智能也经历了从以模型为中心到以数据为中心的范式转变。人工智能 1.0 阶段的特点是以模型和编程为中心，聚焦模型特征、算法设计和定型的结构设计，由软件工程师主导，而训练用的数据是从机器学习发展过程中外生的。人工智能 2.0 阶段也被认为是数据智能时代，其特点是以数据为中心，数据越多越好、越精准越好，数据的规模和质量成为获得理想结果的关键要素，而模型可以相对固定，机器通过数据学习和反馈优化不断迭代，无限循环，且无须借助人脑。在这个阶段，主要关注数据的定义、管理、切割、扩充、增加、修正等，使数据更加有效。同时，有计划地对数据进行标注、分类和迭代是关键，并以专项领域的专家知识编码，通过不断地进行数据投入、校准和学习，最后演变成智能化。因此，人工智能体现出显著的数据驱动性特征。

GPT 的发展也再次让我们确认，未来的智能世界将构建在数据基础上。GPT 的全称为 "Generative Pre-trained Transformer"，即"基于 Transformer（深度学习模型）的生成式预训练模型"。由百余位学者联合撰写的研究综述（Bommasani et al., 2021）分析称，该模型的核心是基础模型，通过输入大量文本、图像、语音、结构化数据、3D 信号等各种类型的数据进行集中处理训练，模型可以适用于完成各种丰富的下游任务，如问题回答、情感分析、信息提取、图像捕获、物体识别、指令跟随等。

在智能时代，数字化技术依靠数据先行。数据、算法和算力作为三大要素，数据是人工智能的基础，大量的数据是让机器获得智能的关键；算法是人工智能的核心，通过机器学习等方法，使计算机能够从大量数据中抽象出特征，理解和学习规律；算力为人工智能提供计算能力的支撑。数据是人工智能算法模型开发和迭代的基础，从设计开发、大规模训练到评测、仿真，再到整个算法的更新迭代，整个过程都需要源源不断的数据输入，数据既是起点，也是过程。从这个意义上看，未来科技的核心基础就是数据科技，对数据的需求进而会催生出一个规模庞大的数据服务业，也就是数据产业。

数据的规模在智能时代变得越来越重要。基础模型通过巨大的参数规模产生了令人惊异的涌现效果，即当模型参数上升到一定规模时，模型性能瞬间提升，能力被涌现出来。例如，与 GPT-2 的 15 亿个参数相比，GPT-3 有 1 750 亿个参数，并可以进行语境学习。尽管没有在特定任务上进行明确的训练，GPT-3 仍可以通过自然语言提示适配到特定任务上，在大多数任务上取得了不错的效果（Brown et al., 2020）。这种提示是一种既没有经过专门训练，也不被期望在数据中出现的涌现属性。涌现能力有赖于足够丰富的数据、数据的表征、数据的交互。在数据规模小的时候，GPT 的表现提升是一个线性过程，只有在数据规模足够大的基础上，它才能具备涌现能力，实现更陡峭的曲线上升，并产生小规模数据所不具备的能力。GPT-4 的参数规模已经达到 1.8 万亿，是 GPT-3 的 10 倍以上。当训练样本数据规模大到趋近全样本数据总体时，GPT 便具备了能够出现新想法的涌现能力，产生数据智慧，这是其能够迅速走上世界前台的重要特征，同时，这也意味着需要数据产业化来满足其庞大的数据要求。

四、数据成为生产要素：从量变到质变

在以巨量、即时、全方位为特征的数据时代，数据量的积累达到了前所未有的规模，为质的提升奠定了坚实的基础。随着数据采集、存储和处理技术的不断进步，数据的质量、准确性和可用性不断提高。同时，数据分析算法的优化和智能化水平的提升，使数据能够更准确地反映客观事实，为决策提供有力支持。技术、经济和社会环境的蓬勃发展，为数据作为新型生产要素创造了基础条件，数据日益成为经济生产和社会生活的重要战略资源与新的生产要素。

在人类生产关系演变的历史规律中，生产要素总是能够反映生产力发展的内在需求。在经济学范畴，生产要素指进行社会生产和经营活动所必须投入的各类社会资源，通常可分为三类：第一类为自然资源，如土地、矿藏等；第二类为劳动；第三类为资本。随着经济社会的发展和变革，从农业经济时代的土地和劳动，到工业经济时代的机器和资本，再到知识经济时代的知识和技术，生产要素不断丰富，各要素的相对重要性也随之改变，从而带动生产力的跃迁。在数字经济和智能时代背景下，强调数据

作为新型关键生产要素，以数据为核心驱动，重视信息和知识的价值。

土地、资本、劳动力作为传统工业经济发展不可或缺的生产要素，正面临土地约束趋紧、资金投入产出率不高、劳动力结构性失衡等日益严峻的发展挑战。相对于传统的土地和生产性资本生产要素，数据生产要素具有很强的规模经济效应，随着产品规模的扩大，其边际成本几乎接近零，边际收益递增，可以产生可观的财富。因此，在数字经济时代，规模经济效应被认为是数据要素影响宏观经济、推动增长的重要途径（彭文生，2023）。通过对大量数据的采集、分析和应用，充分发挥数据生产要素的价值，可以大大提高生产效率，创造新的增长点和商业模式。

此外，数据作为新型生产要素，既具有易复制、非均质、非消耗、权属关系复杂等新特点，也具有显著的技术-经济特征，如非排他性、无限增长性、支撑融合性和规模经济性等。特别是当数据的积累完成从量变到质变的跨越时，数据生产要素对传统要素的赋能作用也呈倍数增长。

第四节 "数据+人工智能"的未来：一个全新智能产业的崛起

一、数字经济的发展与界定

数据的蓬勃发展离不开数字经济的壮大。随着20世纪90年代互联网技术日趋成熟，数字技术从信息产业部门快速外溢，数字经济概念随之形成。美国学者唐·泰普斯科特在1994年出版的专著《数字经济：网络智能时代的希望与危机》中提出，数字经济解释了新经济、新模式与新技术之间相互赋能的关系，认为数字经济不仅是关于技术、智能机器的网络，更是人类在财富创造和社会发展活动中，通过技术将智能、知识和突破性创造结合起来的网络，是一个广泛运用信息与通信技术的经济系统。随着信息技术的快速发展，美国经济高速增长，数字经济成为其关注的焦点。美国商务部在1998—2000年连续3年出版数字经济研究报告《浮现中的数字经济Ⅰ》《浮现中的数字经济Ⅱ》《数字经济2000》，讨论网络和电子商务对经济的潜在影响，首次明确分解了数字经济，确定了其四个驱动要素：互联网的建立，企业间的电子商务，产品和服务的数字交付，有形商品的零售。随后，更多的国家和国际组织开始关注数字经济，并展开了一系列围绕其界定的讨论。世界进入数字经济时代。

数字技术对传统经济产生了广泛而复杂的影响，国际上对数字经济的理解方式普遍较为灵活。联合国贸易和发展会议发布《2019年数字经济报告》，该报告采纳布赫特和希克斯（Bukht and Heeks, 2017）的方法，将数字经济划分为三层：最基础的一层是核心数字部门层，专指数字生产部门，包括硬件制造、软件/IT咨询、信息与通信技术产业；中间层是狭义数字经济层，在核心层的基础上，增加了数字服务、平台经济，以及部分共享经济和零工经济等具备数字经济特征的主要商业模式；最广泛的广义数字经济层，则进一步纳入电子商务、工业4.0、精准农业、算法经济，以及共享经济和零工经济，涵盖了经济生活各个层面所参与的数字化转型。2020年，经济合作与发展组织（OECD）在提交给二十国集团（G20）数字经济工作组的报告中，将数字经济定义为"包含所有依赖数字投入或通过使用数字投入而显著增强的经济活动"，本质上可以理解为将数字技术、数字基础设施、数字服务和数据作为数字投入，在供给端、需求端和体制环境等所有生产环节全方位地影响着现代经济活动。

整体而言，目前界定数字经济的困难在于，对数字部门、产品和交易尚未形成一致的定义，通用的国际行业标准分类和产品分类跟不上数字活动及产品的发展速度，以及对数据作为新的生产要素的定价、确权和交易都尚未提出科学的解决方案等。因此，国际上对于数字经济的界定主要从狭义和广义两个层面展开。狭义数字经济代表着数字化核心生产部门提供的产品和服务，而广义数字经济代表因使用这些数字产品和服务而显著增强的生产部门的经济活动，前者的高质量发展对于后者以及整个经济起着决定性作用。

中国信息通信研究院创新提出了数字产业化和产业数字化的分类方式。其中，数字产业化部分类似于经济合作与发展组织对狭义数字经济层的定义，即以信息通信产业为主，主要包括信息与通信技术部门，以及云计算、物联网、大数据等由于数字技术的广泛融合而产生的新兴行业。而产业数字化部分则可以理解为国际上对广义数字经济的定义，是指除信息与通信技术部门以外，传统产业应用数字技术所形成的产出部分，包括农业数字化、工业数字化和服务业数字化。

美国商务部经济分析局（BEA）对数字经济的定义也参照了经济合作与发展组织提出的供给使用框架指标体系，但主要集中在IT/信息与通信技术部门范围内，包括数字基础设施、电子商务、数字服务、数字媒体等，属于狭义数字经济口径的定义。2023年进一步细化调整为包含基础设施（硬件和软件）、电子商务［2B（面向企业）和2C（面向消费者）］、定价数字服务（云服务、电信服务、互联网和数据服务等）和联邦非国防数字服务四大类。

中国国家统计局在2021年的数字经济分类报告中，从数字产业化和产业数字化两个方面，确定了数字经济的基本范围，将其分为数字产品制造业、数字产品服务业、数字技术应用业、数字要素驱动业、数字化效率提升业五类。其中，前四类为数字产业化部分，即数字经济核心产业，指为产业数字化发展提供数字技术、产品、服务、基础设施和解决方案，以及完全依赖于数字技术、数据要素的各类经济活动。第五类为产业数字化部分，是指应用数字技术和数据资源为传统产业带来的产出增加和效率提升，是数字技术与实体经济的融合，涵盖智慧农业、智能制造、智能交通、智慧物流、数字金融、数字商贸、数字社会、数字政府等数字化应用场景。

以狭义数字经济为统计口径，各国数字经济的规模和GDP（国内生产总值）占比近年来稳步上升，全球数字经济发展速度持续高于世界经济的整体发展，成为推动增长的重要引擎。根据联合国贸易和发展会议的报告，2017年全球平均狭义数字经济规模为3.61万亿美元，占全球GDP的比重为4.5%，其中美国和中国狭义数字经济的规模分别为 1.35 万亿美元和 0.73 万亿美元，占本国 GDP 的比重分别为 6.9% 和 6.0%（见表 1-1）。

美国数字经济稳步增长，规模位居世界第一。据 BEA 统计，到 2022 年底，美国数字经济规模已达到 2.6 万亿美元，占 GDP 比重达 10%，同比实际增长 6.3%，高于其 GDP 实际增速 1.9%。2017—2022 年，其数字经济复合年均增长率为 7.1%，远高于同期 2.2% 的 GDP 平均实际增速。

中国数字经济也呈同样积极的发展态势。据中国信息通信研究院统计，2022 年中国数字产业化（狭义数字经济）规模为 9.2 万亿元人民币（约 1.32 万亿美元），占 GDP 比重为 7.6%；2023 年，数字经济核心产业规模进一步增加到 12 万亿元人民币（约 1.69 万亿美元），占 GDP 比重约为 10%，增加了 2.4 个百分点，提前完成《"十四五"数字经济发展规划》目标。

表 1-1　2017 年全球狭义和广义数字经济规模和 GDP 占比

	全球 规模（万亿美元）	全球 GDP 占比（%）	美国 规模（万亿美元）	美国 GDP 占比（%）	中国 规模（万亿美元）	中国 GDP 占比（%）
狭义数字经济	3.61	4.5	1.35	6.9	0.73	6.0
广义数字经济	12.44	15.5	4.21	21.6	3.67	30.0

资料来源：联合国贸易和发展会议。

从上述对数字经济的界定和统计可以看出，狭义数字经济与广义数字经济之间密切关联、相互影响，狭义数字经济因对整体经济发挥的巨大基础和赋能作用而更加受到关注。本质上，狭义数字经济活动中所产生的数字技术、数字基础设施、数字服务和数据等，为广义数字经济的扩张提供了有力支撑，在生产、流通、消费的所有环节中，通过供给、需求和生态环境等全方位影响整体数字经济活动。而广义数字经济活动的拓展和升级又会在需求端产生创新驱动力，为狭义数字经济的新技术、新应用提供广阔的发展空间，反过来加速狭义数字经济的发展。

二、数据在数字经济中的作用

数据是数字经济的关键要素。基于经典经济增长理论，总产出是资本、劳动、中间投入和技术的函数，工业经济时代以资本和劳动力为主要投入，而在数字经济时代，数据成为新的生产要素被纳入生产函数，也意味着对生产力、生产关系的巨大变革。中金公司在 2020 年的研究报告《数字经济：下个十年》中提出，数据作为新生产要素对数字经济生产有三个层面的含义：一是同传统生产要素一样，数据质和量的提升可以提高数字经济产品的质量和数量；二是数据同传统要素一样，不仅本身可以参与产出分配，还会影响各要素之间的替代和组合关系，进而改变劳动与资本间的收入分配关系；三是数据具有不同于传统要素的特殊属性，如非竞争性、低边际成本、网络效应、范围经济等，产生了数字经济区别于传统经济的去中介化、开放化、规模化等全新特征。数据的特殊属性赋予了数字经济发展的广阔空间。

数据助力数字经济运行，并产生了可观的经济规模。数字经济的主要特征体现为数据可以帮助机器进行深度学习，进而实现智能化，促进劳动生产率的提升。国际货币基金组织的学者研究发现，广义数字经济规模每增加 1 个百分点，对应两年后的 GDP 增加 0.3 个百分点（Zhang and Chen，2019）。全球数字经济发展速度显著高于同期经济的整体发展速度，对经济的贡献持续增强。根据联合国贸易和发展会议的报告，2017 年全球广义数字经济规模为 12.44 万亿美元，占 GDP 的比重为 15.5%。而到 2022 年，根据中国信息通信研究院《全球数字经济白皮书（2023 年）》的测算，全球 51 个主要经济体的数字经济规模已达 41.4 万亿美元，占 GDP 的比重为 46.1%。其中，美国、中国、德国、日本、韩国 5 个主要国家的数字经济总量为 31 万亿美元，数字经济占 GDP 的比重为 58%，较 2016 年提升约 11 个百分点，数字经济规模同比增长 7.6%，高于 GDP 增速 5.4 个百分点。

数据也是数字经济时代重要的战略资源，一国的数据资源储备、数据处理能力和数据应用能力，已成为衡量其国家竞争力的重要指标。其中，有效利用数据和连接性也成为各国提高经济效率的重要工具。据欧盟估测，2020 年欧盟 GDP 总量的 8% 都是从个人数据中产生的。麦肯锡报告分析，2005—2014 年，数据跨境流动拉动全球 GDP 增长了约 3%，数据流动所产生的附加值估计为 2.3 万亿美元。数据跨境流动也促进了贸易流动、外国直接投资和人员流动。如果同时考虑数据流动的直接和间接影响，共约占 GDP 比重的 6.6%，已超过货物贸易占 GDP 比重 3.5% 的贡献。

三、人工智能产业与数字经济的发展

数字经济的高速发展为人工智能发展创造了良好的经济与技

术环境,而人工智能也借助提供新的生产方式、优化资源配置、提高生产效率等途径,成为拉动数字经济发展的新动能,人工智能与数字经济全要素的高效融合被视为助力数字经济发展的关键。在这个过程中,人工智能产业得以不断蓬勃发展。

在人工智能专注于解决特定领域问题的阶段,人工智能产业格局通常被划分为基础层、技术层和应用层三大板块。其中,基础层为硬件设备和数据设备,包括芯片、传感器、云计算、大数据等;技术层涉及人工智能的核心技术、算法模型、开发平台三个方面,如智能语音语义、计算机视觉、机器学习等;应用层即人工智能与垂直细分领域的融合发展,包括智能制造、智能医疗、智能安防、智能教育等。这三大板块构成了专业人工智能的主要产业生态。

随着生成式人工智能的推出,人工智能步入以大模型开发为主导的发展阶段。大模型技术推动人工智能从预测决策向内容合成演进,并在各个场景中得到广泛应用,标志着大模型有望成为人工智能从专业智能迈向通用智能的可行途径,或将引发人工智能发展范式的根本性转变。

大模型有望成为智能时代的底层架构和新型基础设施,带来创新模式变化,赋能千行万业的智能化应用,并由此打破原有的人工智能产业格局,实现人工智能产业体系的全面重塑。新智能产业三大板块的变革正在发生:在基础设施层,主导云计算平台、人工智能芯片的企业打造算力底座;在模型层,科技企业和研究机构借助资金实力、数据资源、技术能力,主导研发跨场景、多任务的通用型基础大模型;在应用层,积累了大量行业数据的领先企业，使用数据来训练、调整大模型，持续开发满足特定行业和场景需求的应用。

从数字经济的视角看，在大模型主导的人工智能技术的突破下，数字产业的发展不断提速，在数据资源、算力设施、框架平台等方面快速推进。中国信息通信研究院在"2024全球数字经济大会"上报告，截至2024年第一季度，全球人工智能企业达到近3万家，其中，美国占比34%，中国占比15%；而全球人工智能大模型有1 328个，美国占比44%，中国占比36%。

随着大模型能力的不断增强和人工智能的广泛应用，推动产业数字化融合的新模式、新业态持续增加。传统行业的数字化转型不断深化，围绕研发、生产、供应链、运营、服务等产业链环节探索先进模式，带动支撑产业的创新演变，形成新的增长动能。与此同时，人工智能应用的落地节奏或与行业的数字化程度成正比，根据人工智能技术和行业现有业务的不同主导关系，也可以分为人工智能产业化的"AI+"和传统产业智能化的"+AI"两个类别。"AI+"是指以人工智能技术赋能各行各业，意味着以人工智能技术为核心，重构现有业务；而"+AI"则代表着采用人工智能技术的传统行业和企业，是以现有业务为核心，借助人工智能进行改进，实现降本增效。可见，智能经济时代的"AI+"和"+AI"过程，与数字经济定义下的数字产业化和产业数字化具有相似的内涵。

整体而言，人工智能产业和数字经济之间既存在共性和差异，也有着紧密的关联性。两者的异同主要体现在以下几个方面：一是都依赖于技术创新的核心驱动，数字经济以大数据、云计算、物联网等为技术支持和动力，人工智能产业则以算法、算力、数据和模型等技术实现对人类智能的模拟和扩展；二是都以数据为核心要素，数字经济的发展是基于数据资源的收集、处理和分析，而人工智能算法的训练和优化离不开源源不断的高质量数据的支撑；三是在应用方面都强调跨界融合和协同创新，数字经济通过产业数字化推动传统产业的数字化转型升级，而人工智能产业突出了人工智能技术对产业的赋能作用，尤其是新一代大模型主导的产业创新；四是都对社会变革产生了深远的影响，极大地改变了人们的生产方式、生活方式和消费方式，数字经济奠定了良好的产业数字化基础，而人工智能产业有助于在更高阶段朝模拟人类智能的方向演进，是走向智能化社会的必由之路。

在关联性上，随着数字技术和人工智能技术的不断发展，数字经济和人工智能之间的联系越来越紧密。中国信息通信研究院发布的《全球人工智能战略与政策观察（2020）》表示，人工智能以高质量网络为关键支撑，以数据资源、算法框架、算力资源为核心能力要素，数字经济的要素与人工智能的核心要素相互对应且高度契合。数字经济为人工智能提供了丰富的数据资源和广泛的应用场景基础，人工智能产业成为支持数字经济升级的战略抓手，彼此相互促进、共同发展，形成良性循环。特别地，人工智能产业、数字经济都要与实体经济高效融合，才能最大限度地释放拉动经济增长的动能，共同推动经济社会的智能化进程和高质量发展。

四、从智能产业、数据产业看智能数字经济的未来

智能产业、数据产业的蓬勃发展,加速了以新一代人工智能技术为主导的数字经济发展,一个全新的智能数字经济时代正在来临。

在智能数字经济的新模式下,智能产业、数据产业与数字经济深度融合、相互促进,推动经济社会的全面数字化和智能化。这种新模式在数字化程度、智能化程度和协同化程度方面都进一步提升,将打破传统的产业和行业界限,推动产业深度融合和新兴产业的崛起,给生产方式、消费方式、社会结构都带来巨大的变革和影响,从而重构社会结构和经济格局。

智能产业和数据产业作为战略性新兴产业,其发展已成为全球关注的重要方向,具体表现在以下四个方面。一是积极进行技术创新和应用拓展。近年来全球人工智能领域取得了显著进展,技术创新层出不穷,以大模型为主导的生成式人工智能快速发展,推动人工智能在更多领域应用落地,逐渐渗透到经济社会的各个层面。

二是重视数据治理。数据是人工智能技术发展和应用落地的核心要素,大模型性能的提升有赖于源源不断地输入高质量、大规模的训练数据,各国都意识到数据成为推动智能经济发展的关键"燃料",纷纷出台了面向智能时代的数据治理战略。例如,美国构建联邦数据战略体系、支持创新的开放数据战略;欧盟立法支持和保障数据供给、流通和共享机制;英国制定数据战略,旨在成为世界领先的数据驱动型经济体。

三是发展产业规模和企业布局。全球人工智能产业规模持续扩大，企业数量快速增加，关键技术与产业的结合成为发展的主要方向，人工智能的商业化正在加速企业数字化变革、改善产业链结构、提高生产效率。根据《全球人工智能产业发展白皮书（2024年度）》，2023年全球人工智能产业规模达7 078亿美元，同比增长19.3%，成为经济增长的主要驱动力。

四是支持生态构建。智能经济的蓬勃发展高度依赖于良好的产业生态，要培育新兴产业和未来产业，从政府端前瞻性、系统性地谋划布局产业生态成为关键。各国在数字经济创造的经济与技术环境基础上，正加速培育围绕技术、数据、算力、产业、服务构建的智能经济生态模式。

智能产业和数据产业的快速发展，为智能数字经济的未来提供了重要的基础和广阔的想象空间，不断构建和完善技术创新、政策支持、市场建设、国际合作等各要素领域，勾勒出智能数字经济的发展蓝图。

小结：挑战与展望

全球加速迈进智能时代。这一变革不仅重塑了科研范式、生产效率和社会结构，还催生了以数据为核心要素的新兴数字经济。

人工智能的突破和颠覆带来一系列范式变革。人工智能技术通过数据驱动，实现了从被动执行到自主决策的转变；科学研究借助人工智能进入了数据密集型的"第四范式";以数据为基础,人工智能辅助人类在生命科学、材料科学、能源科学、电子工程与计算机科学等领域不断突破科研边界;人工智能也通过生产方式的转变,不断推动制造业、交通运输业、医疗健康业、金融业、教育业等领域的重大变革与产业升级,展现了巨大的潜力。

在变革的过程中,数据发挥着智能社会核心资源的基础作用,其规模、质量和应用能力直接决定人工智能模型的性能。智能时代以"数据—知识—产品"的闭环方式加速知识生产,体现了以数据为基础出发点的科技和社会发展过程。当数据积累实现从量变到质变的跨越后,数据从辅助工具跃升为生产要素,催生了数据产业,并推动传统产业向数字化、智能化转型。

数据也是数字经济的关键要素,数据量和数字经济规模的快速增长,进一步印证了数据的经济战略价值。人工智能与数字经济全要素的高效融合被视为助力数字经济发展的关键,在融合与应用中,人工智能产业得以不断蓬勃发展。特别地,人工智能产业、数字经济都要与实体经济高效融合,才能最大限度地释放拉动经济增长的动能,共同推动经济社会的智能化进程和高质量发展。

从全球来看,人工智能产业和数据产业作为战略性新兴产业,越来越受到关注,两者的发展也为智能数字经济的未来提供了重要的基础和广阔的想象空间。同时也要看到,当前人工智能技术离规模化、产业化、场景化的应用仍有较大差距,其作为通用技术为经济社会带来全域变革和价值变现的愿景还面临着诸多挑战,如技术路线、产业化、资金来源、规则制度和市场需求的不确定性风险，行业差距和资源分布的不均衡，法律监管和伦理框架的健全完善，等等。而数据与人工智能驱动的智能数字经济，也需要克服前沿技术瓶颈、数据治理难题、产业落地壁垒、伦理和社会风险等多重困难。以引领最新一轮人工智能革命的OpenAI为例，其在从技术突破到转化为具有经济和商业可行性的产业模式的发展过程中，不断克服了"科技—产业—金融"各环节中的种种不确定性，最终才取得科技在商业化、产业化方面的巨大成功。

可以预见，智能数字经济的发展只有凝聚政府、企业和社会各界的共识，构建多方协同的生态，在技术创新、数据治理、产业应用、政策支持和资本引导等方面发挥人类智慧的合力，才能更好地把握新一轮人工智能技术、产业发展带来的巨大机遇，克服伴随新技术革命的经济社会治理等多重挑战，最终实现推动全球突破经济增长瓶颈，进入高质量发展的新阶段。

第二章
发挥数据价值，走向智能数字经济[①]

① 本章感谢清华大学五道口金融学院张娓婉提供的助研支持。

第一节　数字经济带来经济形态发展的变革

一、数字经济在经济形态演进过程中的作用

自工业革命以来，人类经济形态不断升级，从农业经济到工业经济，每一次转变都对社会、政治、文化和生活产生了深远的影响。随着从工业走向服务业，数字经济对整个社会和经济产生了颠覆性影响，人类经济形态面临着生产方式、经济结构、价值创造和分配方式的又一次重大转变，而智能产业、数据产业和数字技术的快速发展，将继续推动经济走向智能数字经济。

随着生产制造技术和流程的不断进步，工业革命带来了工业经济的发展和繁荣，为社会创造了巨大的物质财富。历经三次工业革命，全球经济总量从不到 4 000 亿美元提升至 2.7 万亿美元，增长了 6 倍。从 18 世纪中后期蒸汽机、纺织机代替农场主的手

工作业，到19世纪末电气自动化流水线形成生产优势，再到20世纪中期以信息与通信技术为代表的信息技术产业实现突破，促进大规模定制化的生产体系变革，推动经济快速发展。这一阶段的主要特点是大规模的机械化生产。进入21世纪，随着以5G、云计算、大数据、人工智能、工业互联网为代表的数字技术的创新迭代加速，新一轮科技革命和产业变革的关键力量开始形成，催生出更多的新生产方式、新产业形态和新经济增长点，推动工业经济向数字经济大步迈进。

数字经济作为继农业经济、工业经济之后的主要经济形态，以数据为核心驱动，依赖数字技术和信息推动经济增长，展现出高创新、强渗透和广覆盖等主要特性。数字化转型赋予了传统经济显著的生命力和创新力，成为向数字经济演进的重大变革。2021年5月，国家统计局印发《数字经济及其核心产业统计分类（2021）》，提出"数字经济是指以数据资源作为关键生产要素、以现代信息网络作为重要载体、以信息通信技术的有效使用作为效率提升和经济结构优化的重要推动力的一系列经济活动"，从定义和概念的角度强调了数据资源作为数字经济关键生产要素的重要地位。2022年1月，国务院出台《"十四五"数字经济发展规划》，指出要"以数据为关键要素，以数字技术与实体经济深度融合为主线，加强数字基础设施建设，完善数字经济治理体系，协同推进数字产业化和产业数字化，赋能传统产业转型升级，培育新产业新业态新模式，不断做强做优做大我国数字经济"。

数字经济在工业经济的基础上崛起壮大，科技的发展起到了关键的推动作用。从蒸汽机、电力到计算机、互联网，再到大数据、人工智能，每一项科技的进步都在推动经济形态的高级化。在这一过程中，经济活动的主要形式也从物质生产转向了信息处理和知识创新。信息处理和知识创新的核心来源是海量数据，通过算法和算力，数据由此成为构建数字经济的基石，赋能实体经济实现数字化转型升级，引领经济发展新形态。

数字经济的演进也体现在消费行为的变化以及全球市场的转变上。在消费行为领域，一是数字平台和在线市场的崛起，改变了传统商品和服务的买卖方式。例如，亚马逊、阿里巴巴、优步等大型互联网平台公司通过利用数字方式匹配和连接交易双方，颠覆了传统的线下交易模式，使交易效率提高、交易成本降低以及消费行为更加便利。二是数据成为公司的重要资产，用以获取有关消费者行为的洞察，改进产品和服务并做出更好的商业决策，以数据驱动的商业模式和大数据分析等新兴行业不断兴起。三是信息获取的多样性，消费者能够从搜索引擎、社交媒体、电商平台、视频网站等多种途径获取丰富的产品信息，因此，影响其购买决策的因素也更为多元复杂，推动了个性化、定制化产品和服务的发展。

而在全球市场领域，数字化转型导致生产制造变得更加智能，供需匹配更加精准，专业分工更加精细，国际贸易更加广阔。互联网和数字营销工具的出现，也使更多的初创企业和中小企业进入国际市场相对容易，涌现出大量的新商业模式、产品和服务，突破传统工业经济活动的边界。可以预见，随着智能技术的进步和数据潜力的挖掘，经济活动与外界互动的方式会进一步发生巨大的转变。

二、数字经济与传统工业经济的关联与差异

数字经济是对整个社会和经济的颠覆与重构，其与传统工业经济之间有着紧密联系，既相辅相成，又存在显著区别。工业经济为数字经济的应用和发展提供了基础与实践平台，数字经济则为工业经济带来了新的动力、工具、模式和挑战。数字经济的发展意味着对传统工业经济的渗透、覆盖和创新，而传统工业经济向先进智能制造、数字化转型的过程，也代表着数字经济的多维发展。因此，数字经济与传统工业经济的关联和差异不仅体现在经济运作的机制和效率上，还体现在生产要素、生产模式、商业模式和分配方式上，以及对传统产业和社会的影响等多方面（见表2-1）。

表2-1 数字经济与传统工业经济的主要特征

	传统工业经济	数字经济
经济运作机制	物质生产	信息处理和知识创新
经济运作效率	边际成本递增，边际收益递减	边际成本趋零，边际收益递增
生产要素	技术、资本、劳动力	数据、技术、资本、劳动力
生产模式	标准化、规模化、机械化	定制化、多样化、数字化
商业模式	垂直整合，线性和层级的市场	扁平化、网络化、平台化，精准营销
分配方式	基于劳动分工和生产要素的贡献程度	依赖于对数据资源和信息技术的掌握和利用

1. 生产要素

在经济学范畴，生产要素指进行社会生产和经营活动所必须投入的各类社会资源。生产要素通常可分为三类：第一类为自然资源，如土地、矿藏等；第二类为劳动；第三类为资本。随着经济社会的发展和变革，生产要素不断丰富，其相对重要性也随之改变，从而带动生产力的跃迁。农业经济以土地和劳动力作为主要生产要素，工业经济的主要生产要素是技术和资本，数字经济在工业经济的基础上增加了数据作为新型关键生产要素，以数据为核心驱动，强调信息和知识的价值。从农业经济的土地到工业经济的生产性资本和技术，再到数字经济的数据，生产要素的主次重要性不断演化递进。

数据成为关键生产要素是数字经济相对于传统工业经济最明显的特征。土地、资本、劳动力作为传统工业经济发展不可或缺的生产要素，正面临土地约束趋紧、资金投入产出率不高、劳动力结构性失衡等日益严峻的发展挑战。相对于传统的土地和生产性资本生产要素，数据生产要素具有很强的规模经济效应，随着产品规模的扩大，其边际成本几乎接近零，边际收益递增，可以产生可观的财富。因此，在数字经济时代，规模经济效应被认为是数据要素影响宏观经济、推动增长的重要途径（彭文生，2023）。通过对大量数据的采集、分析和应用，充分发挥数据生产要素的价值，可以大大提高生产效率，创造新的增长点和商业模式。

2. 生产模式

在生产模式上，传统工业经济以物质资源的开发利用为核心，依赖于大规模的物理生产和机械化，模式相对固定，标准化、规模化的生产效率高，但灵活性相对不足。而数字经济建立在数字资源的基础上，更侧重于信息处理和知识创新，通过数据、数字化技术和数字化平台，广泛连接和配置信息资源，并对其进行高效利用，实现生产方式的自动化和数字化，因此，其生产更具有个性和灵活性，能够快速响应市场需求的变化。

在与实体经济的融合上，数据的独特性也使数字经济呈现出显著不同的特征。在传统工业经济时代，生产、运营、管理、服务的全过程都源源不断地产生数据，提供了海量数据来源和应用场景，但其本身缺乏对积累数据的挖掘和整合，数据分散在物理世界的各个部门和环节，没有融入整个系统，数据价值无法得到利用。在数字经济时代，云计算、大数据、人工智能、工业互联网等数字技术在传统工业经济领域的广泛使用和深度融合，加深加宽了数据的网络连接，信息密度大幅增加，物理世界、经济世界和社会世界都可以被数字化，极大地提升了经济活动和社会活动的连接度，提高了传统工业经济的全要素生产率。数据成为未来一切经济活动和社会活动的起点与终点，从数据到产品，服务社会的路径更短、效率更高。在以信息处理和知识创新为特征的数字经济生产模式下，人的脑力大大增强，从而给生产力带来质的飞跃。

3. 商业模式

在组织运营方面，工业经济中的生产过程更多集中在物理制造上，重点在于生产效率、规模经济和成本控制，以及对生产线和厂房设备的物理投资。企业多数是垂直整合，从原材料采购到产品销售都由企业独立完成。而数字经济下的生产过程，不仅包括传统的计划、组织与控制，还扩展到运营战略制定、系统设计、新产品开发、采购供应等，在生产组织运营上更加注重灵活性、整合性、服务化和数据驱动的创新，生产组织更加扁平化、网络化，企业通过互联网和数字化平台，实现与供应链、销售渠道的紧密连接，形成更加灵活高效的协作关系。

在市场交易方面，工业经济中的产品交易通常需要物理接触，市场主要是线性的、层级的，信息传递和交易过程相对复杂。企业通过层级化的销售网络将产品推向市场，市场竞争主要围绕价格、品质和服务展开。而在数字经济中，市场变得更为扁平化和网络化，信息传递更加迅速透明，线上交易过程也更加便捷高效。此外，企业可以通过大数据分析洞察消费者需求，实现精准营销和个性化服务，创新商业模式，从而实现更多的价值创造。

数字经济还广泛地促进了创业和创新。互联网平台和数字营销工具的出现，大幅降低了传统需要大量资金、资源投入的创业门槛，初创企业和中小企业可以相对容易地进入市场，实现产品和服务业务的推广。数字信息、数字技术和数字平台的普及，也打破了传统工业经济中的行业壁垒，为创业者提供了更多的跨界合作机会和创新路径，促使新兴商业模式、产品和服务大量涌现，加速了创新的进程。赵涛等（2020）从数字经济对创业活跃度影响的视角，对2011—2016年中国222个地级及以上城市的数字经济和高质量发展水平进行计量测度，结果表明，激发大众创业是数字经济释放高质量发展红利的重要机制。

同时，数字经济也促进了传统职业的迭代升级，加速了就业变革，对就业规模、就业结构、就业形态和就业质量等产生了深刻的影响。依托数字经济，很多传统行业出现了职业发展新路径。在时隔3年发布的新版《中华人民共和国职业分类大典（2022年版）》中，新增职业168个，其中首次标注了97个数字职业，占全部职业总数的6%。这反映了数字经济给生产方式、企业组织和产品模式带来了时代性影响。

4. 分配方式

从收入来源来看，工业经济以物质资源的生产和销售为主要收入来源。在这种经济形态下，企业通过生产和销售产品获得利润，而劳动者则通过提供劳动力获得工资收入。在数字经济中，收入来源则更加多元化。除了传统的产品销售和服务收入外，数字经济还通过数据收集、分析、交易以及数据资产运营等方式创造新的价值，为企业和个人带来额外的收入来源。

在分配机制方面，工业经济的分配方式通常基于劳动分工和生产要素的贡献程度，如劳动力、资本和土地的投入。在这种机制下，劳动者的收入往往与其所付出的劳动量、技能水平和工作效率等因素密切相关。而在数字经济中，数据成为重要的生产要素，对收入分配的影响日益显著。分配机制更加依赖于数据资源和信息技术的掌握与利用，那些拥有信息技能、创新能力和数据资源的人往往能够获得更高的收入。此外，数字经济中的平台经济和共享经济等新兴模式也带来了新的分配方式，如通过分享资源、技能和知识等方式获得收入。

从社会影响来看，工业经济和数字经济在分配方式上的区别也带来了不同的社会效应。工业经济中的分配方式相对固定和单一，收入差距主要由劳动技能、教育水平和工作经验等因素决定，容易导致收入差距扩大。而在数字经济中，一方面，规模经济效应更为显著，头部机构或平台企业的数据规模和技术领先带来效率提升和竞争优势增加，进而加剧了收入分配的不平等；另一方面，分配方式的灵活性使更多人有机会通过创新和技能提升获得高收入，在一定程度上有助于缩小收入差距。此外，数字经济中的共享经济模式也有助于提高资源利用效率，减少浪费，实现可持续发展。

综合数字经济与传统工业经济在上述各方面的关联与差异，可以看出，数字经济在工业经济的基础上蓬勃发展，在创新动力、竞争转型、市场模式等方面对整个社会和经济的发展产生了颠覆性变革，体现了数据要素和数字技术的核心驱动力，代表了经济活动和价值创造方式的重大转变。数字经济作为未来经济的主导形态，以实现数字化与工业化的叠加为导向，将超越传统工业经济形态的发展轨迹，推动人类经济形态走向物理世界与数字世界相融合的跨越式发展道路。

第二节 数据是数字经济最优质的资产

一、数据的来源与类型

数据作为数字经济的核心生产要素，是推动社会进步、经济发展的重要驱动力。无论是围绕数据信息的收集、存储、加工、传输、追踪形成的智能制造和数字服务，还是依托数据计算和运用的人工智能、云计算、机器学习等前沿技术，数据都是重要原料和关键投入。数据的来源非常广泛，不同类型的数据具有共性和特征，合理利用各类数据是有效发挥数据价值的起点和基础。

1. 数据来源

数据的产生无处不在。传统的数据来源主要是政府部门、科研机构和社会组织等生成或收集的公共数据，农业、金融、交通、医疗等具有公共性质的行业的数据，企业内部业务和外部公开的企业数据，如统计数据、行业报告等。例如，在政府数据领域，截至2024年10月，美国的政府数据门户网站Data.gov已发布29.5万组来自联邦政府不同机构的开放数据集，提供给公众和政策制定者共享或利用。在科学研究领域，大型强子对撞机（LHC）是世界上最大、能量最高的粒子加速器，大型强子对撞机实验每年生产50~75 PB数据，相当于1亿~2亿张高清照片。预计到2025年底，大型强子对撞机新的试验阶段，每天将产生1 PB的数据。

在数字经济时代，技术的发展使数据的产生和收集变得更加便捷，数据的来源大大拓展。互联网、物联网、机器运行、移动设备等源源不断产生的工业和机器数据，社交媒体上的用户互动行为数据，智能设备产生的使用数据，电子商务平台的交易记录等，都构成了重要的数据来源。人们或机器无论何时使用在线服务，无论是发邮件、传视频，还是在线搜索，乃至自动驾驶汽车每天的数据收集，都在为数据集的扩大做出贡献。一辆自动驾驶汽车拥有数百个车载传感器，每天会产生 11~152 TB 数据。数字化的世界正在不断产生并积累越来越多的数据。

2. 数据类型

对数据的分类有不同的标准和方案。根据数据的存储形式，可以分为结构化数据、非结构化数据和半结构化数据等。结构化数据，指定义良好的表格数据，如数据库中具有固定格式和定义的表格信息，便于筛选、查询和分析。非结构化数据，是虽然具有内部结构，但不通过预定义的数据模型或模式进行结构化的数据，包括文本、图像、音频和视频等，其格式多样、内容丰富，是数字经济中最为常见和重要的数据类型，从中提取价值也具有很强的专业性。半结构化数据，介于结构化数据和非结构化数据之间，是指非关系模型的、有基本固定结构模式的数据，能够灵活处理复杂的数据关系，如日志文件、XML（可扩展标记语言）文档、电子邮件等。

根据数据的开放程度，可以分为专有数据、开放数据和共享数据。2013 年，经济合作与发展组织基于大数据背景制定了一种数据分类法，将数据的经济和社会层面与数据的技术层面区分开来。在经济和社会层面，可分为个人与非个人数据、开放与封闭数据；在数据的技术层面，可分为用户生成的数据与机器生成的数据。这种分类法的侧重点是，关注数据的隐私和治理问题。

根据数据的流动性，美国商务部于 2016 年提出了一种数据分类法来完善现有经济指标，方便统计数据流对经济的潜在影响。这种分类法以是否商用、是否收费为依据，主要探讨了四种类型的数据：一是政府数据等非商业数据流；二是以市场价格在交易双方之间流动的交易数据，如网上银行数据或广告数据；三是企业之间或企业内部免费交换的商业数据；四是向终端用户提供的免费数据，如免费电子邮件、免费地图、免费短视频等。这种分类法可用于数据跨境流动的测算。

根据数据在云计算设备和云服务体系中参与各方之间的生成和流动，国际标准化组织（ISO）和国际电工委员会（IEC）在2020年发布的技术标准 ISO/IEC 19944:2020 中，提出了一套较为详细的数据分类方案。这套标准将数据分为四种类型：一是客户数据，如客户的健康数据、医疗记录、生物特征和联系方式等；二是衍生数据，如识别终端用户或机构的信息数据；三是云服务供应商数据，如访问和认证数据、运营数据等；四是账户数据，如账户或管理部门的联系信息、支付数据等。通过对云服务系统中提供商、客户和用户间数据流的标识，可以使企业更好地认识和利用数据。

根据数据权属主体的不同，基于数据作为生产要素的经济层面，我国在2022年12月出台的《中共中央 国务院关于构建数据基础制度更好发挥数据要素作用的意见》中，将数据要素分为三类，包括个人数据、企业数据和公共数据。根据数据来源和数据生成特征，分别界定数据生产、流通、使用过程中各参与方享有的合法权利，建立了数据的分类分级确权授权制度。将数据按照产权进行清晰的分类，为探索建立数据产权制度，明确数据在流通、交易、使用、分配和治理等后续环节中的规则奠定了重要基础。

二、数据的特征、价值潜力与作为要素投入的功能

1. 数据特征

互联网时代兴起的大数据，通常具有所谓的"4V"特征，即数据体量（Volume）大、处理速度（Velocity）快、数据类型（Variety）多、价值（Value）密度低。这四个特征相互关联，共同构成了大数据的复杂性和挑战性。海量数据中有价值信息的密度决定了数据的价值水平。

数字经济时代，数据的虚拟性和可重复使用是数据要素区别于土地、劳动力、资本等传统生产要素的根本特性，也由此衍生了数据的其他许多特性，特别是独特的经济学相关特征，如公共数据的非竞争性、非排他性、非稀缺性、规模收益递增性或递减性、外部性等。

非竞争性，指当一个人消费某种公共品时，不会减少或限制其他人对该产品的消费。对公共数据而言，指可以快速复制后被不同人在同一时间使用，而且重复使用不会降低数据的质量或容量。这意味着公共数据及其相关交易中的"多重所有权"，与传统商品和服务的"唯一所有权"具有根本不同。

非排他性，通常指公共品在被使用或消费的过程中，不能排除没有付费的人的消费，或者排除成本很高。通常气候环境数据、国家政府披露数据等公开数据都具有非排他性。企业数据具有有限排他性，即仅对内部员工是非排他的。此外，因为数据的

虚拟性，使复制和传播的成本很低，极易被获取、复制和使用，由此来看，部分非公共数据也具有非排他性，这涉及数据的安全和治理问题。

非稀缺性，指数据不仅不会因使用而耗费，反而会在使用过程中产生新的数据，并且随着被使用次数的增多，新创造的数据量会越来越多。因此，数据供给可以是无限的。这打破了传统经济学中"资源稀缺"的基本假设，突破了传统要素的有限供给对增长的制约，为创新经济增长理论、实现可持续发展提供了可能。

规模收益递增性或递减性，是指数据收集的前期固定成本较高，但持续的边际成本很低。通常，随着数据收集和使用的增加，数据规模会越来越大、种类会越来越多、使用效用会越来越大，具有边际效应递增特性。但有时，更多的数据并不会增加额外的价值，反而会增加成本，因此产生边际效应递减。

数据也涉及外部性。当不同数据集合并时，存在两个方面的情况：一方面，多维度总数据集价值可能大于单一数据集加总的价值，从而产生正外部性；另一方面，在汇总数据时也有可能因为引入了更多的噪声，或者产生隐私泄露，而带来价值损失，从而产生负外部性。此外，消费者或企业的数据资产不仅能给自身带来效用，还能给其他人带来效用，也产生了外部性。例如，生产数据的企业可以利用数据提升自身的运营和效率，同时这些数据对其他企业也具有相当的价值。

此外，数据价值还具有较强的外部依赖性，同样的数据在不同的场景、对不同的人，以及在不同的时间都意味着不同的价值。在一种应用场景下能带来巨大价值的数据，在其他应用场景中可能价值很低。例如，实时股市数据对于金融投资行业人员具有较高的价值，但对于农林牧渔行业从业者的价值就偏低，而当地天气数据对农林牧渔行业从业者产生的价值则高于金融投资行业人员。Statista（市场研究和统计数据提供商）的研究也发现，在谷歌广告数据中，70%未经加工的原始数据超过90天就会过时。

2. 价值潜力

数据的经济学特征决定了其具有不同于传统生产要素的价值潜力。阿克夫（Ackoff，1989）关注如何将数据转化为智慧，提出了经典的"数据—信息—知识—智慧"金字塔式层次结构（见图2-1）。其中，数据位于最底层，知识是经过处理和组织的信息，数据必须先转化为知识，才能用于决策，而决策的有效性来源于最顶层的智慧。可以看出，仅靠数据不足以做出正确的决策，只有当数据被有效转化为信息或知识，并辅助预测、支撑决策或指导实践之后，才能释放出其蕴含的潜在经济社会价值。

从数据中可以提炼出信息、知识和智慧，这使数据成为重要的价值来源。数据创造价值的本质，可以视作数据驱动决策过程的优化。同时，数据价值的实现必须以数据的流动为前提。对现代企业而言，数据的潜在价值能够从内部和外部两个方面给企业带来经济利益。对内，大量经营数据被有效挖掘、整合后能够转化为可操作的见解，从而推动业务开展、创造新的收入来源，并优化流程、决策和组织发展。对外，企业可以将能够划分出来的数据进行外部商业化，通过交易手段实现数据货币化，例如向第三方出售数据集、利用数据质押贷款等，以此提供持续的价值并创造经济效益，带来竞争优势。

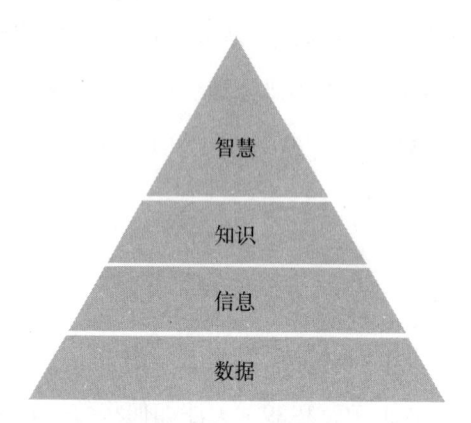

图 2-1　从数据到智慧

资料来源：Ackoff（1989）。

在宏观层面，数据不仅重构了生产要素体系，数据的流动性更是数据价值得以有效发挥的助推器，通过将数据与其他生产要素融合，能够充分释放数据红利。一方面，当数据流动起来后，能够有效贯通生产、分配、流通、消费等全过程，优化各类要素的配置组合，从而实现对经济的放大、叠加、倍增效应；另一方面，流动汇聚形成的数据集，能够呈现和反映个人、企业、社会与国家的整体动态和需求，产生正外部性，为有效生活、运营和运转等提供更加全面、完整的决策依据。

数据能够产生价值，因此具备资产的一般属性。作为一种新型的无形资产，数据资产同实物资产一样具有价值和经济收益的特征。

3. 数据要素投入的重要功能

数据作为一种新型的生产要素，其价值和作用正逐渐显现。通过在经济、科研和社会活动中的广泛投入与应用，数据发挥着独特且重要的功能，推动社会进步和经济发展，成为新时代高质量增长的重要驱动力。

数据要素的经济价值贡献体现在推动经济增长、促进行业发展、提升企业绩效等经济层面。《中国数据要素市场发展报告（2021—2022）》提出了数据生产要素创造价值的经验论证。其一，在经济增长层面，数据要素一方面通过赋能其他生产要素创造价值，另一方面通过数据积累本身作为生产资料转化为资产创造价值，共同对经济增长产生影响。通过基于对数据要素资本存量的估算，发现数据作为生产要素推动经济增长的经验证据。根据推算，我国数据要素对 GDP 增长的贡献率持续上升，数据要素正发挥着越来越大的促进作用。截至 2021 年，数据要素对中国 GDP 增长的贡献率达到了 14.7%。数据要素带来的资本与劳动份额的相对变化，与第一次工业革命时期新生产要素带来的相对变化相近。其二，在行业发展层面，通过对数据要素促进产业发展的直接效应进行测算，发现数据要素对各个行业的产值影响具有较大差异。其中，信息传输、软件和信息技术服务业产出对数据要素最为敏感，接下来是科学研究和技术服务业，在这些行业，数据要素都具有正向的规模效应。如果进一步考虑数据要素的溢出效应，则对产业发展的乘数效应会更加显著。其三，在企业运营层面，数据要素对企业层的经济价值创造是多维度的，体现在生产优化、运营效率提升、产品服务创新以及数字化转型等方面。调研发现，数据要素的运用带来了企业产出增加和效率提高，显著降低了企业综合成本，企业效益显著提升的同时也提高了社会综合效益。

数据要素能够促进科研创新，支持技术进步。在科研领域，数据是科学发现和技术创新的重要基础，能够为科研人员提供海量、多维度的信息支持，助力发现未知的科学规律与现象。通过大数据分析、机器学习等先进技术，科研人员能够高效筛选、整合数据资源，加速实验建模、模拟与验证过程，提高研究结果的准确性和可靠性。同时，数据要素还促进了跨学科的数据共享与融合，为技术创新提供了丰富的"养料"，有助于打破学科壁垒，促进交叉学科的发展，推动科学研究的全面进步。

此外，数据要素对于优化社会治理、提升公共服务质量也发挥着越来越重要的作用。政府通过收集和分析各类社会数据，能够更准确地了解社会运行状况，及时发现和解决社会问题。例如，利用大数据分析城市交通流量，可以优化交通信号灯配时，缓解交通拥堵；通过监测公共卫生数据，可以及时发现疫情苗头，采取有效防控措施。这些都有助于提升社会治理的效率和水平。而在公共服务领域，通过收集和分析公众需求数据，政府和企业能够更精准地提供公共服务，满足人民群众的多样化需求。例如，利用大数据分析教育资源分布，可以优化学校布局，促进教育公平；通过智能推荐系统，可以为用户提供更加个性化的新闻、娱乐和购物体验。

第三节　数据价值挖掘与演变：从数据资源到数据资本

如何释放数据价值的潜力正日益成为理论和实践关注的焦点。现有关于数据价值的研究还处于较为初级的阶段，尚未形成全面统一的认知，国际文献比较关注大数据价值创造的模型和概念框架，国内文献则主要从数据形态演进的角度展开。数据形态演进路径有多种相近的划分方法。一部分研究认为，数据从最初的生产要素转化为产品，进入流通渠道，成为有价值的财富，需要经过数据资源化、数据资产化、数据资本化三大关键步骤，以实现数据的价值和增值。中国信息通信研究院发布的《数据价值化与数据要素市场发展报告（2021年）》，建立了数据价值化的"三化"框架，即数据资源化、数据资产化、数据资本化，与数据产业链中的数据采集处理、数据确权、数据定价、数据交易等环节相关，从经济学视角对推动数据要素流转、深化数据价值进行了深入讨论。

还有一部分学者提出，数据在依照"数据资源—数据资产（产品）—数据商品—数据资本"路径进行动态演进的过程中，也实现了其价值形态从"潜在价值—价值创造—价值实现—价值增值（倍增）"的演进。因此，有学者提出在上述数据资源、数据资产、数据资本三阶段的基础上，数据创造价值的过程还应该加入"数据商品"这一环节。突出强调，在数据资产演变为数据资本的过程中，必须通过市场交换，将数据商品货币化，才能转变为数据资本。在这个过程中，也完整地诠释了货币和商品的循环与转化，形成数据资本。

还有研究提出，将数据价值创造与数据流入市场结合起来，将数据流通过程划分为数据资源化、数据产品化、数据资产化和数据资本化四个阶段，分别与要素市场、产品市场和资本市场的多元主体紧密融合，并通过动态演变、迭代、优化的循环实现价值创造的最大化。数据资本化就是数据资产进入资本市场流通的过程。数据要素的价值创造可以包括价值倍增、投入替代和资源优化三种模式。

上述几种演进阶段划分方式在本质上可以理解为是一致的，"三化"框架中的"数据资产化"内在包含了"数据资产（产品）"和"数据商品"两个阶段，都代表了数据资源通过市场流通交易，产生经济或社会利益的过程。

现有研究已经形成的共识是，数据自身存在价值，并且能够创造价值。只有经历了一个演变过程，将数据从要素最终转变为资本、财富和生产力，才能最大限度地发挥数据的作用和价值。数据资源化相当于一个熵减过程，目标是使无序混乱的数据变成有序、整体性强、有使用价值的生产要素，数据资源化可以转化为对数据采集、清洗、挖掘、标注等过程的评估；数据资产化的核心是一个流通过程，通过数据的流通交易，为使用者创造价值或为所有者创造经济利益，数据资产化可以转化为对数据确权和数据定价的评估；数据资本化是数据价值的增值过程，当前手段包括数据入股、数据信贷、数据信托和数据资产证券化等，是数据资源经济化的最终价值形态。

一、数据资源化

数据资源化是数据价值实现的第一阶段，指将无序、混乱的原始数据开发为有序、有使用价值的数据资源的过程。原始数据通常是低质量、碎片化的大数据，价值密度很低，需要积累到一定规模后，经过一系列开发处理才能成为具有潜在使用价值的要素性数据资源。开发手段主要包括数据采集、数据清洗、数据标注、数据分析等。

数据资源化是数据产业发展的基础环节，具有无限增长、多样性、动态性等特点。一是无限增长。全球蕴含着海量的数据且保持爆炸性增长趋势。根据美国云软件公司 Domo 发布的《数据永不眠》（Data Never Sleeps）报告，2017 年全球总数据量的 90% 是在此前的两年内产生的，每天大约产生 2.5 EB 数据。Statista 表示，2022 年全球创建、捕获、复制和消费的数据总量为 97 ZB，预计到 2025 年该数字将增长到 181 ZB。物联网技术的发展也将推动数据量呈指数增长。有研究预测，到 2025 年，全球物联网上的连接设备数量将超过 300 亿台，是目前预计使用的约 100 亿台移动设备数量的 3 倍。物联网设备生成的数据也将显著增加，预计 2025 年的数据量将达到 73.1 ZB，是 2019 年 17.3 ZB 的约 4.2 倍。以物联网设备漫游数据量的增长为例，市场研究公司 Juniper Research 预测，全球实现数据漫游的物联网连接数将由 2022 年的 3 亿增长到 2027 年的 18 亿，增幅 500%；而全球物联网设备漫游产生的数据量将由 2022 年的 86 PB 增长到 2027 年的 1 100 PB，增长约 11.8 倍。

二是多样性和动态性。数据资源包括结构化数据、半结构化数据和非结构化数据，来源和形式多样，且随着时间的推移不断产生和更新。随着互联网覆盖超过全球 63% 的人口，达到约 50 亿人，以及社交媒体、流媒体内容的传播，还有在线购买和支付的普及，人们越来越多地使用新的数字工具来进行联系沟通和开展交易业务。全球用户平均每分钟发出 2.31 亿封电子邮件，使用 590 万次谷歌搜索，在亚马逊消费 44 万美元，在 Zoom（多人手机云视频会议软件）中投入 10 万小时。数据资源广泛分布在全球范围的各个角落，通过网络进行连接和共享。

三是协同性和安全性。尽管数据资源化的技术基础正日益成熟，相关工具和平台不断涌现，但数据资源的合理化使用还需要政策支持以及不同部门的协调和协作，如 IT 部门、业务部门、数据科学团队等，形成合力。同时，在数据资源化的过程中还必须重视数据安全和隐私保护，防止数据泄露和滥用。需要在实践中不断探索解决数据质量、隐私保护、数据孤岛、标准化不足等问题，以促进跨行业的创新和发展。

然而，现阶段，各界对数据资源的利用开发明显不足。物联网的广泛运用使企业能够从其运作流程中收集到重要数据，但国际调研统计显示，97% 的企业仍面临着从物联网相关数据中提取价值的挑战。许多组织需要获得帮助来理解这些数据，从而做出有效的决策。未来，从物联网数据中提取价值具有极大的经济潜力。麦肯锡预测，到 2025 年，物联网产生的经济价值为 4 万亿~11 万亿美元，包括智慧城市、医疗保健、零售和交通等领域。《福布斯》报道，到 2030 年，工业物联网市场将为全球创造

14.2万亿美元的收入。在充分释放数据价值的基础上，物联网必将带来更为显著的市场和经济价值。

总的来说，数据资源具有潜在价值，是使用资源、释放数据价值的逻辑起点。基于新一代信息技术的迅速发展与普及、全球数据的指数增长、数据收集存储和处理成本的大幅下降，以及机器技术能力的大幅提高，数据资源化已经具备较好的发展条件和基础。各国政府和行业组织越来越重视数据资源的管理与利用，出台相关政策推动数据开放和共享，全球初步形成较为完整的数据采集、数据标注、数据传输、数据分析供应链，但整体而言，数据资源化涉及技术、管理和政策等方面的协同完善，其开发利用的潜力还有很大的释放空间，数据资源化仍处于发展的初级阶段。

二、数据资产化

数据资产化是数据资源通过市场流通交易，给使用者或所有者带来经济或社会利益的过程。数据资产化是实现数据价值的核心，其本质是创造价值的过程，能够使具有潜在价值的数据资源成为具有经济或社会价值的数据资产。

数据资源要成为数据资产，应具备经济学和会计学中界定的条件。我国《企业会计准则——基本准则》（2014年修订版）对资产的定义为，"企业过去的交易或者事项形成的、由企业拥有或者控制的、预期会给企业带来经济利益的资源"。数据资产也应符合资产定义中的基本条件。

具体而言，从数据价值性视角，中国信息通信研究院在《数据资产管理实践白皮书（6.0版）》中给出的最新定义为"数据资产（Data Asset）是指由组织（政府机构、企事业单位等）合法拥有或控制的数据，以电子或其他方式记录，例如文本、图像、语音、视频、网页、数据库、传感信号等结构化或非结构化数据，可进行计量或交易，能直接或间接带来经济效益和社会效益"。从定义的角度可以看出，并非所有的数据资源都是数据资产，只有具有组织可控性、可计量或交易、可带来经济效益和社会效益的数据资源才能变成数据资产。

数据的虚拟可复制性、非竞争性、非排他性等独特属性，使数据资产具有传统资产没有的特殊属性。当前数据资产化的过程，面临法律角度的数据资产权属确定、市场角度的数据资产评估定价和交易流通、会计角度的数据资产入表等一系列重要挑战。在处理数据资产时，不能简单套用传统的资产标准和既有的会计体系，需要从法律、制度、财会、技术等多个方面进行探索实践，最终形成科学合理的规范和方法。就全球而言，当前数据资产化还未建立起完整的框架体系和实施方案，仍处于发展的早期阶段。

数据资产化是数据产业发展的核心环节，通过企业将数据转化为重要资产并进行管理，利用数据交易、数据产品等商业模式探索数据变现，提高自身商业价值，继而提升整个数据产业的价值。数据资产化的主要内容包括数据确权、数据资产估值与定价、数据资产入表等。

1. 数据确权

数据确权不仅是实现数据交易流通和数据资产化的重要前提，也是数据资产估值、数据资产入表的先决基础。数据权属涉及数据的所有权、使用权、经营权、收益权、知情权、处置权等多样化的权利，涵盖多层级复杂的各个主体和权利内容。

当前全球对于产权意义上的数据权属确定都还属于探索阶段，缺乏明确的法律法规，理论和业界都尚未形成较成熟的方案。欧盟在数据权属制度建设方面的探索较为领先。欧盟通过《通用数据保护条例》和《关于公平访问与使用数据的统一规则的条例》等，确立了"个人数据"和"非个人数据"的二元结构，但其规定的数据权利主要是数据主体在个人数据保护方面的权利，而不是传统意义上的产权。美国现有制度下没有针对数据的综合立法，主要是将个人数据置于传统隐私权的架构下，利用"信息隐私权"来加强对数据隐私的保护。

业内对数据权属如何明确也展开了较为深入的研究和探讨。普华永道在2021年发布的《数据资产化前瞻性研究白皮书》中提出，数据确权要解决三个基本问题：一是数据权利属性，即给予数据何种权利保护；二是数据权利主体，即谁应当享有数据权利；三是数据权利内容，即数据主体享有何种具体的权利。数据权利属性、主体及其内容的建立和配置，需要从个人、社会以及国家的视角出发进行权衡。白皮书也提出，实现数据产业的健康发展需建立可行的数据分类体系，明确不同类型的数据权利在数据资产化过程中的定位和设计。对个人数据、政务数据和企业数据进行合理划分，并对企业数据的采集权、使用权、收益权、处分权进行合理分配，以有效促进数据资产化的进程、保护数据主体权益，并维护数据安全。

中国信息通信研究院在《数据价值化与数据要素市场发展报告（2021年）》中提出数据确权的"三分原则"——分割、分类、分级，并依据确权从易到难的程度、对实现社会效益和个人效益从大到小优先的标准建立了数据确权路径。其一，分割原则。因为数据产权是由多种权利构成的权利束，所以可以分割，以分别保护不同归属的数据利益，平衡数据价值链中各参与者的权益。依据分割原则，可以将数据产权分为数据公有产权和数据私有产权，数据私有产权进一步包括基于原始数据的基础数据产权和添附后的衍生数据产权。

其二，分类原则。根据数据主体的不同，将数据分为个人数据、企业数据、社会数据三类，分别确权。个人数据有明显的隐私特征，而且通过添附手段可明显提升数据价值。个人作为数据主体，享有基础数据产权，也可以将私有数据的部分权利让渡给企业或社会，享有部分数据收益权。企业数据的组成有企业主体数据和经用户授权的企业数据，因此，企业对主体数据享有基础数据产权，对来源于用户的数据在获得用户同意、不侵犯隐私以及脱敏脱密的基础上，享有部分添附产权。社会数据包含政府及公共机构在开展活动中依法收集的各类数据及其衍生数据，政府及公共机构对社会数据享有数据共有产权，应在不涉及个人隐私及国家安全的情况下，向社会公开共享社会数据。

其三，分级原则。按照竞争性和排他性，可以将数据划分为私有品、公共品、准公共品。作为私有品的数据，具有竞争性和排他性，企业独占数据可以享有巨大的价值；作为公共品的数据，则具有非竞争性和非排他性，国家统计局、财政局、税务局等政府官方网站公开的数据通常属于这一类；作为准公共品的数据，通常具有有限的非排他性或有限的非竞争性，或者两个特点都不具备，但有较大的外部收益性，包括企业内部数据、有限保密的政府数据等。

在上述研究的基础上，我国"数据二十条"提出了探索数据产权结构性分置制度，推进数据分类分级确权授权机制。通过分别界定数据生产、流通、使用过程中各参与方享有的合法权利，建立数据资源持有权、数据加工使用权、数据产品经营权等分置的产权运行机制。"数据二十条"将产权分置作为数据确权的探索方向，开创性提出淡化所有权、强调使用权、实现数据产权分置的确权思路，为今后数据开发应用、在交易和使用中释放数据价值开辟了新途径。

2. 数据资产估值与定价

数据资产估值与定价是数据资产化的关键环节，也是打通数据资产市场循环链条的重要基础。构建科学的数据资产估值方法和体系，能够为制定数据资产交易统一定价机制提供指导性框架和参考。

数据资产不同于实物资产，其价格除受使用价值与供求关系的影响之外，还受数据资产自身特性的影响。一是数据具有多元主体性，数据资产的交易不一定必须发生数据所有权和使用权的转让。二是数据价值不会因为使用而减少，数据资产的多次交易不一定会带来数据价值的损耗。三是数据价值易受时间、应用场景、技术发展等多种因素的影响，而具有更大的不确定性和变动性，例如，在一种应用场景下能带来巨大价值的数据，在其他应用场景中可能价值很低。

数据资产定价和交易还受到"阿罗信息悖论"的影响。诺贝尔经济学奖得主肯尼思·阿罗在20世纪60年代提出，交易需要披露信息，然而，信息一旦被披露，便意味着数据价值的部分丧失。通常在交易前，买方要求披露部分数据内容，否则难以了解数据的真实价值，无法根据市场公允价格达成协议。然而，一旦卖方披露部分数据信息，就可能面临买方以更低成本从其他渠道获取功能相同或相近的可替代数据的风险，卖方持有的数据的价值就会贬值，甚至完全失去价值。"阿罗信息悖论"从经济学原理上揭示了数据资产定价和交易的不确定性。

数据资产的独特属性给数据价值评估、定价和交易等实践落地带来很大的挑战。当前全球对数据资产价值进行评估，并对数据资产定价进行探索，但还未进入成熟且可全面应用的阶段，相关理论、技术和模型都还有待进一步研究和开发。

现有对数据资产的估值和定价的研究多与无形资产对标，采用成本法、收益法、市场法三种基本方法及其衍生方法。也有学者把人工智能技术运用到数据资产价值评估中，从而构造基于深度学习的数据资产价值评估模型。成本法的理论基础是，无形资产的价值由生产该无形资产的必要劳动时间决定，在应用中是根据数据资产的成本构成测算数据资产价格，与数据资产价值的重新获取或建立数据资产所需成本紧密挂钩。收益法的理论基础是，无形资产的价值由其投入使用后的预期收益能力体现，在应用中是基于目标数据资产的预期应用场景，通过预期经济效益折现反映数据资产投入使用后的收益能力，要求数据资产收益可预测。市场法是基于相同或相似资产的市场可比交易案例，来计算目标无形资产的市场价值，应用前提是市场上具备一定数量可比数据资产的估价对象，且交易价格容易获取。

三种价值评估方法在应用于数据资产估值时都兼具适用性和局限性（见表2-2）。成本法计算简单、易于理解，但数据资产对应的成本难以精确计量，也不能体现数据资产直接及间接产生的收益。收益法反映了数据资产的经济价值，直观且易于理解，但超额收益不易计算，且难以在单个数据资产层面进行精确分摊。市场法能够客观反映资产的市场情况，评估参数相对真实可靠，但当前还缺乏足够活跃的数据资产公开市场交易基础，数据资产价值在不同交易背景下的差距也需要具体分析。

表2-2 三种数据资产价值评估方法适用性和局限性比较

方法	适用性	局限性
成本法	·计算简单 ·易于理解	·成本难以精确计量 ·不能体现数据资产直接及间接产生的收益
收益法	·反映了数据资产对业务收益的影响 ·直观且易于理解	·超额收益难以精确计量 ·超额收益通常由一组数据资产形成的应用产生，难以在单个数据资产层面精确分摊
市场法	·客观反映资产的市场情况	·缺乏足够的数据资产公开市场交易基础 ·数据资产的价值需要根据不同的交易背景进行具体分析

数据资产评估价值与数据资产市场交易价格都是数据资产价值的表现形式。数据资产的评估价值是一个理论值或理想值，在

一定时期内，数据资产的价值是固定的，而数据商品的定价是动态的，除了体现数据资产的内在价值外，还需要考虑市场供需、政府监管的影响。在市场情况不成熟的条件下，数据资产估值可能无法准确适用于数据商品的定价。当前，数据资产定价主要采用固定定价、动态定价、差别定价、拉姆齐价格、自动计价、协商计价、拍卖定价、免费增值、使用量定价等策略。

同时，数据资产估值与定价也是一个相互转换和相互促进的过程。随着数据交易市场愈加成熟和活跃，市场定价可以为数据估值提供更好的基础和依据；而在数据交易尚不完善的现阶段，或者当某类数据资产的独特性和定制化程度较高时，数据资产交易价格又需要依赖估值模型。因此，数据资产的市场交易和估值体系的发展应相辅相成、共同完善，才能更好地为数据资产定价提供可广泛应用的实践和理论支持。

3. 数据资产入表

会计准则作为反映经济活动的技术标准，是生成和提供财务信息的重要依据。当数据成为关键生产要素，其演变和发展将重构经济活动和商业模式，也必将要求在财务会计体系中系统科学地记录和评价新型的数据生产要素为经济社会发展做出的贡献。数据资产入表就成为促进数据流通交易的必然环节。

数据资产入表是指将数据确认为企业资产负债表中的"资产"项，即将数据资产纳入资产负债表，在财务报表中体现其真实价值与业务贡献。数据资产入表是对数据资产的确认、计量与披露，可保障数据的经济价值更加准确地体现在财务报表中，以确保为财务报表使用者提供全面有效的财务信息。

数据资产入表也是数据资本化的重要前提。数据资产入表，相当于把企业所拥有的数据资产分项整理和打包，为未来的数据资产融资、交易、对外出资等其他金融和资本运作提供极大的便利。目前数据资产的创新应用方向包括数据资产增信、转让、出资、质押融资、保理、信托、保险、资产证券化等。

实现数据资产入表并非一蹴而就的工程，也需探索与数据独特属性相关的诸多难题和解决方案。部分相关难题如下：一是数据价值的时效性，由于数据贬值速度快，当企业将数据产品以无形资产或存货科目计入企业资产时，应该相应地计提大比例的无形资产减值准备或存货减值准备；二是数据资产价值的波动性，无论数据资产是以无形资产形态还是以存货形态列入资产，都可能造成企业资产短期内的大幅变动；三是数据资产入表的价值与数据的规模关系不大，而主要取决于数据质量完整性、数据生产加工速度、数据流动速度等因素，因此，不同企业入表的数据资产价值的差异较大，对资产价值可比性产生影响。

在全球范围，整体上在数据资产入表方面的进展较为分散，尚未形成统一的实施标准。不同国家和地区根据自身的经济发展水平、数字化转型需求以及法律法规的制定情况，采取了不同的措施和策略。一些发达国家已经开始探索数据资产的会计处理和信息披露要求，以适应数字经济的发展需求。例如，美国和欧盟等国家和地区在数据保护、数据治理以及数据交易等方面制定了较为完善的法律法规，但在数据资产入表的具体实践方面，仍处于探索阶段，缺乏明确的会计准则和指导性文件。

中国在数据资产入表方面的进展走在国际前列。2023年8月，财政部发布《企业数据资源相关会计处理暂行规定》，并自2024年1月1日起施行。该规定通过制定具体的会计处理规定，为数据资产的确认、计量和报告提供了明确的指引，有助于进一步推动和规范数据相关企业执行会计准则，准确反映数据相关业务和经济实质。这标志着数据资产入表政策在中国正式落地，为数据资源转换为数据资产提供了权威依据。2024年1月，国家数据局等十七部门联合印发《"数据要素×"三年行动计划（2024—2026年）》，进一步鼓励地方在数据资产入表方面进行创新探索。在政策的引导下，截至2024年8月31日，已有64家公司在半年报中披露了企业数据资源，入表总额合计14.02亿元，涉及电信、互联网、卫生、房地产、汽车等27个行业，数据资产化正在从数字经济核心产业向传统行业渗透。

三、数据资本化

数据资产除体现在财务报表中的应用之外，也可以作为非货币资产用于对外出资或合资，还可以用于对现有公司进行增资等行为，这相当于将非货币资产进行货币化的使用。此外，数据资产也可以进行市场化交易，或者用于质押融资、以数据资产入股、证券化等操作，实现价值增值的数据资本化。

1. 什么是数据资本

数据资本是数据资源经济化的最终形态（见图2-2）。资本能够使资源保值增值，带来未来收益，数据资本也如同金融资本、实物资本一样，本身具有长期价值，能够产生新的、有价值的产品和服务，提高数据资本拥有者的预期收益。

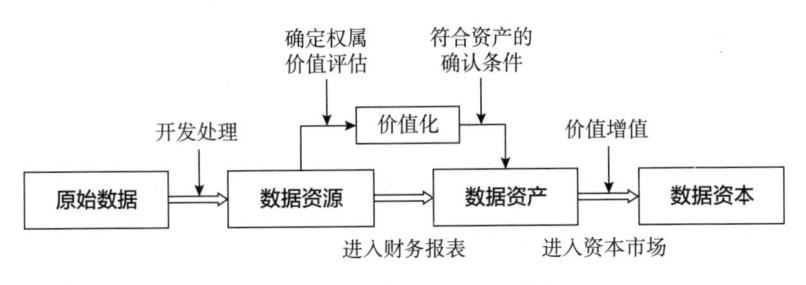

```
                  确定权属        符合资产的
                  价值评估        确认条件
                     ↓              ↓
            开发处理      价值化        价值增值
              ↓            ↓            ↓
  原始数据 → 数据资源 → 数据资产 → 数据资本
                         进入财务报表  进入资本市场
```

图 2-2 从数据资源到数据资本

在对"资本"的定义层面，不同领域在不同时期提出了多种观点和洞见。亚当·斯密在 1776 年的《国富论》中指出，资本是人们用来获得收入的那部分资产。在西方经济学理论中，资本是一种生产品，而不是一种自然资源，是生产其他商品或服务所必需的，即生产出来的生产要素。在财务会计领域，资本是所有者权益，包括所有权和收益分配权等。在政治经济学中，马克思在《资本论》中提出，资本是能够"自行增殖的价值"，价值凝结在商品之中，并表现在货币上。同时，资本也是一个运动，要在资本的运动中掌握资本。

法国社会学家皮埃尔·布尔迪厄较早将资本的概念扩展到无形类别，1986 年他在《资本的形式》中提出资本可以以经济资本、文化资本、社会资本三种基本形式呈现，其中经济资本可以立即直接兑换为货币，并可以以产权的形式制度化。经济资本作为主导资本，是所有其他资本形式的根源，其他所有资本都可以转化为经济资本。资本运作的真正逻辑在于"资本向资本的转化，即一种资本可以转化为另一种资本，这使整个资本体系能够自我复制"。资本的可兑换性，是资本接管整个社会并渗透到人们生活各个方面的主要机制。

经济学家托马斯·皮凯蒂在《21世纪资本论》中提出，资本包括个人（或团体）可以拥有并可以通过市场永久转移或交易的所有形式的财富。可以由私人拥有，即民间资本，或由政府或政府机构拥有，即公共资本，以及一些中间形式的集体资本。在资本与财富关系的讨论中，皮凯蒂提出各种形式的资本始终扮演着价值储存和生产要素的双重角色，因此，可以不对财富和资本做严格区分，资本就是财富。

在关于数据资本的讨论中，挪威国家统计局最早于1967年在工作文件中提出，数据资本是采集和计算数据的保留存量，在统计文件系统中类似于工业生产资本，并起着核心作用。2016年，《麻省理工科技评论》与甲骨文公司联合发布报告《数据资本的崛起》，指出数据已成为一种资本，在创造新的数字产品和服务方面，数据资本与金融资本、人力资本处于同样的地位。企业应特别关注数据资本，因为它将是世界经济大部分附加值的来源。数据资本可以像建筑物和设备等实物资本一样具有长期价值，但也具有非竞争性、不可替代性等独特属性。数据是创造新价值的原材料，对大多数企业来说，将数据转化为资本，既非常实用，又非常紧迫。

哈佛大学的研究员汤春蕾（Chunlei Tang）在2021年出版《数据资本》一书，从数据科学和全球化的角度对数据资本做出解读，认为数据资本是一种数字化的无形资本形式，几乎涵盖所有现有资本的数字部分，从有形资本的数字孪生到无形资本的可度量部分，以及金融资本，也是一种以汇集人类历史中前所未有的信息、知识和智慧为标志的无形财富。

中国信息通信研究院在《数据价值化与数据要素市场发展报告（2021年）》中同样提出，数据具有类似金融资本和人力资本的双重属性，既有金融资本的增值性、风险性，也有人力资本的异质性。数据资本化使数据由货币性资产向可增值金融资产转化，可以使融资者和投资人共同分享数据收益。目前，国内已有企业展开数据资本化创新性探索，主要集中在金融化方面，如数据证券化、数据质押融资、数据银行、数据信托等。其中，数据证券化的方式较为多样，包括IPO（首次公开募股）、重组并购、ABS（资产支持证券）、ABN（资产支持票据）等。

可见，当前数据资本化正处于理论和实践的探索早期，主要停留在数据金融化阶段，数据资本尚未真正承担起价值储存和生产要素的双重身份，没有发挥在资本生产、流通和分配的运动总过程中实现价值转化的潜力。未来，数据资本可以通过数据资产的流动来积累，按照马克思的资本运动规律和布尔迪厄的"资本化与资本转换"理论，数据将在资本的运动过程中作为起点和终点，在实现"资本即财富"这方面有着无限的发展空间。

2. 数据资本的价值

从数据资源、数据资产到数据资本，丰富的数据带来不可估量的价值预期，如何充分且科学地释放数据价值，正成为关注的新焦点。依从经济发展规律，数据资本化无疑是实现价值增值的必由之路。数据技术的迅猛发展不断融合经济资本、实物资本与数据资本，巨大的颠覆性创新正逐步将数据资本带入资本市场的核心位置。

部分研究者的前沿研究（Sadowski，2019；Tang，2021）将数据视为21世纪政治经济学的核心组成部分，讨论数据驱动的资本主义，即数据作为资本如何从原始积累、简单再生产到扩大再生产，再到交易流通，完成货币和商品的循环与转化，从而实现"价值增殖"。研究者认为，数据已成为一种新的价值来源和资本积累工具，数据资本主义作为新兴资本以及新积累方式的概念化表达，代表着研究焦点从金融资本到数据资本的转向。

部分研究者认为，数据资本财富的多少取决于数据技术，即生态系统的生产力，而不是数据的规模。例如，许多数字图书馆虽然拥有大量数字文献和数据，但其数据产品类型相对单一，并不能转化为大量货币财富，甚至需要花费大量资金来存储和管理这些数据。因此，只有将数据所有者和拥有先进数据技术的数据生产者结合起来，才能够有效提高生态系统下的数据生产力。

也有研究从商业角度总结了数据创造价值的方式，例如，利用数据生成目标用户画像，利用数据优化系统，利用数据管控事物，利用数据建立概率模型，利用数据的建构功能，利用数据使资产增值，等等（Sadowski，2019）。数据资本的价值不容忽视，如数据资本的应用给脸书、谷歌等科技公司带来了巨大的收益，数据中介领域的年均收入高达2 000亿美元。此外，金融、保险、制造业等行业对数据资本的依赖性也极大增加。而在数据资本积累和增值的方式方面，还需要展开更深入的研究。

在数据对经济增长的影响方面，科拉多等（Corrado et al., 2022）使用无形资本经济模型测量了数据使用的增加对 GDP 和生产力的影响，将数据资产在概念上纳入无形资本框架中。实证结果表明，欧美国家对数据限制性使用的专有效应降低了无形资本的知识扩散作用，减缓了全要素生产率的增长。从反向角度证明了数据资本对经济增长具有促进的价值。而从经验论证角度，我国国家工业信息安全发展研究中心等在《中国数据要素市场发展报告（2021—2022）》中，从推动经济增长、促进行业发展、提升企业绩效三个层面，量化探讨了数据要素创造的经济价值贡献。

由此可见，越来越多的国内外前沿研究正从规律探索和经验论证等不同角度，关注数据资本价值在理论创新和实践应用中的发展和壮大。随着数据资产化和资本化相关制度及市场体系的逐步完善，数据的价值潜力也将在要素化、资源化、资产化、资本化的过程中得到最显著的释放。

第四节　数据要素视角下的数据资本化研究

学术界对于大数据的关注和研究起步较早，涉及科学技术、法律、经济、社会等多学科和跨领域知识，但直到近几年，数据以生产要素和资本形式进入社会生产过程并产生价值的问题，才越来越多地引起经济领域研究的关注。本节将从数据要素的视角重点梳理当前数据资本化的国内外前沿研究，力求更为全面地把握数据资本化的理论基础和实现路径。

整体而言，与数据资本作为生产要素有关的经济研究是一个全新且快速发展的领域，尚未形成完整的经济理论框架和实践路径依据，已有的国内外文献较为分散，大致可以从以下几个视角进行归集：一是从宏观经济视角展开，基于增长模型、价值论、资源配置等理论框架，讨论数据作为生产要素对经济增长、生产力、价值创造、收益分配以及市场配置等方面的作用和影响；二是从微观经济视角入手，基于生产函数、产业链、价值链、商业管理等理论基础，讨论数据资本化对生产效率和企业创新的影响、数据要素的价值化路径，以及对数据资本的估值和投资等；三是从政治经济学视角研究数据对生产关系的影响，提出数据资本主义，并展开批判性讨论。

一、宏观经济视角

数字经济带来了新的生产要素和新的增长模式，近期的文献开始讨论数据作为新生产要素对经济增长的影响，但对于数据生产要素如何提升长期经济增长的作用机制，在理论和实证上仍有待完善。学术界从理论和概念层面探讨数据如何进入经济运行的过程，包括数据要素投入、数据要素配置、数据与传统生产要素之间的融合与协同作用等，而技术和应用层面的实证研究较少，主要集中在对数据价值的估值和测算上。徐翔等（2021）梳理了与数据生产要素相关的经济增长理论研究，多数研究认为，数据生产要素通过驱动知识生产影响经济增长。琼斯和托内蒂（Jones and Tonetti，2020）提出数据作为生产要素，其本身虽不能直接用于生产商品的指令，但能在生产过程中通过创造新知识或预测未来等方式发挥指导作用。杨俊等（2022）提出了大数据作为生产要素的一个内生增长模型，从理论上论证了大数据与其他生产要素存在"融合成本"，导致短期经济产出受到"研发模式转型"的抑制，而从长期来看，大数据通过"乘数作用"能够提升中间品质量水平并促进技术进步，持续推动经济增长。

与索洛提出的技术进步与生产率增速放缓的"生产率悖论"类似，也有研究者提出，尽管现代社会中数据无处不在，但数据要素、信息与通信技术等并未在提升生产率方面发挥作用，产生了新的"现代生产率悖论"（Beaudreau，2010；Goodridge et al.，2021）。部分研究认为，悖论产生的原因在于，现有国民经济核算统计体系未计入数据等新生产要素带来的潜在经济价值，导致劳动生产率被低估（Brynjolfsson and Collis，2019）。科拉多等（2023）分析了经济体中数据使用的增加如何影响生产力，提出大约50%的无形资产实际上是数据资本，而当前的传统经济理论并未把数据资本作为无形资产纳入经济模型。通过使用包含数据/无形资产的经济模型来评估数据使用量的增加对GDP和生产力的影响，发现一方面数据资本相对效率的提高增加了其对劳动生产率的贡献，另一方面无形资本数据强度的增加会削弱知识传播并抑制全要素生产率的增长。实证结果表明，两种影响相互抵消后，欧美国家对数据限制性使用的专有效应降低了无形资本的知识扩散作用，减缓了其全要素生产率的增长。徐翔和赵墨非

（2020）指出，与传统生产要素和信息与通信技术资本相比，数据资本进入生产过程、全要素生产率和资本积累过程的渠道和方式存在根本不同，因此表现出提升生产效率和数据处理能力的创新性特征，对经济增长具有独特的直接影响和溢出效应。通过在生产函数中将数据资本和信息与通信技术资本区分开，研究发现数据资本的稳态增速高于其他类型资本及总产出的稳态增速，并估算了中国数据资本存量和增速，揭示了数据资本积累拉动宏观经济增长的潜能。

关于数据要素与价值创造的学术讨论也有不同观点。一种观点认为，数据要素的价值在于对数据的使用，而不是占有，数据被"使用"的过程是实现数据"价值增殖"和资本化的过程（宋冬林和田广辉，2023；蔡万焕和张紫竹，2022），数据要素可以提高劳动生产率，但并不直接创造价值（王胜利和樊悦，2020）。另一种观点认为，数据要素的贡献就是数据要素本身所创造的价值。蔡继明等（2022）基于广义价值论，建立了纳入数据要素的一般均衡分析框架，从理论层面讨论数据要素如何创造价值。模型揭示了数据要素通过数据初始存量、前期和当期收集处理数据投入的劳动等途径提高绝对生产力，进而提升综合生产力和比较生产力，引起价值的增加。

2019年，党的十九届四中全会首次提出将数据作为生产要素参与收益分配，这成为一个重大的理论创新，标志着数据作为关键生产要素从投入阶段发展到产出和分配阶段，也将极大地提升生产力，促进社会总财富的增加。戚聿东和刘欢欢（2020）基于生产力与生产关系协同发展的视角，提出数据市场化配置的本质是所有社会成员能够以平等的身份按需获取数据要素，并根据生产活动中的贡献得到相应的财富分配，这两个环节的先决条件都是数据产权的清晰界定。蔡万焕和张紫竹（2022）指出，当前数据要素收益分配存在不合理性，根源在于数据权属问题，以平台组织为代表的数据资本所有者通过对数据的独占获得了超额利润，应对数据所有权进行"分割"，才能优化当前的数据收益分配格局，保障数据价值的实现。

二、微观经济视角

现有研究也从生产函数理论、产业链、价值链，以及商业和管理等视角出发，讨论数据资本和数据要素影响经济、产业、企业的微观机制。

从企业生产函数理论出发，可以评估数据要素投入与产出的关系。于立和王建林（2020）从理论上讨论了数据要素纳入生产函数后，对生产函数产生的多重影响，将导致传统生产函数形式和作用的改变，以及对市场配置资源产生新的且更为复杂的影响。生产函数理论面临着新问题，实践中数据领域的企业策略和竞争政策也遇到诸多复杂困难。例如，较高的数据移植性与互用性更有利于数据在不同平台和企业间的转换与利用，有助于消除数据垄断、形成竞争，但移植性过高也会给数据主导企业带来数据安全的顾虑以及创新动力的降低，因此，需要权衡制定企业策略和竞争政策。

从产业链升级的研究框架出发，段巍（2023）指出，在数字经济时代，企业将增加对数据要素的投入，然而，传统的价值链理论以及贸易统计方法一般聚焦于制造产品的生产与贸易，而将无形资产和服务资产定义为非贸易品，这大大低估了以数据资产为核心的无形资产在产业链中的作用。随着数据要素和数字资本在全球产业体系中的比重不断增加，全球产业链发展将迎来驱动来源、层级治理、贸易结构、分工格局等多方面的变革和重塑。

数据价值链的视角有助于探讨数字经济核算面临的难题。现有文献总结和比较了衡量数据经济价值的三种主要方法：市场法、成本法和收入法（Reinsdorf and Ribarsky, 2019；Mitchell et al., 2021）。国内研究多基于数据价值链的视角，使用成本法或增值法来测算数据资本对中国经济增长的贡献。刘涛雄等（2023）将数据价值链划分为数据采集、数据清洗与存储、数据加工三个阶段，来估算数据资本存量和数据资本形成额，并将数据资本定义为具有生产价值的数据。许宪春等（2022）通过构建包含数据收集、存储、分析和应用四个阶段的数据价值链，描绘了不断增值的数据价值形态演变。

从商业管理和企业实现机制的视角，中国信息通信研究院（2023）提出，数据要素在投入生产的过程中有三次价值释放过程，分别是数据支撑业务贯通、数据推动数智决策和数据流通对外赋能。越来越多的企业从经验型决策转向数据驱动型决策，相关研究发现，2005—2010年，美国制造业使用数据驱动型决策模式的企业数量占比从11%增加到30%（Brynjolfsson and McElheran, 2016）。数据驱动型决策模式是数据科学在企业决策中的应用，可以提高企业管理的科学性和准确性，进而提高资源配置效率，改善运营状况（Provost and Fawcett，2013；徐翔等，2021）。实证研究显示，在同一行业中使用数据驱动型决策模式占比最高的前三家企业，其平均生产效率和利润率比其他竞争对手分别高出约 5% 和 6%（McAfee and Brynjolfsson，2012）。

部分研究归纳数据生产要素可以通过三种机制帮助企业提升生产效率：一是通过信息挖掘提供客户画像，提供定制化产品和服务，提升生产效率；二是鼓励企业研发过程的数据交流，助力企业间的协同创新，显著提高创新效率；三是利用数据预测选出最优生产技术，改善产品质量（徐翔等，2021）。

研究者从不同视角进行探讨。从产品创新、研发竞争的视角探讨数据要素的企业实现机制，提出为避免产生社会整体创新水平下降的数据要素"陷阱"问题，要建立健全数据交易市场机制，鼓励突破性创新（谢康等，2020；徐翔等，2023）。从数字化转型的视角提出数据资本投资对企业转型成功的重要性，并从供应链博弈模型的视角分析数据资本投资影响企业运营管理和经济效应的内在机制（Xin et al.，2023）。从数字技术的视角提出数据要素对企业规模扩大和信息与通信技术进步都做出了贡献（Begenau et al.，2018），而数据的积累驱动新兴经营和管理方式产生，数据成为推进技术和组织不断创造价值的新型资本（Sadowski，2019）。

从企业管理实践层面来看，各个企业逐渐形成一定规模和体量的数据资产，提高了对国家数字经济具象化和报表化的要求，数据资产入表成为数据金融化和资本化的关键环节。上海数据交易所（2023）探讨了数据资产入表与数据资产创新应用的关系，提出从更长远的角度来看，进入企业资产负债表的数据资产，将像其他类型的资产一样，以其质量、公信力、收益预期作为偿付基准来发行证券产品。

三、政治经济学视角

国内外政治经济学者也开始从资本的视角对数据资本的形成过程、独特属性、运动规律等进行分析，并提出了数据资本主义。根据马克思主义政治经济学的概念界定，生产要素在资本主义生产过程中才能转化为资本，萨多夫斯基（Sadowski, 2019）提出，将数据视为资本的一种形式，数据资本既区分于经济资本，又以经济资本为基础。永无止境的资本积累运动推动数据的收集，而数据的收集反过来要求资本构建并依赖一个万物皆由数据构成的世界。数据化就像金融化一样，成为资本主义积累的新领域。"数据即资本"这一逻辑范式，也正影响并改变着众多领域及部门。

数据的资本属性体现在数字经济的深度应用中，带来生产关系的变革。在资本逐利的逻辑主导下，资本跨越时间、空间摄取剩余价值，所以资本天然关注免费产出、补贴产出、未来产出的变现等。刘震和张立榕（2023）认为，随着技术进步和产业革新，数据逐步完成了商品化、生产要素化、资本化的发展历程，数据资本可定义为"以占有数据从而实现其当前利润或未来收益索取权为目的，通过剥削数据产业劳动者，投入数据生产、流通和交换过程中的资本"，符合马克思主义政治经济学的学理规范。

宋宪萍（2022）从劳动价值论和剩余价值理论出发，认为数据资本是能实现"增殖"的商品化后的数据，其利润来源于数据工人的剩余劳动。数据资本嵌入商品生产过程，引发了整个社会关系重构的极化效应。博林（Bolin，2022）提出，随着数据资本主义运作方式的根本转变，需要重新识别商业模式、技术、认识论和社会生活的转变产生的价值体系，并建立一个由经济、技术、认识论和社会四要素构成的数据资本主义模型。

从数据资本主义的角度来看，数据的"增殖"价值体现在以数据为核心的互联网公司市值估算体系中，它们占有大量商品化和生产要素化的数据，具有未来变现和未来收益预期的资本化性质（刘震和张立榕，2023；Ramadhan，2022；Sadowski，2019）。基于海量数据资源的优势，数字平台成为数据资本积累的关键中介，重塑了资本价值运动的市场逻辑和实践场域（宋冬林和田广辉，2023）。平台革命让当代资本主义加速迈入数据垄断资本主义的新阶段，数字劳动成为数据垄断资本主义价值创造的新源泉，平台竞争和算法权力集中对当代资本主义经济社会秩序产生重大冲击（黄再胜，2020）。

部分研究对数据资本及其权力和控制提出风险警示。叶夫根尼·莫罗佐夫2014年在柏林举办的社会民主文化论坛上发表演说，针对谷歌和脸书等数字平台公司的监管，呼吁人们在进入新兴的以数据为中心的资本主义时，需要保证作为时代关键资源的数据仍被公众掌握，否则政治很难保持对市场的有效控制，并提出需要进行结构和制度的创新，将数据作为公共品置于市场之外。切西利克和毛尔戈奇（Cieslik and Margócsy，2022）通过对全球历史上的数据与信息发展进行研究后揭示，数据化带来潜在的、复杂的权力动态改变，在不对称权力关系背景下的数据化过程，可能会产生所谓"数据殖民主义"的价值提取和剥削，将导致财富和资源分配不平等，这对政府监管方式提出了挑战。

综上，当前国内外对数据资本的文献主要从不同视角展开了部分散点式的理论和定性研究，对数据价值的测度和估值困难使实证和技术应用层面的研究较少。尽管理论研究滞后于实践探索，全球对数据的需求却与日俱增，政府需要前瞻性地制定政策，以权衡数据对整个经济的价值潜力和风险挑战。正如剑桥大学贝内特公共政策研究所和英国开放数据研究所在2020年发布的联合报告《数据的价值：政策含义》（The Value of Data：Policy Implications）中提出的，仅依靠市场必然无法释放数据的全部潜在价值，但通过正确的数据政策和支持可信访问的制度框架，可以从数据中获得更多收益。

小结：挑战与展望

数字化转型赋予了传统经济显著的生命力和创新力，成为迈向数字经济的重大变革，数据成为关键生产要素是数字经济在工业经济基础上实现突破最明显的特征。充分发挥数据生产要素的价值潜力，将变革生产模式、商业模式以及分配方式，带来生产力的飞跃和生产效率的提升。

数据的虚拟性和可复用性是数据要素区别于土地、劳动力、资本等传统生产要素的根本特性，也由此衍生了数据的其他许多特性，特别是独特的经济学特征，如公共数据的非竞争性和非排他性、外部性、非规模报酬递增性或递减性、非稀缺性等，决定了其具有不同于传统生产要素的价值潜力。

数据作为一种新型的生产要素，广泛投入和应用在经济、科研和社会的各类活动中，发挥着独特而重要的功能，成为新时代的重要驱动力。数据要素的功能体现在经济领域表现为推动经济增长、促进行业发展、提升企业绩效等，体现在科研领域表现为促进科研创新、支持技术进步，体现在社会领域表现为优化社会治理、提升公共服务质量。

如何释放数据价值的潜力，正日益成为理论关注的焦点，也是实践中面临的重要挑战。现有数据价值相关研究还处于较初级阶段，尚未形成全面统一的认知。已有的共识是，数据自身存在价值，并且能够创造价值，而数据价值的实现必须以数据的流动为前提。数据在资源化、资产化、资本化的演进过程中，完成市场流通和交易，产生经济和社会利益，实现价值增值。只有经历了这样一个演变过程，将数据从要素最终转变为资本、财富和生产力，才能最大限度地发挥数据的作用和价值。在继续探索理论创新和实践应用的基础上，也迫切需要相关制度、市场体系和生态的逐步完善。

当前国内外对数据资本作为生产要素有关的经济研究还未形成完整的理论框架和实践依据，文献主要从宏观经济、微观经济和政治经济学等不同视角展开部分散点式的理论与定性研究，对数据价值的测度和估值困难，使实证与技术应用层面的研究还较少，在数据资本积累和增值方式等方面，也还需要展开更深入的研究。尽管理论研究滞后于实践探索，但全球数据需求与日俱增。政府需要前瞻性地制定政策，权衡数据对经济的价值潜力和风险挑战，使之与市场创新相契合，以更大限度地释放数据的潜在价值。

第三章
数据战略是国际竞争前沿[①]

---

① 本章感谢清华大学五道口金融学院韩绍宸提供的助研支持。

智能时代来临，数据成为重要的战略资源和关键生产要素，在推动创新和经济增长方面的战略地位被类比为工业时代的石油，对于国家的经济、社会和科技发展具有深远的影响。

世界主要经济体和国家都意识到数据的战略重要性，近年来纷纷提出国家数据战略规划，建设数据政策框架并制订行动计划，拉开了数据战略的大幕，以应对数字技术、人工智能等创新科技带来的机遇和挑战。美国联邦数据战略、欧盟数据战略、英国国家数据战略等先后启动，旨在有力推动本国数据产业化、市场化的进程，在智能时代的国际竞争中取得领先优势。

综观各主要经济体的数据战略、法规和政策，数据正被政府视为决策制定、服务提供、机构管理和公共创新等不可或缺的战略资产。就战略布局的整体而言，各国在宏观层面重在统筹整体性、全局性的战略方向；在中观层面重在构建标准、市场和生态；在微观层面则重在明确具体的技术举措，提高众多参与主体的能力。而不同经济体在数据市场建设基础、数据保护相关法律法规和操作方式等方面存在区别，导致各自在数字经济方面的发展程度各异，也进一步产生了数据市场流通制度和数据价值最大化的差异。

各主要经济体在数据战略的构建过程中，以其各自的发展目标和重点为导向，搭建特色政策框架。比较而言，美国数据战略延续其惯有的"政府引导、市场驱动"模式，监管干预较少，而欧盟遵循"数据一体化市场"的总体战略，制定了全面的监管框架，旨在发展数据驱动型经济。各国在数据战略规划和实施、数据流动与使用、数据产业和生态培育、数据交易市场机制、数据安全和治理等方面进行多样化的探索，形成了诸多新的突破和进展。国际数据战略的发展经验和教训也为我国基于自身特点和优势基础，加快推进数据要素市场建设和发挥数据价值的政策制定提供了诸多借鉴。

第一节　从数据战略立足点出发，制定政策规划与实施框架

在全球数字化加速的背景下，各国对于数据战略在国家经济发展中的重要性具有广泛的共识，但基于国家间治理模式、经济需求、技术水平和社会文化的不同，其数据战略规划与实施效果也有较大差异。其中，美国、欧盟和英国的数据战略尤为典型，三者在立足点、整体规划、政策框架和实施路径上呈现了显著特性，反映出不同经济体在数据治理中的核心关切与长远目标。

一、数据战略的立足点与发展目标

美国、欧盟和英国的数据战略在核心立足点上各有侧重，决定了各自有差别的战略规划基本方向。美国的数据战略立足于"数据作为战略性经济资源"，其主要目标是推动市场创新、增强全球科技竞争力，同时提升政府决策的科学性和效率。2019年发布的《联邦数据战略》，是美国历史上首个联邦政府层面的数据战略，明确将数据作为一种战略性资源进行开发，旨在2030年前就政府数据开放和共享建立一个一致性行动框架，同时也追求数据经济价值和社会价值的共同实现。美国将数据视为提升经济竞争力、国家安全和技术优势的重要资源，因此数据战略的实施高度市场化，私人部门在数据创新和技术开发中扮演了主导角色。这种市场驱动的数据战略使美国在大数据、人工智能、云计算等领域保持全球领先地位，并有助于美国企业在全球市场中占据技术制高点。但过于依赖市场，导致数据保护和隐私监管相对薄弱，可能引发数据泄露等风险。

相较之下，欧盟的数据战略立足于"数据主权与隐私保护"，本质上是综合性和监管性的，最终目标是构建包括数据要素在内自由流动的统一大市场，以确保欧洲的全球竞争力和数据主权。基于欧盟与其成员国双层并行的治理体系，其制定数据战略的出发点与一般实体国家存在区别，更强调技术导向的数据共享，通过建立适当的结构，消除成员国和部门间的信息屏障，便于数据、人才在所有成员国的大市场里自由流动和配置，充分释放欧盟市场的数字经济潜力。2018年，欧盟出台《通用数据保护条例》，这被认为是最严格的个人数据和隐私保护条例，也是欧盟数据权利保护的标志性规范。2020年发布的《欧洲数据战略》提出了欧盟未来5年实现数据经济所需的政策措施和投资策略，以及构建一个真正的欧洲单一数据市场的发展愿景。不同于《通用数据保护条例》对数据的严厉管制，《欧洲数据战略》以数据治理为核心，旨在构建以个人隐私和数据伦理为核心的数据治理体系，以治理促进发展，保障欧盟数据一体化的高质量融合，以及数据开放应用的基础性建设。欧盟重视在保护公民权益的同时，促进数据在经济发展中的应用，力图在全球数据治理中成为规范和伦理的引领者。这一立足点使欧盟在数据战略上更关注数据保护和合规性，而非单纯的经济驱动。

英国的数据战略则是"创新与数据伦理并重"的模式，旨在提高国家经济竞争力，同时保护公民的数据隐私。英国在2020年1月正式脱离欧盟后，其在数据政策上逐渐向"去欧盟化"倾斜，强调在数据治理中引入更大的灵活性，以支持技术创新和国际合作。同时，英国也关注数据伦理和隐私保护，重视数据在推动经济增长和科技进步中的作用。2020年，英国发布《国家数据战略》，构建了英国的数据行动框架，着眼于如何利用英国现有优势，促进企业、政府、民间社会和个人更好地利用数据，释放数据的力量以推动数字行业和整个经济的增长，改善社会和公共服务，并使英国成为下一波数据驱动创新浪潮的领导者。2022年，英国更新《英国数字战略》，提出要成为世界领先的数据驱动型经济体，利用数据为每个人提供更多的经济和社会机会。该战略意在通过强化数字技术创新，构建更具包容性、竞争力、创新性的数字经济，将科技创新作为驱动数字经济发展的关键动力，对英国数字经济发展进行前瞻性部署。可见，英国数据战略的核心目标是成为全球数据治理的领导者，兼顾数据保护与创新发展。这种策略试图在经济利益和数据保护之间找到平衡，为企业创造更宽松的创新环境，同时确保公民数据权益。

二、数据战略规划与政策框架的构建

基于不同的战略立足点，美国、欧盟和英国在数据战略的整体规划上形成了截然不同的模式。

1. 美国：市场主导、政府辅助

美国的数据战略规划以灵活性和适应性为主导，政策框架更多依赖于市场导向，政府在政策上为私人部门提供创新支持，同时避免严格的统一标准，以便数据战略能够迅速适应科技和市场的变化。这一灵活的策略使美国在数据驱动的创新中占得先机，有助于快速推动技术进步和商业应用。

美国的数据政策框架注重支持创新，以"市场主导、政府辅助"的模式推动数据治理。从联邦政府、总统办公室、总务管理局、人事管理局到情报部门、国防部、农业部、卫生与公众服务部等部门机构，都先后制定并出台了相应的法案、中长期数据战略和数据政策，以改革所有联邦机构来推动数据驱动决策，提高国家将数据作为战略资产的能力（见表3-1）。

表 3-1　美国联邦和部分机构的数据战略及政策框架

战略、框架制定部门	名称	年份
联邦政府	《循证决策基础法案》	2019
	《联邦数据战略》	2019
总统办公室	联邦数据战略行动计划	2020、2021
总务管理局	数据伦理框架	2020
人事管理局	2023—2026 财年数据战略	2023
情报部门	2017—2021 年信息环境数据战略	2017
	2023—2025 年数据战略	2023
国防部	国防部数据战略	2020
	数据、分析和人工智能应用战略	2023
农业部	2024—2026 年数据战略	2023
卫生与公众服务部	2023—2028 年数据战略	2023

美国的数据政策框架较少采用立法手段限制数据使用。2019年1月，时任总统特朗普签署通过《循证决策基础法案》，为联邦机构提供了一个改进数据生成和决策使用的法定框架与要求，包括开放数据清单和联邦数据目录、设立数据咨询委员会、机密数据保护和统计有效性等。在机构保障方面，该法案要求联邦政府的所有机构都任命一名首席数据官（CDO），并采取行动以使其数据能力现代化，从而在整个联邦政府层面实现数据驱动决策。首席数据官委员会被授权委托与其他政府数据专业人员合作，在2020年发布了首个联邦数据伦理框架，提供以原则为基础指导数据决策的通用方法。到2022年6月，首席数据官委员会中已有分别代表各个政府机构的大约90名首席数据官，近1/4的联邦机构制定了自己的数据战略，并与联邦范围内的《联邦数据战

略》和《循证决策基础法案》等保持一致。

在整体的数据治理方面，美国的联邦与州政府尚未取得一致性，使跨州的数据协同和安全保护变得复杂。数据安全和隐私保护主要通过行业特定法律和州级立法相结合来实施。各州较早相继出台了隐私法案，例如《加利福尼亚消费者隐私法案》《加利福尼亚隐私权法案》。目前，美国已经有16个州通过全面的隐私立法。联邦层面统一的综合性法案《美国数据隐私和保护法案》《美国隐私权法案》的草案则分别在2022年、2024年提上议程，拟消除各州数据隐私法的碎片化现象。

整体而言，美国政府构建了数据战略的基本原则、组织架构和实践基础，提供了其推动创新以实现数据战略目标的竞争优势。但其指导政策和行动计划较为松散，《联邦数据战略》也存在一些实施局限，2022年之后的年度行动计划不再更新而发展停滞。这些指导政策主要通过鼓励数据共享和开放来推动创新，帮助私人部门快速利用数据创造商业价值。这种相对宽松的框架有助于激发私营企业的活力，使美国企业在数据分析、人工智能等技术领域保持领先地位。然而，这种相对宽松的规划模式也存在弊端，由于缺乏统一的数据合规标准，政府部门和企业在数据治理上执行不一，可能导致数据使用中的不规范现象。

2. 欧盟：法律主导、政府规范

欧盟的数据战略特点在于高度一致性和系统性规划，以确保成员国之间数据管理的统一性和协同性。欧盟在多年的发展中已逐步建立起较为完善的数据治理政策和法律体系。早期的欧盟强调个人数据保护，但其近几年的数字经济立法更加强调消除内部和跨部门的数据流动障碍，促进数据共享。欧盟致力于建立一个数字单一市场，通过一系列法规确保数据在各成员国之间自由流动，形成标准统一的市场环境。《通用数据保护条例》是欧盟数据战略的核心法律文件，确保了数据保护和个人隐私的高标准。《欧洲数据战略》提出了四大新战略举措：一是顶层设计互操作性治理框架，二是在战略经济部门和公共利益核心领域建设数据空间，三是保障数据基础设施安全可信，四是提升公民数据权利和技能。

为保障欧盟数据战略的实施，欧盟采取了两个立法行动：一是2022年5月批准通过的《数据治理法案》，于2023年9月正式实施；二是2023年11月正式通过的《关于公平访问与使用数据的统一规则的条例》，于2024年1月生效。两者旨在共同推动欧盟单一数据市场的建立，为欧盟各成员国和各部门间的数据共享提供法律框架。作为欧盟数据战略的重要组成部分，这两个法案的立法推进流程非常高效且迅速，显示了欧盟实施数据战略的魄力和决心。从数据经济的角度来看，《数据治理法案》完善了数据经济的基础制度，引入了数据中介和数据空间的数据共享模式；《关于公平访问与使用数据的统一规则的条例》则旨在规范公平分配数据所产生的利益，创新提出了如何促进数据流通的思路。这两个法案是欧盟数据战略的关键支柱，其主要目标是推动欧盟成为数据经济的领导者。通过限制数据跨境流动，欧盟还可以将其以数字权利为导向的数据保护方法强加于其他国家。

在数据监管机构的构建方面，欧盟委员会是最高领导与解释机构，其下设立了两个超国家的监督委员会。一个是负责监督数据保护法规实施的欧洲数据保护委员会，由国家数据保护机构和欧洲数据保护监督机构组成，欧洲数据保护监督机构是欧盟独立的数据监管机构，负责监督欧洲各机构、组织、办事处和机关对个人数据的处理。另一个是在《数据治理法案》框架内成立的欧洲数据创新委员会，负责制定数据共享政策，并监督各成员国的数据利他主义组织。

此外，欧盟数据治理还表现为对数字平台公平竞争的高标准监管。欧盟理事会于 2022 年 7 月同时批准通过了《数字市场法案》和《数字服务法案》。前者意在确保平台行为的公平性，建构一个公平竞争的数字部门的新规则，后者致力于为欧洲单一市场的数字中介服务制定一个欧盟范围内的统一监管标准，两者共同构建了欧盟跨部门数据治理框架的法律基础。

整体而言，欧盟的数据政策框架是由"法律主导、政府规范"构成的严谨体系，其数据战略的法律体系已逐渐构建完整（见表 3-2），体现了欧盟在数字时代占领数据高地的战略决心。以《欧洲数据战略》为基础，《数据治理法案》《关于公平访问与使用数据的统一规则的条例》《数字市场法案》《数字服务法案》等 10 多项法案法规在过去 4 年密集出台，涉及数据中介、数据空间等创新治理机制，构建了欧洲数据保护委员会、欧洲数据创新委员会等监管机构，这些都体现了欧盟充分发挥数据要素在数字经济中核心价值的长期战略定力和决心。

欧盟这种系统化的规划为其数据战略和数据治理带来了高效的执行力和严格的合规性，法律驱动的框架为成员国数据共享和数据流通提供了法治保障，确保数据在欧盟境内自由流动并符合公平竞争原则，在数据伦理和隐私保护方面也具有显著优势。但是《通用数据保护条例》等强监管也存在短板，比如可能在快速技术革新和商业应用中不够灵活，其高合规成本也可能给中小企业的创新造成负担。

表 3-2 欧盟数据战略及政策框架

战略、框架类别	名称	年份
宏观框架	《欧洲数据战略》	2020
单一欧盟数据空间	《数据治理法案》	2022
	《关于公平访问与使用数据的统一规则的条例》	2023
跨部门治理框架	《数字市场法案》	2022
	《数字服务法案》	2022

3. 英国：平衡灵活性与合规性

英国的数据战略规划特征介于欧盟和美国之间，既借鉴了欧盟的标准化和系统化优势，又追求美国的灵活创新，其数据政策框架也体现为试图在灵活性和合规性之间保持平衡。

英国数据战略以提高国家经济竞争力，同时保护公民的数据隐私为目标。在战略体系构建方面，英国自 20 世纪 90 年代起陆续颁布出台了大量法律法规和行政命令，逐步构建起相对完善的数据治理政策体系，在个人数据隐私保护、信息公开（自由）、政府数据开放、国家信息基础设施、信息资源管理与再利用、电子政务和网络信息安全等方面奠定了较好的数据政策基础。从 2018 年起，英国同其他欧盟国家一样开始严格执行《通用数据保护条例》，并且修订了《数据保护法案》和《数字经济法案》，进一步保护数据隐私、完善数据权利；在2018年发布了数据伦理框架，勾勒了数据治理中的伦理体系。

"脱欧"后的英国在数据法规上具备自主调整的空间，其政策框架逐步向"灵活且合规"转型，开始重新审视《通用数据保护条例》，并探索在数据保护上更具灵活性的法律框架。根据《国家数据战略》中提出的推动数据创新、强化数据安全、加大数据开放等目标，各部门密集制定了监管制度、数字技术、数据保护、数据基础设施建设方面的主要政策。近年来，英国政府在数据、人工智能和网络安全等领域推出了多个具体战略和法案，如《数据保护和数字信息法案》、数字监管计划、《网络安全法案》、《无线基础设施战略》、数字身份和属性信任框架等（见表3-3），旨在加快推动技术创新和数字化转型，加强对数据隐私、数据伦理和数据跨境流动的监管，提升英国在全球数字技术竞争中的地位。其中，相比欧盟的《通用数据保护条例》，英国的《数据保护和数字信息法案》监管力度相对温和，试图在与欧盟"脱离"和"稳定"之间保持平衡，旨在减轻企业负担，同时保持高数据保护标准。

表3-3 英国数据战略及政策框架

战略、框架类别	名称	年份
国家战略	《国家数据战略》	2020
	《英国数字战略》	2017、2022
监管制度	数字监管计划	2023
	《人工智能治理白皮书》	2023

续表

战略、框架类别	名称	年份
数字技术、网络内容安全	《国家安全与投资法案》	2021
	《网络安全法案》	2023
	《数据保护和数字信息法案》	2023
基础设施建设、知识产权	《数字经济法案》	2017
	《政府数字服务：2021—2024年战略》	2021
	《无线基础设施战略》	2023
	数字身份和属性信任框架	2023

综合来看，英国旨在通过这些优化数据流动的规划和规则，打造全球领先的数据治理体系，增强全球数据合作，在合规与灵活之间找到平衡点，在保障数据安全的同时，增强其在国际技术和数据市场中的吸引力。

三、各国数据战略比较和小结

美国、欧盟和英国的数据战略立足于不同的核心关切，在数据政策的框架制定和实施过程中，体现了有差异的数据治理模式。美国将数据视为"战略性资源"，以市场驱动、创新优先的数据战略确保技术领先，但在隐私保护和一致性上存在不足。欧盟数据战略以数据主权和隐私保护为重心，通过严密的法律框架打造合规性和统一大市场，因此在技术创新的灵活性上会有所受限。英国数据战略注重"创新与数据伦理并重"，在数据保护和创新之间寻求平衡，致力于构建全球领先的数据治理体系，在全球数据治理中保持独立和灵活的定位。

美国数据战略的优势在于其灵活性和市场驱动的创新性，但尚未尝试建立全面的国家数据战略。由于政策框架相对宽松，私人部门在数据收集和使用方面具有高度自由，使美国在人工智能、云计算、大数据等领域快速推进并获得了竞争优势。然而，这种市场导向的模式在隐私保护和数据安全上存在较大风险，过于依赖企业自律，可能导致数据泄露和隐私滥用事件频发。此外，美国数据行动计划连贯性不足，联邦与州政府之间的数据治理缺乏一致性，也使其数据战略实施、数据协同和安全保护变得复杂。

欧盟的数据战略以高度系统化的规划和强制性法规为主要特点，其优势在于建立了一个高度一致且合规的市场环境。《通用数据保护条例》的实施使欧盟在全球范围内树立了数据保护的标杆，保障了欧盟公民的数据安全和隐私权。尽管严格的合规要求限制了企业在数据收集和应用中的灵活性，尤其对中小企业的创新形成了一定阻碍，使欧盟数据战略在技术创新方面显得相对迟缓，但其所有后续立法都致力于使数据共享在《通用数据保护条例》的范围内变得可行，在支持数据开放、流动、使用方面提出了体系化布局及创新激励政策。欧盟正试图通过加快数据战略、法律和政策的调整与优化，实现其重振数字经济、抢占数据经济制高点的雄心。

英国的数据战略融合了欧盟式的数据保护标准和美国式的创新激励，试图在两者之间找到适宜的平衡点。其优势在于，具有灵活的监管方式，使企业在数据使用和创新上获得更多自由，同时通过数据伦理保障了公民隐私。在全球数据市场上，英国力求以其独特的政策定位和双重策略吸引更多的国际技术和数据投资，适应国际数据合作的需求，打造全球领先的数据治理体系。

然而，英国在"脱欧"后的数据政策仍面临适应性调整的问题，如何平衡数据保护和经济发展，如何在全球数据市场上建立差异化优势，仍是其数据战略的关键挑战。

随着全球数字技术变革和数据市场的快速发展，各国的数据战略模式将呈现各自的优势，在推动各自数字经济发展的同时，也会对全球数据治理产生深远的影响。如何平衡数据创新与数据保护，最大限度地发挥数据的价值，将是各国共同面临的挑战。

第二节　鼓励数据流动与使用，创造数据价值

数据只有在流动中才能形成价值，数据的流动和使用是支持数据战略实施的先决条件，涉及数据供给、数据开放、数据共享和数据交易等核心环节。各国的数据政策和实践显示了其推动数据供给和流动的主要思路。一是以平衡合规与信任为前提，保障数据安全和隐私，增强用户信任，消除数据访问障碍。欧盟的《通用数据保护条例》《数据治理法案》《关于公平访问与使用数据的统一规则的条例》，以及英国的《数据保护和数字信息法案》等都提供了值得借鉴的隐私保护框架和数据供给流通方案。二是开放政府公共数据，公共数据规模大、类别多、价值高，是推动数据创新、释放数据价值的重要突破口。美国和英国在开放数据方面起步较早，其经验表明政府数据开放可以催生新兴产业和创新应用。三是提供数据流动的技术支持，数据供给的隐私保护和

数据流通交易的权属问题，都面临着核心技术挑战。在大数据、人工智能等技术迅速发展的背景下，部分地区的政策相对滞后，也会影响技术的创新和推广。

一、数据保护和数据确权

欧美国家对数据隐私保护和数据确权采取了不同的政策和举措，反映出各地区不同的法律传统、技术环境和经济优先事项，以及对数据流动、数据创新与经济发展的权衡。美国以创新为导向，强调企业和市场在数据使用中的自由，其数据保护以行业自律和地方立法为主，缺乏统一的联邦隐私法，尚未明确将个人数据视为财产权，数据的归属更多基于隐私权或合同约定。欧盟拥有严谨全面的法治体系，规定了个人对数据的财产权属性，但不包括数据所有权，也未建立数据产权制度。本节主要围绕欧盟在数据保护和确权方面的法律框架构建展开。

欧盟建立单一数字市场战略的核心目标之一是"让数据自由流动"，其通过立法保障数据供给和流通，针对数据保护采取了系统且严格的法律框架。早期的欧盟强调个人数据保护，《通用数据保护条例》确立了严格的个人数据保护制度，为全球隐私保护树立了高标准。《通用数据保护条例》赋予个人访问权、删除权、数据可携权等广泛权利，企业在收集和处理数据时需获得明确同意，并对数据的使用目的进行说明；限制个人数据传输到隐私保护水平不等同的国家，确保数据跨境流动的安全性；对违反规定的企业可处以全球营业额的 4% 或 2 000 万欧元的罚款，具有很大的合规力度。

欧盟在提高个人数据保护的同时，也着眼于构建相应的数据流动制度，努力融入世界数字经济发展大潮，其近期的相关法律框架更加强调消除欧盟内部和跨部门的数据流动障碍，促进数据共享。2018年，欧盟出台《非个人数据自由流动条例》，从禁止数据本地化与推动发展新技术两个方面，实现对非个人数据自由流动的规制，以在欧洲单一市场内消除非个人数据在储存与处理方面的地域限制。2022年和2023年先后出台《数据治理法案》和《关于公平访问与使用数据的统一规则的条例》两部平行法案，都涵盖了个人数据和非个人数据，从不同维度促进数据流通，释放《通用数据保护条例》严格监管带来的张力，以建立一个可信赖的、以透明和公平为基础的数据共享生态系统，同时保护个人隐私和数据权利。

《数据治理法案》在三个方面发挥作用。一是在隐私和数据保护方面，该法案遵循《通用数据保护条例》的隐私保护框架，对个人数据的处理需要符合《通用数据保护条例》的规定；个人数据在共享和处理过程中必须确保匿名化或伪匿名化，以保护数据主体隐私。二是在可信数据共享方面，该法案规定了可信数据中介服务的角色，作为数据共享平台，确保数据交换的透明性和合法性；数据中介需独立于数据提供者和数据使用者，不得滥用数据。三是在数据确权方面，《数据治理法案》鼓励个人和企业通过中介机构以可信的方式共享数据，确保数据主体对数据的控制权，此外，还提出了数据捐赠的新型数据共享模式。

《关于公平访问与使用数据的统一规则的条例》强调数据的经济价值和所有权分配，将数据确权拓展到非个人数据领域，为物联网、工业数据的公平使用提供了法律依据。该条例还明确了企业、个人和公共机构访问、获取、共享数据的具体权限与路径，并制定了数据跨境传输规则，为欧盟境内各方主体提供了公平访问和使用数据的统一方式，保障用户在数据共享和使用过程中的隐私保护，任何共享机制必须符合《通用数据保护条例》的规定。《关于公平访问与使用数据的统一规则的条例》在未明确界定数据所有权和产权制度的基础上，强调非个人数据的公平使用，扩展了《通用数据保护条例》的数据可携权。该条例促进数据流通的创新思路在于，从基于规则体系的制定入手来解决欧盟数据要素市场内的数据互操作性、数据透明度、数据定价以及数据控制等问题，加速欧盟数据要素的供给与流通。

目前，欧盟在数据权利界定、权利保护、跨境流动等方面已建立了较为完善的法律体系，在确保数据隐私和主权的同时，促进数据在欧盟内外的可信流动，为其他地区提供了具有参考价值的框架。而英国在"脱欧"后提出的《数据保护和数字信息法案》，在保留了《通用数据保护条例》的基本义务、结构和原则的基础上，更新和简化了其数据保护框架，以降低合规成本和增加灵活性，推动成长和创新（见表3-4）。

表3-4 比较欧盟和英国三部法案中数据保护与数据确权的界定

内容	欧盟《数据治理法案》	欧盟《数据法案》	英国《数据保护和数字信息法案》
主要目标	建立可信数据共享生态，促进公共和私人数据共享	确保数据流动公平性，明确非个人数据的确权和使用	简化数据保护法规，平衡数据保护与商业利用，推动数据驱动创新

续表

内容	欧盟《数据治理法案》	欧盟《数据法案》	英国《数据保护和数字信息法案》
数据保护	注重个人数据的匿名化和可信共享	强调数据保护在跨境流动中的合规性	保留《通用数据保护条例》核心原则，优化合法利益、自动化决策和数据跨境传输机制
数据确权	个人数据的所有权与控制权由数据主体掌握，强调数据捐赠	扩展到非个人数据，明确设备生成数据的共享权利	继续保障个人数据访问权、删除权、可携权，明确数据共享要基于自愿与同意
数据共享模式	信任中介与数据捐赠，重视公共部门数据再利用	强调公平性，推动物联网等设备数据的开放与共享	引入数据捐赠机制，允许个人捐赠数据用于公益目的
适用范围	公共和私人数据，数据中介角色	非个人数据（特别是物联网数据），关注企业间数据关系	以个人数据为主，调整对中小企业的合规要求，强调数据跨境传输的灵活性
数据跨境流动	基于《通用数据保护条例》，确保数据在欧盟内部流动，同时严格控制数据跨境传输	在特定条件下允许强制数据共享，同时强调跨境数据的合规保护	简化数据跨境传输机制，允许在符合现有标准的情况下进行国际数据共享
合规性	严格的监管框架，对信任中介和数据捐赠机构的要求较高	对数据共享和公平条款的要求可能提高中小企业的合规成本	简化处理记录要求和文书工作，减轻中小企业负担

二、开放公共数据

在深入研究和分析国际案例时，不难发现，公共数据的开放和使用已经成为全球鼓励数据流通的一个重要议题。政府部门通常是公共数据的最大拥有者，欧美国家在政府数据的开放、流通和开发应用方面，都走在世界前列，其经验表明政府数据开放对于催生新兴产业和创新应用具有引领作用。

美国政府自2009年起先后颁布《透明和开放的政府备忘录》《开放数据指令》《开放政府数据法案》等，使政府数据开放逐步合法化，并强调信息是联邦政府、合作伙伴和公众的一种战略资产，应在整个生命周期内作为资产进行管理。英国最早于2015年开始对公共数据开放和利用进行探索，推出《公共部门信息再利用条例》，提出要促进公共部门信息的开放和再利用，强调信息的免费或低成本获取；2017年的《数字经济法案》进一步规范了公共数据的共享和使用，特别是数据保护和隐私方面的规定。随后，美国在2019年出台《循证决策基础法案》《开放政府数据法案》，要求联邦机构向公众开放非敏感数据，为联邦机构提供了一个改进数据生成和决策使用的法定框架与要求。欧盟也于2019年颁布《开放数据和公共部门信息再利用指令》，要求成员国开放公共部门数据，促进数据的再利用和创新，但由于其2018年出台的《通用数据保护条例》对个人数据的处理、保护和隐私权利有严格规定，所以对开放数据政策有影响。此外，各国政府都先后上线政府数据门户网站，开放大量公共数据，以促进数据的广泛使用。

公共数据规模大、类别多、价值高，是推动数据创新、释放数据价值的重要突破口，同时，公共数据也因涉及大量商业、个人敏感信息而面临开放的壁垒。公共数据资源的开发利用主要包括三种形式，即共享、开放和授权运营。其中，授权运营是突破公共数据开发利用困境、加速培育数据要素市场最主要的方式。欧美国家在相关法案中的核心原则就是，在保护敏感数据的基础上进行公共数据的开放和授权使用。数据开放和授权使用是两个不同概念，只开放不授权，会因为数据的质量、标准、适用范围不匹配而不能使用。因此，政府需要将数据授权给中介机构，将数据进行产品化整理，以满足市场需求、发挥数据价值。

表3-5总结归纳了各经济体在开放数据及授权使用方面的政策举措和经验。从授权使用的原则来看，公共数据授权使用普遍具有五个重要共性：第一，所有授权使用的条件和条款必须透明；第二，授权协议中需明确数据使用的具体目的和范围；第三，对涉及个人隐私和敏感数据的使用，需要特别授权并采取适当保护措施；第四，收费标准必须合理且透明，不得以获取盈利为目的；第五，规则需要明确数据使用者的责任和义务。

表3-5 各经济体开放数据及授权使用的政策举措比较

经济体	开放数据相关法规政策	政策内容	数据开放与授权	授权使用原则
英国	2015年《公共部门信息再利用条例》	·促进公共部门信息的开放和再利用，强调信息的免费或低成本获取	·多数数据默认开放，但敏感数据（如个人隐私、国家安全相关数据）需要特定授权	·公共部门必须在透明的基础上处理信息再利用请求，并提供明确的授权条款 ·授权使用协议应包含使用目的、使用范围、使用期限等具体条款 ·对于收费标准，必须合理且透明
	2017年《数字经济法案》	·进一步规范公共数据的共享和使用，特别是数据保护和隐私方面的规定	·根据数据类型，设定不同的开放和授权机制，确保隐私和安全	·规定了政府数据共享的条件，特别是关于个人数据和敏感数据的保护 ·授权使用需符合数据保护和隐私规定，明确数据的用途和受限条件

续表

经济体	开放数据相关法规政策	政策内容	数据开放与授权	授权使用原则
美国	2019年《循证决策基础法案》和《开放政府数据法案》	·要求联邦机构向公众开放非敏感数据 ·为联邦机构提供了一个改进数据生成和决策使用的法定框架和要求，包括开放数据清单和联邦数据目录、设立数据咨询委员会、首席数据官、机密数据保护等	·非敏感数据默认开放，敏感数据需要授权使用	·联邦机构需提供公开数据目录，并明确哪些数据是公开的，哪些数据需要授权使用 ·授权协议需详细规定数据的使用条件、期限和使用者的责任
欧盟	2018年《通用数据保护条例》	·对个人数据的处理、保护和隐私权利做出了严格规定，影响了开放数据政策	·个人数据需严格保护，非个人数据可以开放使用	·任何涉及个人数据的处理都需遵守《通用数据保护条例》的规定，确保个人数据的隐私和安全 ·授权使用协议需明确数据处理的合法基础、处理目的和数据主体的权利
	2019年《开放数据和公共部门信息再利用指令》	·要求成员国开放公共部门数据，促进数据的再利用和创新	·大部分公共数据开放，但保护隐私和机密信息的例外条款依然存在	·成员国需确保公共部门信息的再利用尽可能开放，除非涉及隐私、保密或知识产权保护的数据 ·任何对数据使用的限制必须清晰明确，并在授权协议中具体规定 ·对于收费标准，必须合理且透明，不得以获取盈利为目的

总体而言，英国、美国、欧盟都将公共数据的开放作为推动数据流动和使用的重要策略，尤其在交通、环境和医疗领域。各经济体开放数据政策体现了平衡数据开放、创新驱动与隐私保护的法律框架，同时对敏感数据的处理也较为谨慎。在此基础上，国际公共数据授权运营的主要商业模式多以数据交易平台、数据信托、数据银行等为主。

三、数据创新的技术支持

各国致力于在数据开放与数据保护之间找到平衡，在激发数据商业潜力和社会价值的同时，也确保数据的安全和隐私不被侵犯，这就需要从技术手段上实现数据的应用创新和安全保障，使鼓励数据流动和使用的政策得以落地生效。

一方面，云计算、大数据处理、人工智能技术在数据流动中的广泛应用是各国政策的重要支持点。

美国通过国家科学基金会和国防部高级研究计划局等政府机构资助大数据、人工智能、物联网等领域的研究，重点支持与医疗、农业、交通和制造业相关的数据驱动创新项目。国家人工智能倡议法案为推动人工智能研发设立专项资金，鼓励人工智能算法优化和数据模型创新，并提供技术平台和开放数据支持，增强企业对高质量数据的使用能力。在降低数据的跨行业壁垒方面，鼓励科技巨头（如谷歌、亚马逊、微软）开放数据工具和 API（应用程序接口），成立联盟推动数据在云计算和分布式系统中的应用。在技术工具的推广方面，云计算市场领导者（如亚马逊云科技、微软云计算、谷歌云）为企业和研究机构提供弹性计算资源，降低数据处理和创新成本。同时也积极推广联邦学习、差分隐私等隐私增强技术，确保数据在使用中的安全性，促进敏感数据共享。

欧盟以法规驱动和技术标准为导向，提出欧洲数字化转型取决于数据处理技术、能力和数据利用效率。一是制订了欧洲数据空间计划，支持开发开放平台和工具，推动数据交换相关技术标准化，提高数据在不同行业和地区间的互操作性。二是资助对数据匿名化、分布式数据处理等隐私增强技术的研究，加大对人工智能、大数据分析、区块链等核心技术的研发投入，创建与数据流动相适应的创新环境，如宣布投资40亿欧元，用于开发数据分析、数据基础设施、数据共享工具、体系结构等关键技术与应用。三是实施"欧洲云"项目（GAIA-X），建立可信云计算环境，提供本地化数据存储和计算能力，以保障数据主权和技术自主，减少对美国云计算服务的依赖，确保数据安全和基础设施供应链安全，增强在云计算和大数据领域的竞争力。

另一方面，政策支持和实施是对数据创新技术的有力保障。

美国重视推进技术创新政策的深入实施，将数据管理能力作为政府数据价值实现的前提。2016年发布的《联邦大数据研发战略计划》提出，建立持续的政策机制，通过去除技术和数据共享方面的官僚主义壁垒和制订可持续项目计划，加强各机构在大数据研发方面的合作。美国总务管理局制定数据技能学习目录，以帮助机构提升将数据作为战略资产管理和数据驱动决策的能力。联邦数据机制为各机构更好地将数据资源转化为战略资产提供了通道，各机构的首席数据官通过协调组织的数据管理和治理，来帮助企业利用现代化的技术和工具建立数据分析能力，并做出明智的决策，最大化数据价值。

欧盟强化对技术创新的政策支持与研发投入，以市场化合作方式提升政府与企业数据交换共享水平。《欧洲数据战略》提出了多项技术支持政策，表明技术战略将由基础设施建设转向技术能力与设施建设并重，同时，启动数据处理能力相关标准的设定、设备研发以及新一代基础设施建设；提出技能强化计划，提高欧盟内具备数据素养的人员比重，打造数据技术的能力建设。

英国重视将技术创新作为数据资产效益提升的核心。一是积极确定技术研发重点领域和行动路线，推行技术资产登记管理。《国家数据战略》提出了三项核心技术创新，以构建和开发数据主干。二是以市场化合作方式提升政府与企业数据交换共享水平，通过规范化合同管理保障多方利益。三是重视数据资产管理能力的提升，以确保数据价值实现。《国家数据战略》提出，需要教育系统提供合适的技能培训，保证人们具备发展所需的数据技能。重视对数据资产管理者的职业技能培训，要求信息资产所有者至少每年接受一次信息管理培训。

第三节　培育数据产业与生态，壮大数据产业链

在数字技术、数据应用和产业创新的发展大潮下，数据产业

正成长为备受关注和蓬勃发展的新兴产业。全球主要国家和地区纷纷加大在数据领域的产业布局和投入,并具有不同的特点和成效,其中的典型案例值得借鉴和学习。

总体上,美国依托其强大的科技企业生态,以技术驱动为主,推动数据产业链的市场化发展,如自动驾驶数据产业链、医疗数据共享等;欧盟以法规为驱动,数据主权和产业发展并重,以标准和技术支持打造可信赖的数据共享生态,如建立工业数据生态(Catena-X)、智慧城市数据产业链等;英国结合灵活政策与技术创新,专注于重点行业的数据驱动产业应用,如构建金融科技和医疗健康行业数据生态;韩国利用其在半导体、通信领域的优势,大力发展数据存储和传输技术,并颁布了全球首部数据产业法《数据产业振兴和利用促进基本法》,实施数据产业振兴基本计划,以强化对数据生命周期各个环节的支持。

一、美国率先培育自动驾驶数据产业链

自动驾驶是汽车产业与人工智能、物联网、高性能计算等新一代信息技术深度融合的产物,也是当前全球汽车与交通出行领域智能化、网联化发展的主要趋势和战略制高点。麦肯锡预测,到 2025 年,全球自动驾驶技术的市场规模将达到 6 000 亿美元。

自动驾驶通常依赖于多种技术架构,包括用于环境感知的激光雷达、摄像头和超声波传感器,用于处理传感器数据并进行决策的人工智能与机器学习,以及用于车辆与其他车辆及基础设施进行通信的车联网技术,从而提高安全性和交通效率。数据在自

动驾驶技术中扮演着关键角色，涉及数据收集、存储与处理以及隐私与安全等多个方面。自动驾驶车辆在行驶过程中会收集大量实时数据，包括道路状况、交通标志和行人行为，这些数据需要在云端或本地进行存储和处理，以便进行后续分析和模型训练，优化自动驾驶算法。

美国自动驾驶数据产业链涵盖从技术研发到市场应用的多个环节。自动驾驶的参与主体包括传统汽车制造商，如特斯拉、福特和通用汽车，以及专注于自动驾驶技术的公司，如 Waymo（谷歌母公司 Alphabet 旗下研发自动驾驶汽车的公司）和 Cruise（通用汽车旗下自动驾驶子公司）。此外，还包括在自动驾驶技术和相关软件开发方面处于领导地位的科技公司，如亚马逊旗下的 Zoox，以及提供传感器、芯片和其他关键硬件的供应商，如英伟达和博世，而数据服务提供商则负责收集和分析自动驾驶所需的大量数据，以确保算法训练和模型验证的有效性。

在市场应用方面，美国自动驾驶市场正处于快速发展阶段，多个企业已经开始商业化其自动驾驶服务。例如，Waymo 作为行业先锋，到 2024 年 8 月底，在美国的付费自动驾驶出租车运行次数达到了每周 10 万次，并计划扩大其运营范围；Cruise 获得了恢复自动驾驶服务的许可，并计划在未来进一步推广其业务；特斯拉推出自动驾驶出租车服务 Robotaxi。此外，自动驾驶还能应用于物流配送、无人矿卡等多种场景，形成全新的数据产业链，也有助于保险公司根据驾驶数据定价，交通部门基于数据改进基础设施，共同构建数据驱动下的生态系统。

在政府对自动驾驶数据产业的培育方面，美国制定了明确的政策框架，推动自动驾驶技术的研发和应用；提供财政激励和补贴，鼓励企业投资于自动驾驶技术；鼓励企业之间共享数据并加强对数据使用的监管；与欧盟国家在自动驾驶标准化方面进行合作，以推动全球范围内的技术一致性，为美国企业开拓国际市场提供机会。

二、欧盟利用数据空间打造工业数据生态

欧盟为了在具有优势的产业领域中确立竞争优势，在其数据战略中提出"欧洲共同数据空间"，以构建统一数据市场。其中，GAIA-X是将各产业领域进行横向连接的最全面的综合数据空间，而Catena-X是与GAIA-X连接的行业数据空间之一，专注于汽车产业链的数据协作，旨在构建数据系统并将其推广为世界标准，是欧盟汽车行业打造工业数据生态的一个重要倡议。

Catena-X旨在通过建立一个可靠、开放和透明的数据共享平台，实现汽车产业链的跨国跨域网络化协作，促进汽车产业链生产要素的有序流动，推进数字化转型和智能化发展。该项目由德国主导，涵盖了来自全球的主要汽车制造商、供应商、技术公司和研究机构，致力于为汽车价值链中的所有参与者实现安全的数据交换，加强汽车供应链的效率、可持续性和竞争力。

Catena-X的主要优势在于，推动数据协作促进供应链变革，包括通过数据共享加速创新和降低成本，简化流程以提高互操作性与标准化，利用去中心化保护数据隐私和安全，提升汽车供应链的透明度和可追溯性。Catena-X采用分布式系统架构，允许

参与者在保护数据隐私的前提下共享信息。该平台涵盖从原材料供应商到消费者的各个环节，通过标准化的数据接口和协议，确保不同企业之间的数据能够无缝对接。为确保内部及其数据空间边界之外的可扩展性，Catena-X 还与欧洲云和数据基础设施组织 GAIA-X 合作认证，建立一个全面的信任框架，与国际数据空间协会合作进行数据交换，以实现无行业局限的主权数据交换基础架构。

从欧盟工业数据生态的框架来看，其布局秉持通过标准化和可信平台推动数据跨行业共享，涵盖了顶层设计、数据空间布局、数据基础设施建设、技术项目投资、数据技能培养和数据服务管理机制等多个方面。这些布局和举措共同构成了欧盟工业数据生态的坚实基础，为欧洲发展数据产业驱动创新提供了有力支持。Catena-X 通过构建汽车行业数据空间，与更广泛的欧洲共同数据空间相连接，成为支持欧盟数据战略的重要实践。

三、英国医疗健康数据产业链领先发展

就医疗健康数据产业链而言，上游主要是数据供应商及存储计算服务商，包括医疗健康信息化解决方案提供商、物联网相关企业、医疗云服务提供商等，上游产业的核心是医疗健康数据的采集；中游主要是医疗健康数据处理分析服务商，是具备影像识别、深度学习、自然语义分析等核心技术的技术型企业；下游主要是医疗健康数据的应用，包括医院、药店、保险、政府等终端应用主体。

英国以其强大的国家医疗服务体系（NHS）和全球领先的生命科学研究能力，在医疗健康领域拥有显著优势。近年来，英国通过推动医疗数据的采集、开放和应用，逐步构建了一条完整的数据产业链。这一过程涵盖了数据采集、存储、处理、应用及价值实现，并形成了数据驱动下从基础设施建设到产业协作的全方位生态体系。

在上游的数据采集环节，NHS为构建医疗健康数据产业链提供了完整且多样的数据资源。NHS拥有覆盖全英国范围的健康数据，包括电子健康记录、临床试验数据、公共健康数据、医疗保险数据等，每年处理数亿份患者的就诊数据，是世界上最大的单一医疗数据库之一。而智能化医疗设备和物联网设备的广泛推广，实现了健康数据的实时采集。英国还设立了健康数据研究中心和共享平台，专注于医疗数据的整合与研究，推动健康数据共享和标准化。

在数据开放与共享方面，NHS将部分医疗数据以匿名化或伪匿名化的形式开放给研究机构与商业组织，建立跨领域的数据共享平台（如临床实践研究数据链），用于研究新药开发、疾病趋势预测等。英国还推行了数据捐赠机制，鼓励患者将数据捐赠用于公益研究。同时，数据共享需要严格遵守英国的《数据保护法案》和欧盟的《通用数据保护条例》。

在中游的数据分析环节，借助人工智能和机器学习等技术创新，可以实现人工智能辅助诊断，如通过分析NHS的眼科扫描数据精准诊断眼部疾病，进行乳腺癌筛查、心脏病风险预测、放射影像分析等；可以帮助新药开发和提供个性化医疗方案；可以利用 NHS 的大规模数据和机器学习模型，预测流感暴发、抗生素耐药性趋势和疫情发展轨迹。

在下游的数据应用环节，通过 NHS 的数据与研发制药、生物科技、医疗服务、健康保险等企业广泛地开展产业协作。在这个过程中，国家的数据监管框架和数据安全技术，为保障数据在传输和应用中的隐私安全提供了支持。

整体而言，英国充分利用医疗健康领域的数据优势，构建了一条完整的数据产业链，形成了政府、医院、企业、学术机构和个人多方共同参与的健康产业数据生态，为全球医疗数据应用提供了借鉴。其主要成功经验在于依托公共医疗系统的数据资源，数据开放共享政策与隐私保护框架相结合，行业合作与技术创新协同发展，由此实现了数据从资源到应用的产业价值转化。

第四节　创新数据市场机制，关注数据供需匹配

基于经济发展规律，良好的市场制度是壮大产业链的重要保障，这也同样适用于数据发展领域。健全的数据市场运作机制，有助于加强数据资源供给、提高数据流通效率、满足数据应用需求、促进数据跨境流动。从国际上看，数据市场制度的建设仍处于初级阶段，还面临着诸多挑战，包括在数据价值评估、结算、交易和保存等环节如何形成一套行之有效的标准化体系等。

数据市场通常存在狭义和广义之分。狭义的数据市场一般指

为数据交易提供撮合、匹配等服务的场所或载体，包括近年来各地成立的大数据交易所、为数据要素点对点交易提供支撑和便利的交易平台等。而广义的数据市场则是所有潜在的数据要素供给方、需求方、第三方技术和服务主体、市场监管机构以及数据要素交易行为共同构成的系统，涉及供给机制、产权机制、定价机制、监管机制等重要运行模式。因此，构建数据市场制度也相应地包含两个层面的内容，即数据交易市场模式和数据市场运行机制，以及具体的规范化细则指引等，支持数据资产、数据应用等平台高质量发展，共同培育良性的数据资产服务生态。

一、国际数据交易平台的 DaaS 模式

从狭义来看，各国的数据交易所和数据交易平台是当前的主流数据市场模式，不同国家的交易市场运作、管理框架和行为细则也各具特色。国外数据交易市场起步较早，多数数据交易平台具有精准的市场定位，涵盖金融、医疗、工业、零售等多个行业，促进数据的商业化和货币化，满足数据应用的需求。例如，德国的 Datarade（全球数据交易平台）、美国的 Snowflake Marketplace（数据交易和共享的平台）、法国的 Dawex（数据交易服务提供者）、日本的 JDEX（综合性数据交易市场）等都比较活跃，并拥有独一无二的用户优势。此外，也有科技巨头建立的数据交易平台，如美国亚马逊网络服务推出的 AWS Data Exchange、IBM 旗下的沃森数据平台等。

Datarade 是一家总部位于德国柏林的科技公司，专注于构建

和运营支持全球商业数据行业的软件平台，实现数据的商业化。Datarade 为数据的供需双方提供服务平台，使数据使用者能够轻松发现、访问和比较来自全球数百个高质量数据提供商的数据产品。同时开发了 B2B（企业对企业）数据货币化平台 Monda，与领先的数据和人工智能公司合作，为数据提供方提供启动和扩展其数据业务的解决方案，将数据价值转化为货币价值。Datarade 被称为全球最大的外部数据市场，目前拥有超过 10 万名月活跃用户和近 600 种细分数据类别。

总部位于法国的 Dawex 是一个全球化的数据交换平台，覆盖农业、制造业、运输、能源、金融服务等 20 多个行业，支持企业之间的数据交换、采购和共享，通过数据货币化帮助企业从非核心数据中创造价值。借助 Dawex 的数据交换技术，企业可以创建数据生态系统和数据空间，例如企业数据中心、行业数据交换和数据市场。Dawex 是可信数据交易国际标准化计划的发起者，其数据交换解决方案正在推动多个欧洲数据空间的发展。

综合而言，这些数据交易平台普遍采用基于云计算的数据即服务模式（Data-as-a-Service，DaaS），将数据作为一种产品或服务出售，用户无须存储或维护数据，而是通过订阅或按需付费的方式访问所需数据。DaaS 模式的核心特点在于，能够实现按需访问、高效交付、数据共享和复用，因此减少了需求端企业在数据存储和管理方面的投资。DaaS 具有广泛的应用场景，正逐渐渗透到各个垂直行业，与营销、金融、医疗、供应链、智能制造等产业数据深度结合，提供实时服务，也可以提供定制化的数据服务。同时，DaaS 提供商集成应用人工智能、隐私保护、区块链等技术，增强了数据洞察力、数据安全和数据交易的可信度。DaaS 平台成为数据提供方和数据需求方之间的桥梁，为数据的共享、交易和增值提供了便利与机会。

数据交易市场的 DaaS 模式迅速发展，北美是领先的创新者和先驱者，正在推动数据从存储资产向生产要素转变，为企业的数字化转型、业务创新和利润增长提供了重要支持。同时，DaaS 模式仍面临隐私保护的高合规要求、数据格式和标准不统一、数据质量有差异、企业对 DaaS 提供商的稳定性要求以及高依赖性带来的风险等挑战，需要在技术和政策层面进一步解决，以真正释放 DaaS 模式所带来的巨大价值。

二、美国数据经纪商及其监管制度

从广义来看，数据市场提供了促进数据广泛使用的创新激励，但数据市场的良好运行还要解决数据供给、确权、定价、安全与监管等一系列机制和制度建设问题。数据市场制度应与数据交易体系相匹配，建立有效的交易规则和市场监管框架，以确保数据的流通、交易的安全以及市场的健康发展。国外的数据市场侧重于市场驱动下多方主体参与的数据运营模式，重点关注数据市场中的供需匹配服务、数据技术创新、数据反垄断监管和数据隐私保护等问题。尽管国际上还未形成系统且成熟的数据市场制度，但数据中介、数据经纪人、数据信托等市场化运营模式及监管机制已发展得相对完善，如美国较早地出台了《数据经纪商法案》，建立了数据经纪商监管制度。这些创新性的做法和实践提供了有益的经验参考。

美国提倡市场化的数据自由交易，数据经纪是当前数据交易的主要形式，数据经纪商在数据市场中扮演着重要的角色。美国数据经纪商的主要业务模式也多以平台类数据处理机构为主体，对数据进行收集、汇聚、分析和加工，形成数据产品后再出售，为数据供需双方提供对接服务。数据经纪商的数据来源主要是政府公开数据、商业采购数据和共享数据等，主要数据产品则包括市场营销产品、风险识别产品和人员搜索产品等。一些州实施数据经纪商注册法，采用年度注册制度，完成注册的数据经纪商会在网站公开，以便公众查询。目前美国有 3 500~4 000 家数据经纪公司，著名的数据经纪机构包括 Acxiom、CoreLogic、DataLogix、eBureau、ID Analytics、Streamr、BDEX、Factual 等。

美国拥有全球规模最大的数据交易市场，2022 年规模为 417 亿美元，其中，数据经纪商对于活跃数据交易市场、提高数据流动性发挥了重要作用。一些大型数据经纪商拥有几乎覆盖全美的相关数据，例如，Experian 拥有涉及 95% 的美国消费者的居住信息和经济交易信息，CoreLogic 涵盖了超过 99% 的美国住宅和商业地产数据。有的经纪商则涉及产业数据，如 PREDIK Data-Driven 将工业数据与政府提供的地理数据等结合，为工业企业定制产业链知识图谱、产业链风险管理等数据产品。得益于技术进步和政府数据开放战略的支持，数据中介生态系统将进一步扩大。根据网络隐私软件公司 Lokker 2024 年发布的《在线数据隐私报告》，美国数据经纪市场预计在 2023—2030 年将保持 4.5% 的复合年均增长率，从 2 808.2 亿美元增长到 3 821.6 亿美元。而这一增长主要受网站追踪器和像素追踪收集的数据驱动，数据将广泛用于营销、广告、研究等领域。

由于数据经纪商持有的数据规模庞大、数据获取渠道广、活动透明度低，在提升数据交易市场流通效率的同时，也引发了一系列侵犯隐私和数据安全的问题。美国通过立法、行政手段和行业自律，对数据经纪商实行"宽进严管，多元发展"的培育方式。

美国在联邦和州层面制定了多项法律法规，以规范数据经纪商的行为，保护消费者隐私，提升行业透明度。例如，联邦层面的《数据经纪商问责和透明法案》、2014年《数据透明度和信任法案》、2015年《数据经纪商责任与透明度法案》等，要求数据经纪商向公众披露其收集、处理和使用个人数据的方式，重点在于提升数据经纪行业的透明度和安全性。在州政府层面，美国各州也针对数据经纪商制定了相关法案，例如，佛蒙特州的《数据经纪人与消费者保护法案》和加利福尼亚州的《加利福尼亚消费者隐私法案》都对数据经纪商进行了定义，并规定了其应遵守的义务和责任，以及数据经纪人注册制度和消费者的选择退出政策，对增强数据经纪人产业进入和退出的灵活性提供了先行探索。

尽管美国联邦政府于2024年公布了《美国隐私权法案》草案等立法提案，但美国尚未制定全面的联邦数据保护法律。这导致数据保护措施在不同州之间存在差异，并增加了企业的合规负担。2024年4月，时任美国总统拜登签署《保护美国人数据免受外国对手获取法案》，法案要求数据经纪人不得向外国对手或其控制的实体转移美国居民的敏感数据，并授权美国联邦贸易委员会进行管理。《保护美国人数据免受外国对手获取法案》代表美国数据安全监管机制从鼓励到限制数据自由流动的重大变化。

综合而言，美国数据市场的经纪商模式有助于提高数据交易市场的活跃性和数据的流动性，数据经纪商监管也取得了一定成效，在鼓励创新、保护消费者权益和隐私、提高行业透明度和安全性方面提供了有益的借鉴。但整体上还缺乏联邦层面更体系化的全面治理格局，对于数据产权等问题较为模糊，在一定程度上限制了数据经济的发展。

第五节 加强数据跨境流动治理，推进国际协作

数据的全球流动性决定了数据跨境流动治理和国际协作是各国数据战略中的必要内容之一。健全数据治理体系和加强国际协作，在数据跨境流动治理中至关重要。然而，目前全球数据跨境流动的国际法规制度尚不完善，存在碎片化现象，不同国家和地区之间的政策法规不兼容，难以形成全球统一的数据跨境流动规制体系。

一、数据跨境流动规制难以形成全球共识

国际组织、区域协定和多边对话平台等在完善数据跨境流动治理、推进国际协作方面发挥了重要作用。联合国、世界贸易组

织、经济合作与发展组织等国际组织积极推动多边数据治理合作的发展。联合国发布《全球数字契约》，推进数据跨境流动治理创新，建议制定多层次、可互操作的标准，以实现安全可靠的数据流动以及推动全球经济包容发展。世界贸易组织致力于确保数据跨境流动体现公平性，并构建数字贸易信任体系，防止数据治理的碎片化和数字鸿沟的扩大。尽管有76个世界贸易组织成员在2019年签署《电子商务联合声明》，确认启动电子商务议题谈判，旨在制定电子商务/数字贸易领域的国际规则，但数据跨境流动仍是目前世界贸易组织电子商务谈判中分歧较大的议题之一。经济合作与发展组织率先在区域内形成多边保护规则，早在1980年就颁布了《关于个人数据跨境流动和隐私保护指南》，倡议建立"自由流动与合法限制原则"。该指南是全球层面规制数据跨境流动的首次尝试，也成为各国及国际组织制定隐私保护与数据跨境制度的重要参考。

其他影响较大的区域性组织和倡议，还包括亚太经济合作组织于2011年建立的跨境隐私规则体系，借此融合机构和行业自律机制双重监管理念，确保数据传输纠纷投诉渠道畅通。目前有美国、墨西哥、日本、加拿大等9个经济体加入该体系，并于2023年10月成立"全球隐私执法合作安排"，27个"全球隐私执法合作安排"成员将在数据跨境传输的执法活动等方面相互协助。二十国集团积极倡导各成员国抓住数字机遇，推动全球经济实现包容性发展。在二十国集团的框架下，日本首次提出"基于信任的数据自由流动"倡议，在2019年大阪峰会上签署了《大阪数字经济宣言》，提出建立允许数据跨境自由流动的"数据流通圈"。此后，由于印度、南非等部分新兴和发展中国家拒绝加入，"基于信任的数据自由流动"倡议缩小到在七国集团（G7）的平台下继续发展，并不断扩大规则影响力。

经济合作与发展组织作为参与全球数据流动治理的主要多边机制，积极研究并推动构建全球数据流动的共同框架。2021年，经济合作与发展组织在一份对全球数据跨境传输监管规则的研究报告中，将当前全球主流的规制数据跨境流动政策工具归纳为四类：一是单边机制，包括开放的保障机制和预先授权的保障机制；二是多边安排，多边安排往往通过区域组织来建立规则或达成共识，数据跨境流动的多边安排通常基于隐私和个人数据保护而制定；三是贸易协定及数字经济伙伴关系，各国探索通过自由贸易协定解决数据跨境流动问题；四是标准和技术工具，通常由非政府部门和私人部门组织开发，以处理数据跨境流动带来的隐私和安全问题，如国际标准化组织相关标准、隐私增强技术等。

各国对数据跨境流动的优先利益考量不同，在如何平衡数据流动与隐私保护、国家安全等问题上仍难以形成共识。在2023年11月的世界贸易组织电子商务谈判中，有关数据跨境流动规则的议题因各成员存在广泛分歧而被推迟至下一阶段。总的来说，主要有四种不同的规则主张：一是澳大利亚、加拿大、日本、韩国等成员共同主张禁止限制数据跨境流动，并将例外范围限定于实现合法公共政策目标的措施；二是欧盟鼓励数据流动，但主张允许优先采取保护个人数据和隐私的监管措施；三是中国、巴西在设置合法公共政策目标例外的同时，保留国内监管框架；四是尼日利亚要求给予发展中国家和最不发达成员特殊待遇，允许保留任何限制数据流动的合理措施，降低规则法律约束力。

全球各经济体数据跨境流动规则的多样性，增加了数据跨境流动障碍、国际贸易成本以及多边协同治理难度，但在区域及双边框架层面上，仍存在合作潜力，频频出台的区域贸易协定或数字经济专项协定，成为促进数据跨境流动的主要方式。据统计，截至2023年5月，已有70多个国家和地区对数据跨境流动有所规制，有超过180个区域贸易协定增设了与数据跨境流动相关的数字贸易规则专门章节或条款。《美墨加协定》《全面与进步跨太平洋伙伴关系协定》《区域全面经济伙伴关系协定》等区域或双边自贸协定，以及《美日数字贸易协定》《数字经济伙伴关系协定》等均有数字经济专项协定，将数据跨境流动治理、数据隐私保护等相关议题纳入了协定条款。

二、美欧两大数据跨境流动规制体系的博弈

在全球数据跨境流动治理与规则的形成过程中，国际多边机制面临难以协同的困境，美国和欧洲大国围绕数据跨境流动的规则博弈则不断加剧。

1. 美国抢先布局全球数据传输机制，对跨境数据自由流动立场转向

美国强调数据自由流动，但基于"有限例外"原则，积极主

导建立全球数据传输机制。2018年3月，美国总统批准发布了《澄清域外合法使用数据法案》，采取"数据控制者标准"，允许美国政府跨境调取存储在他国的数据，但限制他国调取存储在美国的数据。这一法案反映了美国试图打破各国数据本地化要求的长臂管辖意图。

美国在2023年世界贸易组织电子商务规则谈判中声明，放弃对数据跨境自由流动的长期主张，同一时期，美国及其盟友通过双边或多边区域贸易协定以及数字贸易专项协定，已经基本打通数据跨境自由流动圈。美国与欧盟之间的数据跨境传输协议，因监管规制的巨大差异而持续更替，从2000—2015年的《安全港协议》到2016—2020年的《欧美隐私盾协议》，再到2023年达成的《欧美数据隐私框架》（隐私盾2.0），再度恢复两大经济体之间的跨大西洋数据流动框架体系。

美国与英国在2023年共同发布《大西洋宣言：21世纪美英经济伙伴关系框架》，并宣布建立美英数据桥，在确保强有力和有效的隐私保护的基础上，进一步促进两国间的数据流动。

美国还通过各类贸易协定先行主导数据跨境流动国际规则的制定，与日本签署的《美国－日本数字贸易协定》、与韩国签署的《美国－韩国自由贸易协定》等数字贸易协定或区域贸易协定均已生效，且都专门设定了包括数据跨境流动在内的数字贸易规则内容。美国与欧盟成立美欧贸易与技术委员会，主导与澳大利亚、日本等13国启动"印度－太平洋经济框架"，建立合作机制，将在关键技术数据出口、数据跨境流动等方面采取更多规制，遏制竞争对手。

一方面，美国加快与欧盟、英国等经济发达地区达成"隐私盾""数据桥"等数据跨境流动协议框架，与印度、巴西、印度尼西亚等新兴经济体加紧多边谈判，促进数据全球自由传输和流动。另一方面，美国撤回其在世界贸易组织数据跨境自由流动中的立场，发布行政令，禁止受关注国家获取美国个人敏感数据和政府数据，首次创建了数据跨境传输的审查机制，出台《保护美国人数据免受外国对手获取法案》，以保护美国国家安全的名义，定向审查和阻止美国数据向中国、朝鲜、俄罗斯、伊朗等国家及相应实体跨境传输。这些举动代表了其数据跨境流动政策和法律的重大转变，旨在建立一个以美国为核心主导、排除部分非盟友国家的数据跨境自由流动圈和数据流动机制，以实现"美国优先"，加强其在数字经济时代的全球主导地位。

2. 欧盟优先保护个人数据和隐私，对数据跨境流动"内松外严"

欧盟的"数字化单一市场"战略决定了其数据跨境流动机制的内外不同，以地理区域为基准，对内依据《非个人数据自由流动条例》，禁止成员国的数据本地化，确保除个人数据以外的数据在欧盟内部自由流动，对外通过《通用数据保护条例》树立了高标准数据保护规则，对向第三方国家的数据传输实施严格控制。欧盟采取例外型监管，构建了数据跨境流动的充分性认定规则框架，建立数据跨境传输白名单制度，将与欧盟保护水平相当的国家和地区列入白名单，允许数据自由流动。目前，获得欧盟数据保护充分性认定的国家和地区包括以色列、日本、加拿大、韩国、英国等，数量有十几个。此外，许多大型跨国企业也基于《通用数据保护条例》开展数据和业务合规工作，采用约束性企业规则、标准合同条款等机制实现个人数据跨境传输，但大多数国家并未制定与之互认的传输机制。

欧盟数据跨境流动规则的全球影响力正不断扩大。欧盟通过与美国、日本等国家签署框架协议，如《欧盟－美国数据隐私框架》《欧盟－日本经济贸易协定》《欧盟－新加坡数字伙伴关系协定》《欧盟－加拿大全面经济贸易协定》等，建立数据跨境流动的规则，推动数据跨境流动的双边合作。目前，欧盟的规则模板在更多的双边协定中被采用，如2023年签署的《欧盟－新西兰自由贸易协定》《欧盟－智利高级框架协定》《欧盟－日本关于数据跨境流动的协议》，以及2024年签署的《关于修订欧盟－日本经济伙伴关系协定议定书》等，均采用的是欧盟规则模板，即在优先保护个人数据和隐私的前提下，禁止强制要求计算设施或网络元素本地化。此外，欧盟和中国在简化数据跨境流动方面也启动了新的沟通机制，以促进解决欧洲企业非个人数据跨境流动的问题，并推动中欧之间的经济合作。

3. 美欧争夺数据跨境流动规则的主导权

整体而言，以美国、欧盟两大经济体的利益为代表，当前全球数据跨境流动规则呈现多样化、动态化、政治化、阵营化趋势。

美国的数据跨境流动新格局秉持"美国优先"原则，在经济合作与发展组织、亚太经合组织、二十国集团、七国集团等国际组织中谋求主导地位，借助全球跨境隐私保护规则体系主导亚太数据跨境流动圈，撤回世界贸易组织数据跨境流动规则谈判，与盟国开辟新的双边或多边数据跨境流动规制体系，体现了其基于自身政治和经济利益的"数据重商主义"。

欧盟在全球数字经济的发展中相对落后，正努力通过规制建设在数据发展大潮中重新取得领先权，在全球数据保护标杆《通用数据保护条例》的基础上，不断加大与其他发达经济体开展数据跨境流动合作的力度。而部分发展中经济体也积极效仿欧盟《通用数据保护条例》及数据跨境规则模板，以谋求未来数据跨境流动的顺利推进。

美国和欧盟除了借助多边机制推广其规制标准外，还分别组建了全球跨境隐私保护规则体系和满足充分保护要求的《通用数据保护条例》"白名单"国家两个规制标准俱乐部，通过不断拓宽自身的数据流动圈，争夺全球数据跨境流动规制的主导权。同时，隐私保护问题也是美国和欧盟长期以来在数据跨境流动规则上最大的冲突点。由于美国泄露用户隐私事件频发，欧盟始终对《安全港协议》的数据保护效果持不信任态度。在该协议被《欧美隐私盾协议》取代后，由于欧盟认为美国方面缺乏实质性监督，后者再次被欧洲法院判决适用性无效，直至2023年《欧盟-美国数据隐私框架》得到欧盟委员会的充分性认定，才形成新的稳定框架。

各经济体数据跨境流动规则存在明显的发展方向差异，意味着短期内全球需要以务实合作为目标，继续在不同的框架体系间不断调整磨合，在共同点和互补性的共识基础上，借助先进的数据安全增强技术和灵活性国际合作机制，切实推进全球数据跨境流动治理体系的稳步构建。

小结：挑战与展望

美国、欧盟、英国等主要经济体越来越多地意识到数据的社会经济价值和重要战略性，近年来将数据战略列为优先项，各经济体在数据政策规划和实施、数据流动与使用、数据产业和生态培育、数据交易市场机制、数据跨境流动治理与国际协作等方面进行多样化探索，以最大限度地释放数据价值，在数字经济时代的国际竞争中取得领先和主导地位。

整体而言，美国、欧盟和英国的数据战略在核心立足点上各有侧重，决定了各自有差别的战略规划基本方向。美国的数据战略立足于"数据作为战略性经济资源"，其主要目标是推动市场创新、增强全球科技竞争力，同时提升政府决策的科学性和效率。数据在美国被视为提升经济竞争力、国家安全和技术优势的重要资源，因此数据战略的实施高度市场化，私人部门在数据创新和技术开发中扮演主导角色。这种市场驱动的数据战略，使美国在大数据、人工智能、云计算等领域保持全球领先地位，并有助于美国企业在全球市场中占据技术制高点。

相较之下，欧盟的数据战略则立足于"数据主权与隐私保护"。在欧盟，数据治理被视为维护公民权利、社会公平和安全的关键。欧盟的数据战略强调通过"数据主权"来保障公民隐私，构建以个人隐私和数据伦理为核心的数据治理体系。欧盟认为，数据不仅是一种经济资源，还是一种关乎公民权利和社会福祉的公共资源。数据主权的理念渗透在欧盟的各项数据法规中，确保数据的使用符合道德和法律要求，防止滥用和跨境侵权。欧盟在重视保护公民权益的同时，也促进数据在经济发展中的应用，力图在全球数据治理中成为规范和伦理的引领者。这一立足点使欧盟在数据战略上更关注数据保护与合规性，而非单纯的经济驱动。

英国的数据战略则是"创新与数据伦理并重"模式。"脱欧"后，英国在数据政策上逐渐向"去欧盟化"倾斜，强调在数据治理中引入更大的灵活性，以支持技术创新和国际合作。同时，英国也关注数据伦理和隐私保护，重视数据在推动经济增长和科技进步中的作用。英国数据战略的核心目标是，成为全球数据治理的领导者，兼顾数据保护与创新发展。这种策略试图在经济利益和数据保护之间找到平衡，为企业创造更宽松的创新环境，同时确保公民的数据权益。

在不同国家数据战略的定位引导下，各国在数据保护和确权、公共数据开放、数据技术创新、数据产业培育、数据市场建设、数据跨境流动治理等方面也选择了不同的发展路径，形成了各具特色的模式，其核心是充分把握数据经济带来的竞争性机遇和挑战。在上述各个领域里，政策制定者注重数据保护和创新之间的权衡。相比较而言，美国侧重于市场驱动的方式，支持创新和开放，监管干预较少，而欧盟和英国则制定了全面的监管框架，旨在培育数据驱动型经济，在创新与数据保护和隐私之间取得平衡。其中，欧盟的战略注重创建单一数据市场，通过全面的立法提出数据政策和创新机制，全力支持数据流动和价值创造，并确保在数据保护范围内可行，而英国"脱欧"后的战略则旨在专门确保本国利益，利用数据的力量，强调数据质量和治理。

立足当下，以数据为关键要素的经济发展大潮刚刚开始，现有数据领域的各项探索多数仍处于初级阶段，既有模式和机制都还需要持续的动态调整和优化。实施中面临的主要挑战包括：在数据保护和确权方面，应对国际法规制度的碎片化，协调不同国家在数据权属认定上的差异，以及平衡各国对数据安全与隐私保护的差异化要求；在公共数据开放方面，提高开放数据的利用效率和价值转化率，增强数据资源互操作性的标准化和结构化管理，以实现公共数据开放的公平、有效和可持续；在数据技术创新方面，缩小全球数据技术发展鸿沟、增加研发资源分配、解决跨学科技术融合是推动数据战略的关键；在数据产业和生态培育方面，壮大数据产业链、赋能实体产业数字化转型和实现数据资产价值增值是将数据转化为财富和生产力的关键；在数据市场机制建设方面，用科学和技术手段评估数据价值，建立支持数据交易的标准化体系和公正有效的市场法规监管框架；在数据跨境流动治理方面，解决跨国公司在面对不同国家法律规制时的数据运营和合规问题，提高数据跨境流动的国际规则互认和互操作性，建立信任机制增强国际合作；等等。

展望未来，全球数据战略的关键在于，构建既能保护数据安全，又能释放数据价值的治理体系。实现这一目标不仅需要推动市场与政府、技术与政策的有效结合,也需要区域之间、国家之间的求同存异、协同共治。只有在保护数据安全与促进经济发展之间找到最佳平衡点,才能充分把握数据给全球经济带来的变革机会,激发可持续的共同增长潜力。

第四章
数据资本化的中国战略与政策

第一节　中国数据战略框架

我国政府高度重视数字经济发展，在国家顶层设计的引导下，我国数字经济快速发展壮大。2012 年以来，数字经济相关政策密集出台，良好的市场工业化需求催生了各种数字应用技术，使数字经济规模增速明显。中国信息通信研究院的数据显示，2023 年我国广义数字经济规模达 56.1 万亿元，总量稳居世界第二，同比增加 11.7%，占 GDP 的比重超过 44%，相当于第二产业占国民经济的比重。我国数字经济规模有望在 2025 年达到 70.8 万亿元，对整体经济发展的放大、叠加、倍增作用将更加凸显。

一、数据战略的早期构建与发展

大数据开启了大时代，数据是数字经济时代的核心战略资源。2013年7月，习近平总书记在视察中国科学院时指出，"大数据是工业社会的'自由'资源，谁掌握了数据，谁就掌握了主动权"。回顾我国数据战略的发展历程，大体可以划分为从2014—2018年起步，到2019—2021年加速，再到2022年以来的深入实施三个阶段，体现了国家对数据战略重要性认识的不断加强和大力支持。

1. 起步阶段（2014—2018年）

我国较早就意识到大数据对经济发展的重要意义，着手制定顶层国家战略，并持续深入推进。2014年，大数据被首次写入政府工作报告，标志着中国大数据元年的开始。2015年8月，国务院印发了《促进大数据发展行动纲要》，对大数据的整体发展进行了顶层设计和统筹布局。同年10月，党的十八届五中全会通过《中共中央关于制定国民经济和社会发展第十三个五年规划的建议》，提出要"实施国家大数据战略"，标志着大数据战略正式上升为国家战略。

2016年，《中华人民共和国国民经济和社会发展第十三个五年规划纲要》正式提出实施国家大数据战略，对全面促进大数据发展提出了方向性目标和任务，并制定了《大数据产业发展规划（2016—2020年）》，为各行业的大数据发展提供指导。2017年，党的十九大报告提出要建设"数字中国"，"推动互联网、大数据、人工智能和实体经济深度融合"，为中国大数据发展提供了赋能实体经济的方向和动力。

2. 加速阶段（2019—2021年）

随着大数据产业的发展，我国开始将数据提升到生产要素的战略地位，国家层面的数据战略加速构建，数据要素政策颁布提速。

2019年10月，党的十九届四中全会首次将数据列为生产要素，《中共中央关于坚持和完善中国特色社会主义制度 推进国家治理体系和治理能力现代化若干重大问题的决定》提出，要"健全劳动、资本、土地、知识、技术、管理、数据等生产要素由市场评价贡献、按贡献决定报酬的机制"。我国成为世界上首个将数据列为生产要素的国家，体现了国家层面对发挥数据要素在数字经济中作用的创新和重视。

2020年4月，《中共中央 国务院关于构建更加完善的要素市场化配置体制机制的意见》首次将数据与土地、劳动力、资本、技术并列为五大生产要素，明确提出"加快培育数据要素市场"的要求。自此，数据成为新型生产要素，一系列发展数据要素市场的政策接连发布。同年5月，《中共中央 国务院关于新时代加快完善社会主义市场经济体制的意见》再次强调，"加快培育发展数据要素市场"。

在规划落实上，2021年1月，中共中央办公厅、国务院办公厅印发《建设高标准市场体系行动方案》，为加快培育发展数据要素市场指明了方向。2021年11月的《"十四五"大数据产业发展规划》和2022年1月的《"十四五"数字经济发展规划》出台，分别从国家层面对大数据产业和数字经济发展做出下一阶段的总体部署和指导。

3. 深入实施阶段（2022年至今）

2022年1月，国务院办公厅印发《要素市场化配置综合改革试点总体方案》，提出"原始数据不出域、数据可用不可见"的交易范式，分级分类分步有序推动数据流通应用。2022年3月，《中共中央 国务院关于加快建设全国统一大市场的意见》要求，"打造统一的要素和资源市场"，"加快培育数据要素市场，建立健全数据安全、权利保护、跨境传输管理、交易流通、开放共享、安全认证等基础制度和标准规范，深入开展数据资源调查，推动数据资源开发利用"。2022年6月，《国务院关于加强数字政府建设的指导意见》提出，"构建开放共享的数据资源体系"是数字政府建设的重点任务之一，要"创新数据管理机制"，"深化数据高效共享"，"促进数据有序开发利用"，"充分释放数据要素价值"。2022年10月，《全国一体化政务大数据体系建设指南》提出，到2023年底，"全面摸清政务数据资源底数，建立政务数据目录动态更新机制，政务数据质量不断改善"；到2025年，"政务数据资源全部纳入目录管理"，"政务数据共享需求普遍满足，数据资源实现有序流通、高效配置"。

2022年12月，《中共中央 国务院关于构建数据基础制度更好发挥数据要素作用的意见》（简称"数据二十条"）系统提出了我国数据基础制度框架，从数据产权、流通交易、收益分配、安全治理四个方面加快构建数据基础制度体系，并提出二十条政策举措。"数据二十条"成为我国数据基础制度建设的顶层框架文件，为规范数据要素市场配置、完善数据要素市场化运行机制提供了重要的制度性保障和方向指引。

二、围绕"数据二十条"制定顶层规划、推进机构建设

2023年2月，中共中央、国务院印发《数字中国建设整体布局规划》，制定了夯实基础、赋能全局、强化能力、优化环境的战略路径，明确了数字中国建设的整体框架，以及"两个环境""两大能力""五位一体""两大基础"等概念（见图4-1）。规划具体提出，要构建国家数据管理体制机制，健全各级数据统筹管理机构；推动公共数据汇聚利用，建设公共卫生、科技、教育等重要领域国家数据资源库；释放商业数据价值潜能，加快建立数据产权制度，开展数据资产计价研究，建立数据要素按价值贡献参与分配机制。《数字中国建设整体布局规划》还指出，到2025年实现"数字基础设施高效联通，数据资源规模和质量加快提升，数据要素价值有效释放"。从中可以看出，畅通数据资源大循环是夯实数字中国建设的两大重要基础之一，也是推动整个政策落地的力量。当政策框架已经到位的时候，数据资本化将发挥市场的力量自下而上地推动政策落地，推动数字中国建设。

2023年3月，中共中央、国务院在《党和国家机构改革方案》中提出，"组建国家数据局。负责协调推进数据基础制度建设，统筹数据资源整合共享和开发利用，统筹推进数字中国、数字经济、数字社会规划和建设等，由国家发展和改革委员会管理"，从组织架构上完善了实施数据战略的机制保障。

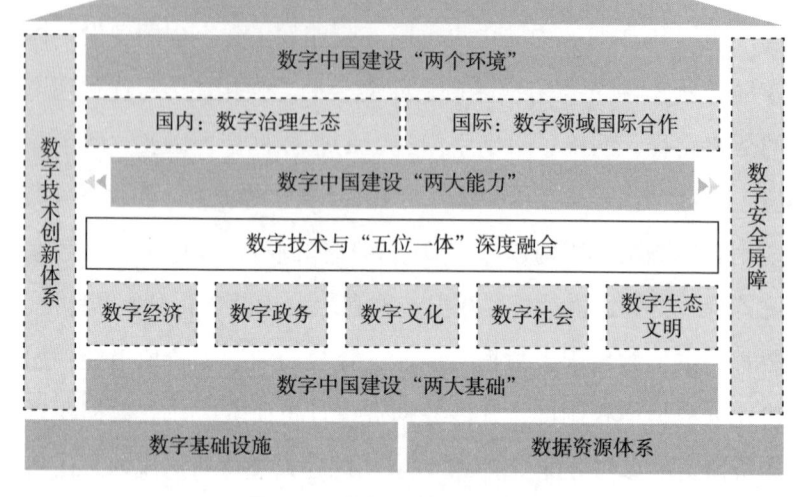

图 4-1　数字中国建设整体框架

资料来源：中国网信网。

随后，各级政策在顶层设计的指引下密集落地。2023年8月，财政部制定印发了《企业数据资源相关会计处理暂行规定》，对企业数据资源的确认、计量和披露等进行要求和规范，通过明确我国数据资产的会计处理规则，为数据的流通奠定了基础，也成为实现数据资本化的关键环节。2023年9月，中国资产评估协会在财政部的指导下印发《数据资产评估指导意见》。2023年10月，国家数据局正式揭牌。2023年12月，财政部印发《关于加强数据资产管理的指导意见》，提出数据资产管理的基本原则和主要任务，以及加强组织实施、加大政策支持和积极鼓励试点等实施保障。2023年12月，国家发展改革委和国家数据局印发《数字经济促进共同富裕实施方案》，提出统筹资金、数据、人才、项目等各类要素资源，繁荣数据要素市场，进一步激活数据要素红利，推动实现共同富裕。

2024年1月，国家数据局会同中央网信办、科技部、工信部等十七个部门联合提出实施《"数据要素×"三年行动计划（2024—2026年）》，通过推动数据要素与制造、农业、交通、金融、科创、医疗健康、绿色低碳等行业的深度融合和赋能，激活数据要素潜能，提出到2026年底，数据要素应用场景广度和深度大幅拓展，数据产业年均增速超过20%，数据交易规模增长1倍，场内交易规模大幅提升，推动数据要素价值创造的新业态成为经济增长新动力。

三、数据安全和治理的立法制度体系基本形成

在数据安全和治理层面，以《中华人民共和国网络安全法》《中华人民共和国数据安全法》《中华人民共和国个人信息保护法》《规范和促进数据跨境流动规定》为框架的数据安全制度体系基本形成。2021年6月通过的《中华人民共和国数据安全法》是我国首部以"数据"命名的立法，是数据安全领域的基础性法律，于2021年9月1日起施行。该法规定了数据处理活动的规范和监管，以及数据安全的保护措施，制定了数据分类分级保护制度、数据出口管制、数据安全审查等重要内容。

2021年，我国出台了《中华人民共和国个人信息保护法》，2022年提出了修改《中华人民共和国网络安全法》的征求意见，共同建立起我国数据治理的立法框架，联合行业领域数据安全管

理标准，例如，2022年12月的《工业和信息化领域数据安全管理办法（试行）》、2023年7月的《中国人民银行业务领域数据安全管理办法（征求意见稿）》等，全面保障数据安全。

在数据跨境流动治理方面，初步构建了中国特色的数据跨境流动管理体系。在《中华人民共和国网络安全法》的基础上，2022年9月施行的《数据出境安全评估办法》，细化了数据跨境流动安全评估操作流程。国家互联网信息办公室2023年2月发布《个人信息出境标准合同办法》，2024年3月公布《促进和规范数据跨境流动规定》，进一步健全了数据跨境流动规则，完善了数据跨境流动制度体系，为跨境业务合作提供更好的保障。2024年11月就推进国际合作提出《全球数据跨境流动合作倡议》，呼吁全球携手构建高效便利安全的数据跨境流动机制，打造共赢的数据领域国际合作格局。

至此，在国家数据战略的总体指导下，围绕数据产权制度、数据要素流通交易制度、数据要素收益分配制度、数据要素安全治理制度等重要内容，我国数据基础制度的"四梁八柱"正逐步构建起来，形成培育数据要素市场、发展数字经济的初步框架。

第二节　"数据二十条"：顶层设计与引领

在我国率先提出将数据作为生产要素的重大理论创新基础上，"数据二十条"对数据要素价值的释放具有里程碑意义。"数据二十条"是首部从生产要素高度出发来部署数据要素价值释放的国家专项政策，对我国数据要素的发展方向起着"指南针"的作用，其政策设计思路重在以基础制度破解数据要素价值释放中的基础性问题。"数据二十条"对于推动数据要素市场的健康发展、促进数据合规高效流通使用、赋能实体经济以及实现数据要素价值等方面都具有重要意义。

一、建立起全国性的数据基础制度

"数据二十条"由国家发展改革委牵头组建的跨学科专家队伍，赴多地深入调研后研究起草。"数据二十条"绘制了我国数据要素市场发展的蓝图，明确以坚持促进数据合规高效流通使用、赋能实体经济为主线，旨在充分实现数据要素价值，促进全体人民共享数字经济发展红利。

"数据二十条"的突破性贡献在于构建了四项重要的数据制度：保障权益、合规使用的数据产权制度，合规高效、场内外结合的数据要素流通交易制度，体现效率、促进公平的数据要素收益分配制度，安全可控、弹性包容的数据要素治理制度。

一是数据产权制度。建立数据产权结构性分置制度，建立数据资源持有权、数据加工使用权、数据产品经营权"三权分置"的数据产权制度框架；推进数据分类分级确权授权机制，包括推进公共数据授权使用、加强企业数据供给激励、构建个人数据受托机制。

二是流通交易制度。完善数据全流程合规与监管规则体系，建立流通准入规则，明确数据流通方式，加强标准化建设，探索数据定价机制;构建规范高效的数据交易场所,将场内集中交易与场外分散交易相结合,建设多层次市场交易体系;培育数据要素流通和交易服务生态,培育数据商、第三方服务机构两类主体;构建数据安全合规有序跨境流动机制,推进开放合作,实施跨境监管。

三是收益分配制度。提出初次分配和再分配两个分配阶段,在初次分配阶段,健全由市场评价贡献、按贡献决定报酬的机制,"谁投入、谁贡献、谁受益",推动数据要素收益向数据价值、使用价值创造者倾斜;在再分配、三次分配阶段,发挥政府引导调节作用,更多关注公共利益、相对弱势群体。

四是安全治理制度。要求政府、企业社会共同参与,构建协同治理机制。由政府明确监管红线,培养企业责任意识和自律意识,发挥行业协会等社会力量规范市场发展秩序,推进政府、企业、社会三方协同治理。

"数据二十条"的出台,标志着我国率先提出的"数据生产要素"理论创新进入制度突破阶段,呈现了从认知到实践的全新变化。"数据二十条"将充分发挥中国海量数据规模和丰富的应用场景优势,激活数据要素潜能,做强做优做大数字经济,增强经济发展新动能。

二、创造性提出数据产权"三权分置"

数据权属关系是数据要素流通的关键点之一,数据确权的复杂和困难也是数字经济时代全球共同面临的挑战。一方面,"数据二十条"对数据产权结构性分置制度进行探索，创造性地提出建立包含数据资源持有权、数据加工使用权和数据产品经营权的"三权分置"数据产权制度框架。从市场主体遇到的实际问题出发，创新了数据产权观念，淡化了传统的所有权概念，强调了使用权的重要性，将工作重点和焦点放在使用权的流通和价值创造上，为数据流通和交易提供了更清晰的产权界定。

另一方面，不同主体持有的数据在开发利用、共享流通、价值挖掘等方面都存在较大差别。"数据二十条"提出建立公共数据、企业数据、个人数据的分类分级确权授权制度，根据不同类型的数据特征和使用场景，制定相应的产权保护和管理措施，明确了公共数据的授权使用、企业数据供给的激励，以及个人数据的受托。对公共数据重视互联互通，需要统筹授权使用和管理；企业数据依法享有持有、使用、获取收益的权益；个人信息数据则重点规范处理活动，依照"授权使用、依法保护"的原则，保障信息安全和个人隐私。

"三权分置"思路始于40多年前我国农村家庭联产承包责任制的改革开放制度框架，这是中国的经验、中国的长项。数据产权"三权分置"的提出，在世界范围内首次明确了公共数据、企业数据和个人数据的机制，确认了三项所有权的分置，以及三个不同主体的数据使用框架，这是重要的突破和创新。"三权分置"使数据产权能够在不同主体之间进行合理分配，从而促进了数据的共享、开放和合作，在促进数据合规流通使用的同时，也有效承认和保护了数据要素各参与方的合法权益，为构建中国特色数据产权制度体系奠定了基础。

三、加强数据流通交易顶层设计

数据流通交易是释放数据价值潜力、推动数字经济发展的关键环节。我国当前的数据交易市场还处于初级阶段，交易方式以场外分散为主，规则和标准缺乏共识，数据交易监管缺失，这也使企业对海量数据的开发利用存有顾虑。"数据二十条"展现了对数据流通交易规范化发展的前瞻性和系统性设计。

首先，从流通规则的角度来看，"数据二十条"明确提出建立数据流通准入标准规则，确保数据交易的合规性和规范性。这一举措有助于消除数据交易市场的混乱现象，提升数据交易的质量和效率。同时，探索开展数据质量标准化体系建设，为数据交易提供标准化的依据，降低交易风险，提高交易双方的信任度。

其次，在交易市场方面，"数据二十条"强调统筹优化全国数据交易场所规划布局，出台数据交易场所管理办法，构建并完善多层次市场交易体系。这有助于推动数据交易市场的规范化、专业化发展，形成良性竞争的市场格局。同时，多层次市场交易体系的构建可以满足不同主体、不同需求的数据交易需求，推动数据要素的广泛流通和高效利用。

再次，在服务生态方面，"数据二十条"提出数据要素市场可以借鉴证券交易所与券商相分离的经验，建立数据交易场所与数据商相分离的市场运行机制，注重培育数据商和第三方专业服务机构两类主体，以丰富数据交易市场的参与者和角色。数据商作为专业的数据提供商，可以为市场提供高质量的数据资源；而第三方专业服务机构则可以为数据交易提供咨询、评估、认证等服务，提升数据交易的专业性和安全性。

最后，在跨境流动机制方面，"数据二十条"以《全球数据安全倡议》为基础，既强调国际合作与规则制定，又注重开放发展与安全规范，同时还针对具体应用场景进行了探索，并构建了有效的监管机制，为推动我国数据跨境流动的健康发展提供了有力的制度保障。

四、构建具有中国特色的数据要素收益分配制度

规范和公平的数据要素收益分配，对保护数据要素提供者权益、鼓励数据要素共享、促进数据要素的创新利用以及推动科技创新等都具有重要意义。当前，数据要素收益分配存在模糊性和复杂性，收益主要集中在数据拥有者手中，而数据生产者、加工者和应用者等其他参与主体难以共享数据的收益。数据要素收益分配的不公平，将制约数据产业和数据经济的发展。"数据二十条"对建立数据要素收益分配制度提出了创新思路。

首先，"数据二十条"明确了数据要素按贡献参与分配的原则，不仅体现了社会主义基本经济制度的内涵，也体现了对数据要素价值的充分认可和重视。这一原则确保了数据要素的所有者、使用者、加工者等各方能够按照其贡献获得相应的收益，推动数据要素收益向数据价值、使用价值创造者倾斜，从而激发了市场主体参与数据要素市场的积极性和创造力。

其次，"数据二十条"提出数据要素收益分配制度要体现效率、促进公平。在初次分配阶段按照"谁投入、谁贡献、谁受

益"的原则,保护数据要素各参与方的投入产出收益,建立健全更加合理的市场评价机制。在再分配和三次分配阶段,重点关注公共利益和相对弱势群体,通过政策调控和治理手段,防止数据要素收益分配过程中的不公平现象,防止数据资本的无序扩张。这体现了对社会公正和共同富裕的追求,有助于缩小数字鸿沟,推动社会和谐发展。

最后,"数据二十条"还注重发挥政府在数据要素收益分配中的引导和调节作用。政府通过制定政策、建立标准、加强监管等手段,为数据要素市场的健康发展提供有力保障。同时,政府还鼓励和支持各类市场主体积极参与数据要素市场建设,共同推动数据要素市场的繁荣和发展。

五、有效市场和有为政府相结合的数据要素治理

数据要素治理是国家发展和安全大局中的重要内容,一个更加完善、高效和公平的数据要素治理体系,能够为数字化、网络化、智能化的发展提供有力保障。

首先,"数据二十条"强调安全可控和弹性包容的原则。这意味着在数据治理过程中,既要确保数据的安全性和可控性,防止数据泄露和滥用,又要保持制度的弹性和包容性,以适应不同领域和行业的实际需求。这种原则有助于在保障数据安全的同时,促进数据的共享和利用。

其次,"数据二十条"提出创新政府数据治理机制,包括强化分行业监管和跨行业协同监管,建立数据联管联治机制,建立健全

鼓励创新、包容创新的容错纠错机制，建立数据要素生产流通使用和监管制度等。提出在政府有序引导和规范发展的作用下，打造安全可信、包容创新、公平开放、监管有效的数据要素市场环境。

最后，"数据二十条"提出在市场和社会层面要压实企业的数据治理责任，并充分发挥社会力量多方参与数据要素市场建设的协同治理作用。通过建立数据要素市场信用体系，构建多元化的协同治理机制，以集合政府、企业和社会各方力量，形成合力，共同推进数据要素治理的完善和发展。

综上，"数据二十条"的出台，无疑成为具有中国特色的数据要素战略发展的里程碑和指南针，在政策的前瞻性指向上非常明确。第一，要充分发挥数据要素作用，赋能实体经济；第二，做强做优做大数字经济，应对科技革命和产业变革，构筑中国的国际竞争新优势；第三，全民共享数字经济发展红利，统筹分配效率与公平；第四，提高数据要素治理效能。通过数据产权制度、数据流通交易制度、数据要素收益分配制度、数据安全治理制度的相互支撑、相互促进，共同构建起我国数据基础制度体系的完整框架。在"政府引导调节、市场主体积极参与"的核心思路下，加快形成数据要素市场的良性互动和协调发展，迎来数据交易流通和价值实现的新一轮全新高质量发展。

第三节　数据资产入表：突破与创新

在从数据资源到数据资本的价值实现进程中，数据资产入表是实现数据资产化的重要前提，也就是在财务会计体系中系统科学地将符合条件的数据资源确认为能够给企业带来经济利益的资产项，在企业资产负债表中体现数据资产的真实价值与业务贡献。在全球范围内，整体上对数据资产入表的政策指导进展较为分散，尚未形成统一明确的会计准则和实施标准。

我国在政策推动数据资产入表的实施方面走在国际前列。2023年8月，财政部发布《企业数据资源相关会计处理暂行规定》，自2024年1月1日起开始实施。该规定根据《中华人民共和国会计法》和企业会计准则等相关规定，首次明确了数据资源的适用范围、会计处理标准以及披露要求等内容。

《企业数据资源相关会计处理暂行规定》的发布，标志着我国首次在会计领域提出对数据资源作为资产入表的正式认可和规范化处理，是会计准则领域加强基础制度供给、服务数字经济发展的新起点，对打开数据资本化的大门具有开创性影响。

一、数据资产入表暂行规定的主要内容

《企业数据资源相关会计处理暂行规定》的主要内容包括以下三个方面。

一是适用范围。该规定明确了其适用的范围，主要涵盖了按照企业会计准则相关规定确认为无形资产或存货等资产类别的数据资源，以及企业合法拥有或控制的、预期会给企业带来经济利益的，但由于不满足企业会计准则相关资产确认条件而未确认为资产的数据资源的相关会计处理。这为企业数据资源的会计处理

提供了明确的边界和依据。

二是数据资源会计处理适用的准则。《企业数据资源相关会计处理暂行规定》要求企业应当按照企业会计准则的相关规定，根据数据资源的持有目的、形成方式、业务模式，以及与数据资源有关的经济利益的预期消耗方式等，对数据资源相关交易和事项进行会计确认、计量和报告。同时，该规定对当前较常见的企业数据资源业务模式下如何进行会计处理，分别指明了适用的会计处理原则。这确保了数据资源会计处理的准确性和合理性。

三是数据资源的列示和披露要求。《企业数据资源相关会计处理暂行规定》提出企业资产负债表中应根据重要性原则，并结合实际情况，在单独列示存货、无形资产等报表项目下增设数据资源项目，通过表格方式细化披露数据资源的相关会计信息。此外，企业还可以根据实际情况自愿披露数据资源的应用场景或业务模式、原始数据类型来源、加工维护和安全保护情况、涉及的重大交易事项、相关权利失效和受限等相关信息。该规定提出，鼓励引导企业加强自愿披露的具体指引，有助于提升数据资源相关信息的透明度和可比性，有助于投资者和其他利益相关者更好地了解企业的数据资源状况和价值。此外，该规定的附则部分在生效日期和新旧衔接方面做出了规定，明确"企业应当采用未来适用法执行本规定，本规定施行前已经费用化计入损益的数据资源相关支出不再调整"。这表明该规定本身并没有改变现行无形资产、存货、收入等相关准则对会计确认与计量的要求，而是聚焦企业的实务，对企业会计准则体系做出有机补充。

二、数据资产入表为数据资本化开启了大门

数据资产入表是连接数据价值与金融市场的重要桥梁，对于数据资本化具有开创性意义。

首先，数据资产入表突破了传统会计领域的局限，将数据资源纳入了会计处理范畴。传统的资产入表，要么是把土地房屋计入固定资产，要么是将股票期权计入长期的股权投资，近几十年来又逐渐引入了知识产权，就是无形资产也可以入表。而这一次的数据资产入表，意味着原来虽然费用化，但满足资产确认条件的数据资源能计入企业资产负债表的无形资产或者存货两个科目，使数据资源在财务报表内有了表达。这是一个非常关键的突破，因为数据只有进入财务报表才能走向资本化。数据入表不是简单地把数据资源纳入资产负债表，而是一整套包括强化数据合规意识、打造数据治理能力、挖掘数据资源潜力、追踪数据成本、开展数据质量评价等在内的系统性工程。最重要的是，数据入表本质上是数据资源权利的入表，可以由此探索建立数据产权登记制度，有了产权就可以交易流通，转化为资产。因此，国家"数据二十条"和财政部的《企业数据资源相关会计处理暂行规定》奠定了特别重要的基础，推开了数据资本化的大门。

其次，在数据要素市场化发展层面，其一，数据资产入表使数据资源能够基于市场的原则进行分配，为数据资源会计核算体系作为实现按市场贡献分配的前置条件奠定了基础，是实现数据要素市场化配置的关键所在。其二，数据资产入表有助于吸引更多的投资者和市场主体参与数据要素市场的交易和流通，促进数

据的供需匹配和市场化配置。其三，入表后的数据资产也将为数据交易提供更为透明和可靠的价值参考，推动数据交易的规范化和标准化。同时，数据资产入表还通过强化数据资源相关信息披露，为有关监管部门完善数据要素治理体系、加强宏观管理提供了会计信息支撑，也为投资者等报表使用者了解企业数据资源价值、提升决策效率提供了有用信息。

从企业层面看，通过数据资产入表，企业能够更好地盘活数据资产价值，展示其数字竞争优势，为开展投融资提供依据，优化市场资源配置。数据资产入表也有助于提升企业数据资产意识，激发数据市场供需主体的积极性，增强数据流通意愿，为企业深度开发利用数据提供动力。更进一步，随着企业对数据生产要素的理解和重视，将提升业务决策的科学性和准确性，产生数据驱动商业模式的突破，通过创新数据价值实现场景来促进业务增长。

在数据行业发展层面，企业实施数据资产入表的举措将进一步带动数据采集、清洗、标注、评价、资产评估等数据服务业的发展，有助于深化数字技术创新应用，吸引更多的资本和人才进入，激发数字经济发展活力，营造繁荣发展的数字生态。

最后，数据资产入表意味着数据完成了从自然资源到经济资产的跨越，数据有望成为政企报表及财政等收入的重要支撑。以地方政府平台公司的市场化转型为例，随着数据资产入表的落地，数据资产作为新的标的可以进行资产融资，在增厚政府平台公司资产的同时，可以拓宽融资渠道。同时，政府平台公司可以以此为契机，进行赛道切换，以数字化场景推动城投平台向"科创型"企业转向，实现深层次、全方位平台转型。

因此，数据资产入表的影响在企业层面、数据行业乃至数字经济的高质量发展方面都将产生积极的推动作用。这一政策突破有助于进一步释放数据要素的价值，推动企业开展数据的盘点、治理和应用，助力数据资源密集型企业及相关产业链的发展。同时，通过对数据要素市场的优化配置，促进并赋能数据资产的创新应用，推动我国数据要素统一大市场的建设。整体而言，数据资产入表为开启数据资本化的大门提供了钥匙，为数据资源的价值挖掘和市场化应用开辟了新的道路。

三、数据资产入表的实践进展和影响

为推动企业数据资产入表的进程，各级政府和机构展开了积极探索，出台了多项支持政策，如北京为符合条件的企业数据资产入表提供财政补贴和市场引导、上海对企业数据资产入表给予税费优惠支持等。上海、北京等地还组织开展企业数据资产入表相关专业培训，邀请专家从多个维度为企业数据资产入表提供操作指引，助力企业数据资产入表的顺利开展。这些举措也为其他地区提供了经验和借鉴。

《企业数据资源相关会计处理暂行规定》正式实施不到一年，我国企业数据资产入表工作已初见成效。高金智库发布的2024年上半年《中国企业数据资产入表情况跟踪报告》显示，截至2024年8月底，披露数据资产入表情况的A股上市公司已从2024年第一季度的17家增加到上半年的41家，涉及总金额从

0.79 亿元增长到 13.64 亿元。从数据资产入表的上市公司的行业分布来看，涵盖了制造、信息与通信技术、交通、批发零售和建筑等 9 个行业，以制造业和信息技术业的企业为主体，数量占比接近 2/3。企业地域分布以北京、山东、广东居多。从新增数据资产入表对 A 股上市公司的影响来看，据测算，数据资产入表为其中 29 家上市公司带来了合计 7.32 亿元的理论市值增量，其中有 11 家公司的理论市值增量超出了千万元，对 3 家公司带来的理论市值增量超过该公司市值的 1%。由此可见，尽管当前数据资产入表工作刚刚起步，但已展现出明显的增速，预计未来有望带来万亿元级的新增资产规模。

此外，据报告不完全统计，截至 2024 年第三季度末，国内有 126 家非上市公司也披露了数据资产入表情况，对数据资产入表的参与更加踊跃，增长也更为显著，入表数据类别多元化。企业数量从第一季度的 42 家增加到第三季度的 126 家，累计融资额（指银行授信金额）从第一季度的 1.04 亿元增加到第三季度的 5.11 亿元。短短半年，企业数量和融资额分别增长了 200% 和 390%。其中，城投公司和类城投公司[①]数量最高，分别为 38 家和 72 家，累计融资额分别为 0.88 亿元和 3.78 亿元。入表数据以交通运输类、政府数据类和公用事业类占绝大多数，且 76% 的入表企业已在数据交易中心或交易机构登记。

地方政府和城投公司是拥有海量数据的重要主体，在数据资产入表和融资等方面具有天然优势。从地方政府利用数据资产入

---

① 城投公司包括城投下属公司，类城投公司指当地国资委控股且充实市政等公共服务的企业。

表的效果和影响上看，构建以数据为核心的数据财政创新发展模式，可以优化地方政府和城投企业的资产负债结构，有助于盘活数据价值，实现数据抵押和融资，缓解地方财政困境。但是由于城投公司普遍面临债务偿还压力，随着城投公司数据资产入表的规模不断增加，地方政府仍需关注其通过数据资产融资可能带来的金融风险。

整体而言，数据资产入表取得了较为快速且显著的进展，通过推行数据资产入表，不仅能有效推动数据要素确权、定价、交易流通和收益分配的进展，而且能够推动数据成为财政收入的重要支撑，对上市公司的价值发现、非上市公司的估值产生有利影响。但企业在操作中还面临着会计处理和数据资产层面的诸多挑战，如会计处理层面的确认与分类、成本归集、收入和成本确认、摊销方法等，数据资产层面的确权、估值、披露、标准、治理等。下一阶段还需要从政策指引、企业内部治理、技术创新与市场机制建设等方面持续完善，推动企业数据资产化的进一步普及和深化，同时加强数据资产入表的过程和事后管理。

我国数据资产入表的创新和推进，是促进数据资源市场化配置的重要实践。尽管在确权、评估和监管等方面还面临种种挑战，但其对经济和社会具有深远影响。随着政策、技术和市场的逐步完善，数据资产入表将成为推动数字中国建设、开启数据资本化大门的重要里程碑。

第四节　国家数据局：组织保障与实施推进

2023年3月，中共中央、国务院在《党和国家机构改革方案》中提出组建国家数据局，负责协调推进数据基础制度建设，统筹数据资源整合共享和开发利用，统筹推进数字中国、数字经济、数字社会规划和建设等，由国家发展和改革委员会管理。2023年10月25日，国家数据局正式揭牌，这标志着我国数据治理体系迈入新阶段，对充分激活数据要素潜能、推动我国数字经济发展具有深远意义。

一、国家数据局的定位与职责

国家数据局的构建，是国家从全局和战略高度出发的重大决策，彰显了国家对数据治理和利用的高度重视与坚定决心。"数据二十条"的发布为数据要素的交易流通与开发利用提供了基础制度和指导原则，但数据基础制度在实践中的落地还有许多问题要解决和细化。国家数据局的组建，有助于深入落实"数据二十条"的精神、原则和举措，提供全局性、系统性的支持体系，更好地围绕数据基础制度建章立制。因此，国家数据局作为国家层面的高级别机构，从组织架构上完善了实施数据战略的机制保障，有望解决以往跨部门、跨行业、跨系统、跨区域数据统筹协调困难的问题，为数据要素市场的形成和发展提供长期的组织支撑。

具体而言，国家数据局被赋予了多部门的重要职责，包括中央网络安全和信息化委员会办公室承担的数字中国建设方案研究、公共服务和社会治理信息化推动等职责，国家发展和改革委员会承担的数字经济统筹推进、大数据战略实施、数据要素基础制度建设等职责，以及协调促进智慧城市建设、协调国家重要信息资源开发利用和共享、推动信息资源跨行业跨部门互联互通、推进数字基础设施布局建设等职责，使数据治理更加高效、协同，为数字经济的持续健康发展提供有力支撑。

数据要素价值的发挥深刻依赖于数据基础制度的建设完善。国家数据局的成立，体现了国家对发挥数据核心价值、推动数字经济发展的战略决心，在推进数据要素市场建设、推动信息资源跨行业跨部门互联互通、充分发挥数据资源的基础性作用方面发挥重要作用。这也意味着在组织和机构层面对我国数据治理体制的科学化重构，将有助于解决数据治理领域的多头分散管理、重复建设问题，理顺中央与地方的数据机构关系，实现统筹规划，打破数据壁垒，更好地发挥数据在经济中的生产要素作用。在国家数据局的统一部署下，政府可以更好地管理、利用我国海量数据要素资源，建立数据要素流通交易的基本制度和监管体系，为公众和企业提供更准确、更及时的数据支持。同时，国家数据局还可以加强数据安全和隐私保护，确保数据的合法使用和共享。

二、统筹规划，构建全国数据工作体系

国家数据局自正式挂牌运行一年以来，在国家数据工作的总

体思路指导下，坚持以数据要素市场化配置改革为主线。围绕建立健全基础制度建设，会同有关部门相继出台了涉及数据要素市场、数字经济、算力网建设、城市数字化转型等领域的多份重要规划文件，包括《数字经济促进共同富裕实施方案》《关于深入实施"东数西算"工程 加快构建全国一体化算力网的实施意见》《"数据要素×"三年行动计划（2024—2026年）》《关于深化智慧城市发展 推进城市全域数字化转型的指导意见》《国家数据标准体系建设指南》《可信数据空间发展行动计划（2024—2028年）》等；推动24家数据交易机构发布互认互通倡议，联合开展全国数据资源调查并出具报告；就多项重要议题公开征求意见，密集发布《关于促进数据产业高质量发展的指导意见》《关于促进企业数据资源开发利用的意见》《公共数据资源登记管理暂行办法（公开征求意见稿）》《公共数据资源授权运营实施规范（试行）》《国家数据基础设施建设指引》《关于完善数据流通安全治理 更好促进数据要素市场化价值化的实施方案》等多项文件，加大政策供给，加快推动我国海量数据优势转化为国家竞争新优势。

在地方层面，各地区因地制宜推进数据管理机制创新改革，加快制定出台数据开发利用的规则制度，纵向联动、横向协同的全国数据工作体系基本形成。继国家数据局挂牌后，全国各省级数据管理机构纷纷落地。截至2024年4月底，在全国34个省级行政区中，已有31个省（自治区、直辖市）和新疆生产建设兵团设置了地方数据管理服务机构，其中，独立设置机构的有26个。广东、天津、江苏、北京等地区探索建立首席数据官机制，大部分地区配套设立数据发展促进中心，省、市两级已有111个地方组建了数据集团，致力于理顺数据管理、资源整合和开发利用的关系。多地出台数据相关条例，促进地方规范推进数据汇聚治理、开放共享、开发利用、安全保护等工作。

面向未来，国家数据局将继续加强统筹协调和政策协同，加快推进数据基础设施和基础制度建设，大力发展以数据为关键要素的数字经济，提升数字化公共服务水平，全面统筹数字化发展和安全，完善数字中国建设推进机制，强化常态化监测评估，全面提升数字中国建设的整体性、系统性、协同性，为构建新发展格局、建设现代化经济体系、构筑国家竞争新优势提供有力支撑。

第五节　地方数据政策：积极探索，多元创新

在国家数据战略顶层设计逐渐清晰完善的背景下，各地区将数据要素市场建设列入省级"十四五"规划，因地制宜制定数字经济发展规划、行动计划和数据相关立法条例，积极探索具有地方特色的"数据二十条"，开展数据资产化的试点和实践，取得了初步的进展，其探索成果将为进一步推动数据资产化提供宝贵的经验和借鉴。

一、北京：出台数据资产化政策法规，探索公共数据授权运营

1. 数据相关政策法规和地方标准

北京是我国较早探索数据资产化的地区之一，积极制定并不断完善数据资源资产化相关的政策框架和标准。2021年8月，中共北京市委办公厅、北京市人民政府办公厅印发《北京市关于加快建设全球数字经济标杆城市的实施方案》。2022年5月，北京市经济和信息化局印发《北京市数字经济全产业链开放发展行动方案》。2022年11月，北京市第十五届人民代表大会常务委员会第四十五次会议通过《北京市数字经济促进条例》。这些文件明确了北京加快发展数字经济的战略规划，为数据资产化试点工作的顺利开展提供了政策保障。

2022年底，北京被列入首批数据知识产权地方试点。2023年5月出台《北京市数据知识产权登记管理办法（试行）》，12月发布《北京市企业数据知识产权工作指引（试行）》，加快推动数据知识产权登记工作全面落地。

2023年7月，推出北京版"数据二十条"《关于更好发挥数据要素作用进一步加快发展数字经济的实施意见》，涵盖多项具有全国首创性质的创新举措，包括鼓励企业开展数据资产入表活动，并对首次实现数据资产入表的企业给予补贴；同时，鼓励企业在北京国际大数据交易所进行数据资产登记，并对首次登记的企业给予奖励。

2023年10月，制定《北京市首席数据官制度试点工作方

案》，在全市政府机关内全面推进首席数据官制度建设，并积极开展企业首席数据官素养能力培训。选取13家市级委办局、各区级政府和北京经济技术开发区作为试点单位，鼓励试点单位先行先试，真正实现数据管起来、用起来、活起来。

2023年11月，北京数据基础制度先行区启动运行，集中试点示范落地国家和本市相关政策措施，以推进数据资产价值的合规高效实现。在数据资产评估、入表、登记等行为的指南和规范方面，北京计划在2024年陆续制定五项与数据相关的地方标准，包括《数据资产登记指南》《数据资产质量评估指南》《数据匿名化处理实施指南》《数据资产合规入表指南》《数据可信流通跨域管控技术规范》，为数据资产化提供明确的操作指引和标准化流程。其中，由北京国际大数据交易所牵头的数据跨域管控标准，将是国内首个数据跨域管控地方标准，保障数据要素合法合规流转。这些标准的逐步落地将进一步夯实北京数据基础制度体系，并为行业提供可借鉴的实践指南。

2. 公共数据确权授权运营

公共数据是各级党政机关、企事业单位在依法履职或提供公共服务的过程中产生的数据，体量大、价值高，是国家数据要素体系的重要组成部分。有研究表明，我国政府部门掌握的数据资源占全社会数据资源总量的80%左右。公共数据授权运营是突破公共数据开发利用困境、加速培育数据要素市场的重要方向。

北京作为公共数据的高度聚集区，在全国率先开展了公共数据专区授权运营模式的规范研究和实践探索，逐步形成无条件开放、有条件开放、数据专区开放等多层次数据开放体系。早在 2020 年 4 月，北京市大数据工作推进小组办公室发布《关于推进北京市金融公共数据专区建设的意见》，提出加强公共数据在金融及社会领域的应用，纳入市级大数据平台实行统一目录管理，明确专区运营的基本机制。在 2022 年 11 月颁布的《北京市数字经济促进条例》《关于推进北京市数据专区建设的指导意见》中，对推进数据专区建设再次予以明确。

"数据二十条"为各地推动公共数据开放利用提供了政策依据。北京等 21 个地区还将数字政府建设纳入数据工作范围，机构职能延伸到公共数据的生产和采集环节。2023 年 7 月，北京市经济和信息化局发布《北京市公共数据专区授权运营管理办法（征求意见稿）》，为公共数据专区建设提供了法律保障。北京市大数据中心将负责开展公共数据的归集、清洗、共享、开放和治理等活动，以确保数据的合规使用。在企业数据确权授权方面，政策推动建立企业数据分类分级确权授权机制，明确市场主体在依法依规采集、持有、加工和销售数据时的权益。对于个人数据，政策允许个人将承载个人信息的数据授权给数据处理者或第三方托管使用，并要求数据处理者或第三方按照个人授权范围依法依规进行数据采集、持有和使用。

此外，在加强数据交易市场建设、推进数据创新应用场景试点方面，北京国际大数据交易所发挥了重要作用。北京国际大数据交易所 2022 年牵头设立了国内首个数据资产登记中心，2023 年发放了首批北京市数据资产登记凭证、全国工业数据专区数据登记互认证书，以及智慧能源、环境监测、数字地图等 21 个最新数据资产登记产品，围绕数据交易不断探索数据业务新模式，推动实现数据要素的价值转化。

二、上海：健全数据资产化基础制度，构建数据交易规则

1. 数据资产化基础制度和政策规划

上海以先行先试构建数据基础制度为方向，多措并举加快数据流通交易，推进数据资产化进程。上海作为大数据综合试验区，近年来围绕加快公共数据开放和推进数据价值释放，集中出台了一系列具有首创性和先导示范性的规章政策。2018年在全国范围内率先出台《上海市公共数据和一网通办管理办法》，随后陆续发布《上海市加快推进数据治理促进公共数据应用实施方案》（2019年）、《上海市公共数据开放暂行办法》（2019年）、《上海市公共数据开放分级分类指南（试行）》（2019年）、《上海市数据条例》（2021年）、《上海市公共数据开放实施细则》（2022年）、《上海市公共数据共享实施办法（试行）》（2023年）等基础法规，确立了标准引领、规范采集、全程治理的公共数据开放推进原则。2019年11月改版上线的上海市公共数据开放平台（data.sh.gov.cn），也是国内最早上线的政府公共数据开放平台之一。截至2024年11月，该平台已开放51个数据部门、135个数据开放机构、6 063个数据集、85个数据应用，综合排名位居全国前列。

其中，《上海市数据条例》作为国内首部省级人大制定的数据条例，自2022年1月1日起实施，构建了上海数据工作的法

治框架。该条例以鼓励创新为目标，提出探索构建数据资产评估指标体系，建立数据资产评估制度，开展数据资产凭证试点，反映数据要素的资产价值。而 2022 年 1 月出台的《企业数据合规指引》，进一步对企业的数据合规管理架构与风险识别处理规范做出了规定。

上海在推进数据流通交易和数据资产化方面也形成了较为完善的地方法规政策体系。2023 年 7 月，上海出台《上海市促进浦东新区数据流通交易若干规定（草案）》（也被称为"上海数据二十条"），成为地区政策的一项重大突破。规定（草案）明确提出，企业可以委托上海数据交易所为其开展数据资产创新应用提供相关基础服务，为数据产权人资产会计处理和资产评估提供支持，明确"数据三权"的主体、客体、内涵、权能，通过数据交易登记平台建立数据产权统一登记的基础。

2023 年 8 月，上海市政府办公厅发布《立足数字经济新赛道推动数据要素产业创新发展行动方案（2023—2025 年）》，强调建立数据要素价值转化体系和数据产权范式创新，优化数据要素市场化配置规则，部署推动数据资产化评估及试点，探索形成以上海数据交易所场内交易为纽带的数据资产评估机制。率先提出推动数据要素产业发展，通过加强数据产品新供给、激发场景应用新需求、发展数据经纪商新业态，力求到 2025 年数据要素市场体系基本建成，最终将上海建成具有国际影响力的数据要素配置和创新中心。

2. 数据交易管理和跨境流动规则

在国家和地方数据政策的指导与支持下，上海作为我国经贸、金融、航运及科创中心，积极在数据交易和跨境流动领域开展前瞻性的探索和创新。

在落实数据流通交易方面，以进一步培育壮大场内交易作为当前主要任务。2021年11月在浦东新区成立的上海数据交易所，是上海建设数据要素市场的主力军，旨在以交易规则构建和基础设施建设为依托，促进数据高效便利流通交易，打造成为全国数据要素市场的核心枢纽。上海数据交易所搭建了全球首个数据交易所的交易规则体系，包括《上海数据交易所数据交易管理办法》的统领文件，以及细化的九项规范和六项指引，从顶层设计到操作指引，打造规范化、体系化、实操化的交易制度，并参与完成多项国家和地方标准的编制。《上海数据交易所数据资产融资业务指引（试行）》《上海数据交易所数据资产证券化业务细则（试行）》等业务规范，也在进一步研究制定中。2023年实现年度数据交易额超11亿元，预计2024年全年数据交易额将突破40亿元，累计挂牌数据产品数量从2023年的1 200个增加到超过4 000个。

通过加强数据基础设施建设大力支持数据流通交易。2023年制定《上海市进一步推进新型基础设施建设行动方案（2023—2026年）》，提出加快建成支撑人工智能大模型和区块链创新应用的高性能算力和高质量数据基础设施。深化区块链在数据流通交易中的应用，支持"一链三平台"建设，即以数据交易链为核心，建立登记平台、交易平台和清算平台，实现多层次要素市场互联互通，构建低成本、高效率、可信赖的数据流通环境。落实交易所和数据经纪商的"所商分离"原则，大力培育和支持各类数据经纪商发展，推动打造上海数据品牌，并探索建立数据交易安全港规则和创新容错机制等。

在数据跨境流动方面，《上海市数据条例》提出畅通数据全球自由安全流通的构想，明确推进国际数据港建设，在临港新片区探索建立数据跨境流动新规则，制定低风险跨境流动数据目录，促进数据跨境安全自由流动。《临港新片区国际数据产业专项规划（2023—2025年）》对推进数据跨境流动服务做出进一步部署。2023年4月，上海数据交易所首次提出数字资产沪港联动机制，率先探索数据要素领域沪港合作新模式。12月，发布《数据资产通证化上海路线图》，推出数据资产通证化，提出将数据资产转化为可流通交易通证的构想，以促进数据的流通和共享。

三、深圳：多层次数据要素法律制度，落地数据资产化实践

1. 数据要素法规条例

深圳作为中国的科技创新先行者，近年来通过积极推动地方立法，颁布数据发展促进条例，支持和引导数据资产化试点工作，构建多层级的数据要素治理政策体系。

2020年10月，中共中央办公厅、国务院办公厅印发《深圳建设中国特色社会主义先行示范区综合改革试点实施方案

（2020—2025年）》，支持深圳建设粤港澳大湾区数据平台，试点探索数据产权制度、数据隐私保护和利用机制，试点推进政府数据开放共享。

随后，深圳先行从数据法律制度层面入手，2021年7月出台了《深圳经济特区数据条例》，成为依据《中华人民共和国个人信息保护法》和《中华人民共和国数据安全法》制定的国内首部基础性、综合性、地区性数据保护立法，明确提出坚持个人信息保护与促进数字经济发展并重，在个人数据保护、数据产权保护、数据交易平台以及数据安全保护领域进行了立法探索。

2022年9月，《深圳经济特区数字经济产业促进条例》正式发布，提出设立数据交易平台，探索开展数据跨境交易、数据资产证券化等交易模式创新。鼓励推动数据要素资源化、资产化、资本化发展，建立数据资产评估机制，首次提出探索建立数据生产要素会计核算制度，推动数据生产要素资本化核算。

在数据资产交易层面，2022年1月发布的《国家发展改革委 商务部关于深圳建设中国特色社会主义先行示范区放宽市场准入若干特别措施的意见》提出，要研究推出一批需求明确、交易高频和数据标准化程度高的数据资产交易产品。同年10月，财政部印发《关于支持深圳探索创新财政政策体系与管理体制的实施意见》，提出积极推进数据资产管理研究，探索试点公共数据资产确权、估值、管理及市场化利用。

2023年密集出台《深圳市数据交易管理暂行办法》《深圳市数据产权登记管理暂行办法》《深圳市数据商和数据流通交易第三方服务机构管理暂行办法》《深圳市企业数据合规指引》等重

要文件，规范数据交易市场活动、数据资源和数据产品登记、企业数据合规管理等行为，为推动数据资产入表、促进数据交易和授权运营、实现数据价值化等方面奠定了良好的制度基础。

2. 数据资产化实践落地

深圳借助拥有众多数字经济企业和专业服务机构的产业优势，发挥在数据要素流通规则和标准制定上的话语权与公信力作用，通过积极推进数据交易市场的建设，促进数据要素交易流通，推动数据资产化的实践落地。

深圳数据交易所于2022年11月正式揭牌并启动线上数据交易，在成立时间略晚的情况下借助特区优势发展迅速。截至2023年底，累计交易规模超65亿元，上市数据标的1 900个；建立数据产品专区20个，如数据资产化专区、双招双引专区、时空数据专区等；发布全球首个数据交易综合性指数"深圳数据交易指数"。截至2024年4月，深圳数据交易所在全国建立了36个数据要素服务工作站，能够直接触达超1万家市场主体，正式上线全国性全流程数据交易服务平台，努力构建服务数据交易全链条，打造数据要素跨域、跨境流动的全国性交易平台。

在探索数据跨境流动交易机制方面，深圳数据交易所以建立深港数据交易合作机制为抓手，为数据跨境交易、离岸交易提供安全、合规、快捷的服务和管理平台。2022年5月，率先落地了国内首单场内跨境数据交易；发布首个公益性数据跨境安全咨询服务，协助企业解决数据跨境问题；与金融机构、第三方机构合作搭建跨境数据生态，推进全国首笔跨境企业数据资产融资业务落地。2023 年，跨境交易额突破 1 亿元。同时，依托前海、河套两大平台设立跨境数据专区，批量上市跨境数据产品服务，围绕跨境金融、跨境贸易、跨境科研、跨境人才等应用场景，推动深港数据跨境监管、流通备案、安全评估等流程对接，促进深港数据跨境双向有序流动。

小结：挑战与展望

数据是数字经济时代的核心战略资源，我国国家层面的数据战略也正加速构建。围绕"数据二十条"的国家总体数据战略，从组织架构上组建国家数据局及地方体系，完善了实施数据战略的机制保障，针对数据产权制度、数据要素流通交易制度、数据要素收益分配制度、数据要素安全治理制度等重要内容，我国数据基础制度的"四梁八柱"正逐步构建起来，形成培育数据要素市场、发展数字经济的初步框架。

我国在政策推动数据资产入表、迎接数据资产时代方面走在了国际前列。2023 年 8 月，财政部发布《企业数据资源相关会计处理暂行规定》，标志着我国首次在会计领域提出对数据资源作为资产入表的正式认可和规范化处理，对打开数据资本化的大门具有开创性影响。

在国家数据战略顶层设计逐渐清晰完善的背景下，我国各级主体发挥政府与市场的合力，因地制宜地构建了地方数据政策和数据管理机构，快速培育积极落地国家数据战略。各地区的数据资产化试点和实践取得了初步的进展，其探索成果将为进一步推动数据资产化提供宝贵的经验和借鉴，而市场层面的数据资产金融化创新不断涌现，尽管整体仍处于初级探索阶段，但未来蕴含着巨大的发展潜力。

可以看出，我国的制度优势为数据资本化和数字经济发展营造了良好的政策环境。以数据制度建设为主线，我国国家数据战略和政策已取得积极的成效，部分在全球处于领先地位，为持续推动和引领数据要素市场的建立和完善、最大化释放数据要素价值提供了坚实的制度保障。

同时也要看到，数据的价值实现是一个长期动态、综合复杂的系统工程，未来仍面临着道阻且长的重重挑战。例如，在法规导向方面，我国国家层面的现有数据立法以数据安全和信息保护为主，应逐步将数据立法的重点转向促进释放数据价值，推动数据治理从数据保护模式转变为数据赋能模式；在数据产权的界定方面，在创新提出了数据资源持有权、数据加工使用权和数据产品经营权"三权分置"的基础上，在具体实践中还有待进一步明确如何实施权属的划分，保护数据供给方的权益；在数据资产的定价方面，需要探索新的科学估值方法，以解决构建数据资产交易定价机制的技术难题；在数据产业的壮大方面，通过构建市场制度标准化体系，协调不同部门、不同地区的数据流通使用和数据治理差异。

要应对这些涉及数据法规政策完善、市场监管协调、数据确权估值技术创新等方面的挑战，既需要不断调整完善政策规划，也需要各市场参与主体的积极参与合作，只有这样才能确保从战略制定到有效实施的一致性和连贯性。最终使数据能够更广泛地赋能实体经济,形成实体经济与数据价值相互融合的模式,并不断增强价值的正循环模式,引领建立以数据为关键要素的数字经济时代新业态。

第五章
数据资本化的三大应用突破

第一节　数据资产在金融领域的应用

一、数据资产在金融领域的主要形式和应用

数据资产作为一种新型资产类别，具有潜在的经济价值。当前全球对数据资产的应用场景和市场创新仍主要集中在金融领域，利用金融手段对数据资源进行价值挖掘、促进其流通和增值，将数据资产转化为可以带来经济效益的金融产品或服务的过程，可视为数据资产的金融化。近年来，国内外有代表性的数据资产金融化实践不断涌现，主要包括数据资产增信、数据资产质押、数据资产保理、数据资产证券化、数据资产入股、数据资产信托、数据资产通证化等形式，整体而言仍处于定制化的初级探索阶段，尚未形成有规模的标准化产品，未来蕴含着巨大的发展潜力。

1. 数据资产增信

在金融机构信用贷款体系下，传统增信需要引入第三方机构作为担保，增信手段包括信用评级、固定资产增信等。数据资产增信模式下，企业可以用确认的数据资产价值和运营产品的能力作为申请贷款的增信工具，进一步提升可申请的贷款额度。

基于数据资产的融资和增信业务，发展相对较快，可用于银行的零售业务或供应链业务授信。全国各地已有多家主体落地此类业务，利用"科技金融＋数据＋增信"的模式，探索数据要素从资产到资本的路径。例如，2023年3月，光大银行深圳分行向人工智能基础设施提供商微言科技发放了全国首笔无质押数据资产增信贷款，额度1000万元；2023年6月，贵阳农商银行与贵阳大数据交易所合作，基于数据资产价值应用向贵州东方世纪科技公司发放融资授信1000万元；2023年9月，福建海峡银行根据企业受第三方服务机构认证的数据资产登记证书，向福茶网发放银行授信1000万元；此外，广东、浙江等地在2024年首次落地了数据资产入表融资业务，企业只需拿到数据资源持有权证书和资产负债表等基础财务数据报表，即可向银行申请数据资产贷款。

2. 数据资产质押

质押融资是企业将其动产或权利出质给银行机构，以获得融通资金的一种方式。传统质押标的物都是动产或者权利，例如股权、债权、商品、版权等，而在数据资产质押模式下，企业或个人可以将其拥有的数据资产作为抵押物，包括数据产品合约的现有应收账款、未来应收账款等，质押给金融机构来获得贷款。数据资产质押融资是现有质押体系下的新模式。

在实践上，杭州银行最早于 2021 年 9 月以数据知识产权为标的物发放了两笔分别为 500 万元和 100 万元的数据资产质押贷款。2022 年 10 月，北京银行以佳华科技的数据资产作为质押，成功发放首笔数据资产质押融资贷款 1 000 万元。贷款方佳华科技是一家物联网大数据服务上市公司，也是全国首批数据资产评估试点单位之一，拥有原始数据近万亿条。2023 年 11 月，北京银行上海分行经上海数据交易所对数据产品的全面评估，给产融大数据服务商数库科技提供了数据资产质押授信 2 000 万元。

3. 数据资产保理

在传统模式下，银行可以对企业的应收账款进行保理，使企业的未来收益现金化，沿用同样的原理，企业也可以将数据交易合约的应收账款进行保理。因为数据可以产生期限很长的未来收益，企业将基于数据产品交易合约形成的现有应收账款转让给保理机构，可以获得及时的融资，这种行为被视为数据资产保理。

尽管当前我国对数据资产保理的创新应用还未形成成熟的落地产品，但数据产品具有合约多样、收费模式灵活、使用期限长和次数无限等特点，为数据资产保理提供了广阔的发展可能。

4. 数据资产证券化

资产证券化指企业以特定资产组合或特定现金流为支持，发行债券或票据等可交易证券的融资形式。通常以金融资产为支持，而现在可以将数据作为基础资产进行证券化发行交易，就从传统的资产支持证券变成了数据资产支持证券。数据资产证券化可以将分散的基础数据资产打包形成更优质、更具规模的底层资产，盘活存量数据资产，将企业的融资需求对接到金融市场。

国际上，美国自2018年开始尝试数据资产证券化，主要采取商业按揭支持证券、资产支持证券、资产支持票据三种模式。其基础资产包括数据基础设施抵押贷款债权、数据资产未来收益权、股权等，将其组建成"资产池"后转让给特殊目的载体发行资产化证券。例如，美国大规模数据中心运营商Vantage公司于2018年以阿什本数据中心的未来收益权为支持，首次发行数据资产支持证券，获得了11.25亿美元的融资。

在国内，2023年7月，杭州高新金投在中国银行间市场交易商协会发行我国首单数据知识产权定向资产支持票据，发行金额1.02亿元，改变了传统融资方式，创新了数据资产变现的可行路径。

5. 数据资产入股

2023年修订的《中华人民共和国公司法》第四十八条规定，"股东可以用货币出资，也可以用实物、知识产权、土地使用权、股权、债权等可以用货币估价并可以依法转让的非货币财产作价出资"。数据资产增加了可用于出资的非货币财产类型，企业可以将其合法拥有的数据资产作为一种新的投资资本，参与其他企业的股权合作。数据资产入股是数据作为新型生产要素，融入我国资本市场和经济价值创造体系的直观体现。将数据价值转化为股权，对数据企业也具有特别重要的意义，可以激励企业挖掘数据内在价值，加速数据流通，促进数据共享。

在落地实践上，2023年8月，华通智研院、北岸数科和翼方健数三方成立合资公司，合力推动实现全国首例以数据资产作价入股。此举也成为我国紧密融合数据、技术和资本三种生产要素，更大限度释放数据资产价值的有益尝试。

6. 数据资产信托

传统信托业务模式下，信托财产在所有权的制度安排上具有"双重所有权"的结构化特征，即受托人享有信托财产法律上的所有权，受益人享有基于信托财产的信托利益，这与数据资产的所有、使用、收益等权能的分离具有充分的契合性，因此，数据资产成为信托财产在权利内容和制度安排上具有合理性和可操作性。数据资产信托可以满足数据资产的商业和业务逻辑需要，也为数据资产扩大了应用场景。

数据资产信托在实践中尚处于探索与尝试阶段，各国针对数据信托的探讨和操作方式各有不同。《麻省理工科技评论》将数据信托列为2021年"全球十大突破性技术"之一；英国开放数据研究所联合政府部门在2018年开始进行数据信托试点，并提出创建数据信托基金；我国中航信托、中诚信托、杭州工商信托等机构，分别发行了数据资产信托产品，其中中航信托的首单产品规模达3 000万元。

7. 数据资产通证化

通证化是数据资产应用的另一种创新形式。将传统证券与区块链技术下的代币发行相结合，证券型通证发行（STO）成为发行以金融资产形式代表公司及其资产所有权的数据资产的融资方式。通过将数据资产通证化，数据资产就可以在区块链上以通证形式流转，成为一种可编程化的金融产品。当前证券型通证主要分布在美国、瑞士、欧盟等发达经济体。

上海数据交易所对数据资产通证化进行探索，将数据资产转化为可流通交易的通证，通过对数据资产进行价值创造、价值标记，实现数据资产的价值交换和价值分配。如果实现让数据资产像股票、债券一样在交易市场上流通，对企业而言，可以更好地实现数据资产变现，增加新的融资渠道，降低融资成本。

二、数据资产化的主要挑战和改革建议

可以看到，随着国家对数据要素的战略布局和整体推进，数据资产化正成为扩充我国底层资产规模、创造乘数型增量资产、改善国家资产负债表的战略契机。各级主体快速响应并积极落地，体现为政策制定层面的试点突破和条例规范，市场实践层面的鼓励应用探索和金融化创新，通过形成政府与市场的合力，以充分释放数据资产的价值潜力提高乘数效应，推动数据要素市场化配置改革。

从数据资产在金融领域的应用来看，数据要素市场与金融系统有着多重相似性和关联性。金融是理解数据要素市场的最佳切

入点，数据要素市场的发展也离不开金融系统的支持。各级主体在数据资产金融化的创新应用拓展中，积极探索数据交易、数据信托、数据入股等新商业模式，积累释放数据红利的新经验，但在实际应用中，处于起步阶段的数据资产化仍面临着一系列现实的困难和挑战。例如，当前多数商业模式的思路是将企业的数据资产转化为可以带来经济效益的金融产品或服务，而企业端的数据资产要得到相应的金融服务，一方面，需要解决产权、估值等核心技术问题，且由于数据对场景的依附性、专有性等，使其对于不同需求方的定价完全不同，并给数据供需双方带来了估值差距大的问题；另一方面，当金融机构对企业数据资产进行估值，把数据资产作为抵押品时，对于如何处理风险和成本的问题，尽管可以借鉴信托的风险管理模式，但也要考虑数据收益的特殊性，完善相关的数据基础制度。这些挑战有赖于在政策、理论、技术的发展和进步中寻求解决方案，也意味着当前数据资产在金融领域的应用仍以小规模、示范性的创新产品和业务为主，难以形成标准化、批量化的数据金融化模式。

　　同时，值得重视和把握的是，数据资本化的核心目标是让海量数据得到充分使用，发挥作为资本的驱动力，在生产、流通和分配的过程中产生更多的价值。尽管金融是最早开展数据管理和应用的行业，但是从金融服务实体经济的视角来看，数据资源价值的实现不仅仅是把数据资源转化为一种可以用于抵押或入股的金融产品或服务，也不仅仅是给企业增加经济收益，而在于从全产业链的角度更广泛地赋能实体经济，借助数据资源、数据产品、数据资产到数据资本的价值转化过程，使数据要素与实体经济的产品和服务相结合，真正成为可自由流动、可增值的资本。由此，只有实体经济的价值和数据的价值相互交织、相互加强产生新的混合产品，才能逐步建立起新的大规模数据资产生态。

因此，从这个意义上看，数据资产金融化是数据要素价值化过程中一个重要的必经阶段，但不是最终阶段。在落地实践中不应过度关注和长期停留在这个阶段，而应深刻理解数据要素作为资本的内涵和作用，从全产业链的角度思考如何构建完整的数据生态，最大限度地释放数据资本的潜能和对经济增长的乘数效应。

就当前而言，重点突破方向包括建立数据资产法律框架，推动数据产权的明确性，完善数据资产评估体系，促进数据交易的市场机制和监管机制建设等，并在做实数据资产在金融领域应用模式的基础上，持续引导和拓展数据资产在产业领域的应用。其中，完善数据资产评估体系是推动数据资产金融化的核心，拓展数据资产在产业领域的应用是数据资产化的未来发展方向。

1. 完善数据资产评估体系

数据资产价值评估是打通数据资产流通环节的重要基础，也是当前亟待解决的挑战。科学的数据资产评估体系能够为统一数据资产交易定价机制提供重要的工具和框架，而当前亟待解决的核心挑战是数据估值方法如何确定和统一。现有对数据资产的估值方法主要参照对无形资产的会计核算法，有成本法、收益法以及市场法，但在实际使用中都存在一定争议，难以得到广泛的认可。从前沿探索的角度，如果能够利用科学的估值技术解决数据资产定价问题，数据资产的公平性、可持续性以及隐私安全和数据透明问题就都能解决。目前一个较为前沿的讨论方法是通过夏普利值（Shapley Value）模型进行估值。夏普利值能够满足数据价值概念的许多期望特性，例如，在多个数据贡献者之间公平分配利润，以及在数据泄露时确定潜在的赔偿金额，因此，既能提供较好的估值和较公平的市场激励，还能解决风险问题。

在构建数据资产估值体系时，利用夏普利值这一合作博弈论中的重要概念和方法，可以确定拥有不同稀缺性数据资源的每个成员在不同资源配置博弈联盟下的不同权利结构，以及对应的合作利益分配方案。这为解决数据资产合作利益问题提供了一种既合理又科学的分配方式。夏普利值还可以应用于评估每个数据贡献者在其数据被用于某种目的（如机器学习模型训练、数据分析等）时所产生的边际贡献，如在数据交易中确定交易价格和价值分配，在数据合作项目中明确参与者的利益分配比例，在数据分析中评估不同数据集的质量和重要性，等等，以确保每个成员根据其贡献获得相应的收益，从而保证分配的公平性。因此，以夏普利值估值法为代表的前沿评估技术，有望成为后续数据资产价格机制探索的重点方向，也为构建数据资产估值体系提供了创新的解决方案。

2. 优先拓展数据资产在重点产业的场景应用

数据资产经过了初期在金融领域的集中创新和应用后，需要进一步发挥其在产业领域的赋能作用。《"数据要素 ×"三年行动计划（2024—2026 年）》强调以数据流引领技术流、资金流、人才流、物资流，突破传统资源要素约束，指出了数据资产与产业结合的12个优先发展方向。《可信数据空间发展行动计划（2024—2028年）》提出建设重点行业可信数据空间，创新共建共治共享的数据使用、收益分配、协同治理等机制，促进产业链端到端的数据流通共享利用，推动产业链由链式关系向网状生态转变。

因此，如何挖掘数据资产在这些重点产业领域的应用场景和市场创新，推动数据产业生态形成，成为现阶段的主要命题。具体实施路径包括以下四点：一是明确数据应用的需求、痛点和堵点，有效开发场景拓展；二是数据资源整合，以价值实现为导向打通数据壁垒，促进产业协同发展；三是创新技术支撑，提升数据处理、分析和交易能力，开发针对性的行业解决方案；四是提升政策与标准支持，普及数据接口的通用化，提高跨行业、跨平台的数据互操作性和互通能力。

举例而言，在制造业领域，以智能制造为方向，场景重点包括融合设计、仿真、实验等数据，培育数据驱动型产品研发新模式；打通物流、库存等供应链上下游数据，实现优化管理和协同制造；整合设计、生产、运行数据，提升预测性维护等工业服务能力；推动制造业数据共享和多场景复用，驱动数字孪生工厂建设，融合虚拟和现实场景，加强多维度的应用创新。

在智慧城市领域，丰富的多维数据可以应用到交通管理、公共安全、城市规划、生态环境等方面，通过建设统一的城市数据平台，整合多部门数据，推动跨部门数据共享，支持城市发展的科学决策。借助针对城市管理的智能决策算法，可大大提升数据利用效率和公共服务能力。

在医疗健康领域，有序释放个人健康数据价值，可以推动个性化医疗、远程医疗服务；利用数据分析预测疾病风险，可以优化医疗资源配置和公共卫生管理；逐步推动医疗机构、科研机构的数据互联互通，有利于医疗数据融合创新，以及保险、养老等服务产品精准设计；同时，在确保个人数据安全方面，还需要相应的数据隐私保护技术的创新应用。

在各重点产业领域，通过跨行业的协同合作，拓展数据资产的典型领域应用场景，可以提高资源配置效率，创造可复制、可推广的数据资产开放利用新模式，激发数据驱动创新以及推动数字化转型，等等。同时，还能够有效提升各行业的运营效率和服务质量，为经济增长提供新的动力。

第二节　公共数据的授权使用

数据资本时代，如何释放数据价值的潜力已成为理论和实践关注的焦点。公共数据规模大、类别多、价值高，是数据资产化和资本化过程中的重要突破口。"数据二十条"的出台，从国家顶层设计的角度为数据基础制度建立了核心框架，明确提出要"推进实施公共数据确权授权机制"。公共数据的开放、利用和资产化，成为推动整个数据资产和数据资本动起来的第一步，也是最关键的一步。同时，公共数据因涉及大量商业、个人敏感信息而面临开放的壁垒，公共数据授权运营成为突破公共数据开发利用困境、加速培育数据要素市场最主要的方式。当前阶段，要推动公共数据资产的授权运营，在完善数据资产评估体系的基础上，还应特别重视构建支持公共数据使用的生态体系和数据资产商业平台。

一、公共数据的定义和授权运营的挑战

公共数据是由政府机构或其他公共部门在履行职责过程中收集、生成、处理和持有的数据，包括政府事务、社会经济、环境资源、基础设施、公共安全等数据，内容非常丰富，可用于改善服务、促进研究和创新，并为决策提供信息。同时，公共数据作为公共品，具有非排他性，可以被重复使用，开放后会通过直接创造新产品和服务，或者通过间接提高效率和降低交易成本来增加其社会效益和经济效益。数据的生产要素化，进一步使公共数据成为极具经济价值、社会价值和管理价值的资产。

可见，公共数据资产也兼具数据的特性和公共资产的共性，即公共资产的公共性、价值性、管理性和开放性。因此，在管理和使用公共数据时，必须始终以服务社会的最大利益为目标，以公平、有效和可持续为基本原则。

公共数据资源的开发利用主要包括三种形式，即共享、开放和授权运营。其中，共享范围主要面向政务部门，开放范围是通过政务部门面向社会，而授权运营则是突破公共数据开发利用困境、加速培育数据要素市场最主要的方向，其发展受到数据供给、授权平台、数据技术等主要因素的影响。公共数据授权运营

是指公共数据的所有者（通常是政府机构）授权第三方机构对数据进行管理和商业化运营的过程。公共数据授权运营不仅需要考虑对公共数据的有效管理和保护，还需要关注如何通过创新的方式来实现公共数据的最大价值。当前的公共数据授权运营通常有三种主要模式，分别是政府主导模式、平台化运营模式和公私合作模式。其中，政府主导模式指政府作为数据的提供者和管理者，直接参与数据的管理和授权过程；平台化运营模式则以建立数据交易平台的方式，为数据供需双方提供交易、交流的场所和服务；公私合作模式即政府与民营企业合作，共同开发和运营数据资源，以创造公共价值。

公共数据资产的授权经营管理是整个数据资产化的第一步，因为公共数据对估值方面的要求不高，授权管理也可以通过政策框架限定。此外，相对于企业和行业数据来说，公共数据是最大规模的数据集，可以为其他数据授权经营管理提供实践和探索的试验田。在政府数据开放政策的推动下，建立数据平台和市场、创新数据授权和使用模式，以及保护数据隐私和安全都是公共数据授权运营面临的重要任务。建立跨部门合作和多方参与的协调模式，是公共数据授权运营成功的关键，有助于最大化发掘公共数据支持政策制定、商业创新和社会服务的潜力。在实践中，也需要健全的法律和政策框架，以及高效的技术支持系统，以确保数据授权运营的顺利进行。

然而，在实际操作过程中，公共数据开放和授权运营也遭遇到一些特殊的挑战。一是数据隐私保护和安全，数据中可能包含的敏感信息应做到有效匿名化处理，让数据可用不可见；二是数据质量和标准化，目前开放数据集面临数据质量不高、格式不一致、标准不统一的问题，影响数据的可用性和可靠性；三是数据权属安排及相关法律监管框架，目前数据产权还不明确，需要制定通用的数据开放和授权使用的法律框架与标准；四是数据开放、授权使用的经济性，应通过市场机制确保数据开放和授权使用经济可行、风险可控。

二、中国引领公共数据授权运营的政策和实践逐步推进

我国稳步推进公共数据开放利用政策。早在2015年的《促进大数据发展行动纲要》中，就提出将推动"公共数据互联开放共享"作为主要任务之一，要求推进公共数据资源向社会开放。2017年的《政务信息系统整合共享实施方案》，阐述了"促进共享"和"推动开放"，要求加快公共数据开放网站建设。2021年，在"十四五"规划中首次提出要针对公共数据建立健全国家公共数据资源体系，推进数据跨部门、跨层级、跨地区汇聚融合和深度利用。在2022年1月的《"十四五"数字经济发展规划》中，针对公共数据提出"通过数据开放、特许开发、授权应用等方式，鼓励更多社会力量进行增值开发利用"，为授权运营实践提供了政策依据。

2022年12月，《中共中央 国务院关于构建数据基础制度更好发挥数据要素作用的意见》明确提出，要探索数据产权结构性分置制度，"建立公共数据、企业数据、个人数据的分类分级确权授权机制"，"推进实施公共数据确权授权机制"，鼓励公共数

据在保护个人隐私和确保公共安全的前提下，以模型、核验等产品和服务等形式向社会提供。"数据二十条"通过建立保障权益、合规使用的数据产权制度，为公共数据授权运营提供了坚实的制度基础，对推动公共数据授权运营具有重大的意义，有助于促进公共数据的开放共享和增值利用，促进数据要素市场发展和数据价值的实现。2024年1月，财政部印发《关于加强数据资产管理的指导意见》，进一步明确要加强和规范公共数据资产基础管理工作，探索公共数据资产应用机制，促进公共数据资产高质量供给，有效释放公共数据价值。

在此基础上，我国以城市为主体开展先行先试，积极开展公共数据的开放利用实践，北京、上海、广东、海南、浙江等领先地区在地方政策制定、运营平台搭建、应用场景创新等方面取得了一定的进展。其中，公共数据授权运营成为地区实践探索的重要方向，体现出结合本地特色的落地思路，以促进公共数据的社会化开发利用（见表5-1）。例如，北京以专区形式落地公共数据的行业应用，在金融场景的实践基础上推进公共数据专区制度体系建设；上海建立公共数据授权运营机制，优化分级分类机制，提出公共数据以共享为原则，不共享为例外；广东提出在授权运营中引入数据商角色，按政府指导价使用公共数据；海南以数据产品超市形式开展授权运营和数据交易；浙江把省级管理办法和地市级运营实施方案相结合，规定一系列安全管理制度和技术措施；等等。

全国各主要城市也分别建立起独立的公共数据开放平台，分类分级开放公共数据，支持目录发布、数据汇集、数据获取、统计分析、应用展示等一系列数据服务，拓展了公共数据授权运营基础设施和基本制度建设。截至 2023 年底，全国地级市以上数据开放平台达 226 个，但各地平台在数据治理、数据交易等方面还缺乏统一标准。其中，上海公共数据开放平台开放了 51 个数据部门、135 个开放机构、5 532 个数据集（2 123 个数据接口）、84 个数据应用，还开放了 4.56 万个数据项、19.92 亿条数据；北京公共数据开放平台按经济、信用、交通、医疗健康等 20 个主数据分类，共有 115 个开放单位、18 573 个数据集（14 799 个数据接口），开放了 71.86 亿条数据；重庆公共数据开放系统开放了金融、批发和零售、制造、农林牧渔等领域的 52 个数据部门，共 197 个数据集（含 5 个 API 接口），开放数据资源 1.3 万类、数据项 8.82 万个。

表 5-1　我国各省市出台公共数据授权管理政策

所属省/市	制度名称	出台时间	主要内容
北京	《北京市公共数据专区授权运营管理办法（征求意见稿）》	2023 年 7 月	在金融场景的实践基础上推进专区制度体系建设，并深化交通、位置、空间、信用等各数据专区建设和应用
广东	《广州市数据条例（公开征求意见稿）》	2022 年 11 月	提出在授权运营中引入数据商角色，按政府指导价使用公共数据
福建	《福建省加快推进数据要素市场化改革实施方案》	2023 年 9 月	提出建立公共数据资源开发有偿使用机制
江苏	《江苏省公共数据管理办法》	2021 年 12 月	明确了公共数据管理中各方的责任，规范公共数据的供给和共享，依法实行数据分类分级保护制度，确保各方主体履行相应的数据安全义务

续表

所属省/市	制度名称	出台时间	主要内容
山东	《山东省公共数据开放办法》	2022年1月	鼓励公共数据提供单位开放数据，推动公共数据与非公共数据的融合应用与创新发展，提升社会治理能力和公共服务水平
浙江	《浙江省公共数据开放与安全管理暂行办法》	2020年6月	注重加强公共数据的安全管理，规定了一系列安全管理制度和技术措施，包括数据加密、访问控制、安全审计等，确保公共数据在开放过程中安全可控
浙江	《浙江省公共数据授权运营管理办法（试行）》	2023年8月	支持与民生紧密相关、行业发展潜力显著和产业战略意义重大的领域，先行开展公共数据授权运营试点工作
上海	《上海市公共数据开放暂行办法》	2019年8月	优化分级分类机制，对公共数据的开放范围、开放机制、开放过程、数据利用等方面进行细化、巩固与创新
上海	《上海市数据条例》	2021年12月	健全公共数据管理体系，建立公共数据授权运营机制
上海	《上海市公共数据共享实施办法（试行）》	2023年3月	以共享为原则、不共享为例外，除法律、法规另有规定外，公共数据应当全量上链、上云，充分共享

就市场化的运营模式而言，我国各地现有的公共数据授权运营按照授权的集中程度主要可分为三种模式（见表5-2）。第一种模式是集中1对1，就是把数据1对1地统一授权给同一主体（使用这个数据的产业或企业），并由这个主体来承担数据运营相关工作，这种模式的优点是权威性高、流程精简，但是效率较低、公平性不足；第二种模式是分行业1对1，把具有行业属性的某类数据专门授权给该行业或产业，缺点是因为数据有多重使用维度，这种模式容易造成对数据的哄抢，协调难度较大；第三

种模式是分散 1 对 N，即根据不同的数据特点匹配给不同的运营主体，各主体都可以使用同一公开数据，1 对 N 充分发挥了市场机制，但是对平台有较高要求，需要有法律监管和规范平台。当前实践中，应用最为广泛的是集中 1 对 1 的模式。

表 5-2　我国现有主要公共数据授权运营模式

	模式 1： 集中 1 对 1	模式 2： 分行业 1 对 1	模式 3： 分散 1 对 N
特点	统一授权同一主体	选择不同行业的运营主体	多种不同运营主体
典型地区	浙江、安徽、贵州、成都	北京	广东、上海、武汉
优势	权威，流程精简	专业，行业聚合价值	灵活，市场竞争充分
劣势	市场效率不高	协调难度较大	协调和监管难度大

资料来源：中国信息通信研究院，笔者整理。

三、释放公共数据资产价值的政策建议

整体来看，公共数据授权运营无疑是我国推进数据要素市场建设的重要方向。当前我国已在实践落地方面取得了初步的进展，但由于制度设计还不够完善和细化，不同地区和行业的数据基础差距较大、政策和市场协同可借鉴的经验较少等，整体推进进度还亟待提升。现阶段，在推进数据资产化在金融领域应用的基础上，要推动公共数据资产的授权运营，重点在于完善相关生态体系、构建支持公共数据运营的数据资产商业平台。

1. 构建配套法律、政策和技术的公共数据生态体系

国内外研究显示，要充分释放公共数据的价值，需要协同构建生态，以应对公共数据授权运营在法律、技术和政策领域面临的多重挑战。一是顶层设计的法律政策框架。出台国家层面的公共数据开放法案，制定统一可执行的公共数据开放运营原则和规范，要求开放的政府数据应易读、易访问，并接受定期监督，同时数据的披露和使用不涉及隐私与安全风险，私人部门在代表公共主体处理数据时也要遵从与公共主体相同的法律规章。二是规范透明的数据门户平台，提供数据集的详细说明、使用条款和授权信息，保障公共数据的开放使用来源明确、权责清晰、安全可控。三是标准化授权协议。各地应制定标准化的授权协议模板，涵盖数据使用条款、费用、责任和义务，确保数据使用者明确了解数据使用的合法范围和限制，以及数据跨域流通使用的规则。四是对数据进行分类和标识，推进数据的分级分类开放，对数据集标注不同的开放类型和属性，为不同领域与使用场景的数据配备差异化的开放授权协议。最后在技术措施方面，要允许开发者和数据使用者通过编程方式访问和使用数据，促进数据的创新利用；对敏感数据进行加密，制定访问控制机制，确保只有授权用户才能访问和使用数据。

2. 构建支持公共数据运营的数据资产商业平台

数据资产商业平台是促进数据资产交易流通的桥梁，可分为政府主导的平台交易模式、市场主导的数据信托模式或数据银行模式等，本质上虽然都是以优化数据资源配置为目的，但在数据的所有权和经营权以及交易方式上有所差别。其一，数据平台交易模式明确为某个特定数据集标价，与相关供应方进行交易，并提出数据具备相应价值的商业判断。随着海量汇集的公共数据成为交易平台数据的重要供给源，数据交易平台也将日益彰显出其公共服务价值，并反哺数据产业发展，推动形成数据交易上下游产业链。例如，由贵阳、上海等数据生态活跃地区的政府主导的数据交易所模式，通过建立数据供应方与需求方共享的交易平台连接数据供需，以第三方专业技术和政府资质完成监管与加密支持，最终实现数据的交易流通。其二，数据信托模式契合数据资产的商业和业务逻辑需要，数据资产成为信托财产在权利内容与制度安排上具有合理性和可操作性，相比其他数据管理方法也具有潜在优势，有助于实现公共数据资源的规范化管理、价值化运营和风险化解。在数据信托模式下，可以将分散的公共数据资源集中到统一的管理平台，将数据的控制权交给一个独立的机构。信托合同在授权机构对数据的使用、分享和运营做决定的同时，明确规定数据使用的边界、目的和安全要求，以及机构对数据提供者承担的信托责任，要求以公正、谨慎、透明和忠诚的原则来管理和运营数据。其三，数据银行模式对数据资产采用银行模式进行管理和运营，基于数据资产在本质上与货币资产类似，数据银行以保护数据的所有权、知情权、隐私权和收益权为核心，建立数据资产的管理与运营综合服务系统，包括数据确权、汇聚、管理、交易与增值服务等功能，既可以实现数据的集中有效管理，又能实现数据的增值和有序流通。

总体而言，以"政府引导＋市场主导"为原则，系统性构建数据资产生态，结合有利于数据资产化的商业平台和估值体系，能够最大化激活和释放我国公共数据资产的价值潜力，更快地推进数据要素市场建设。通过政府与企业合作开展有针对性的市场活动，扩大开放数据的影响力，探索多种数据开放的经济模式。以政府数据开放引领政企数据融合、个人数据利用、产业数据开发，推动数据产业繁荣发展和政府数据治理能力提升。同时，在这个过程中引入社会资本和技术力量，将商业管理利益与资产的生命周期相结合，最终构建起市场主导、政府引导、多方共建的数据资产治理机制，以透明有效的治理方式将数据转化为财富。

第三节 企业数据管理战略的建立

在信息时代，企业的数据资源持续快速增长，积累成庞大的规模。这些数据包含丰富的生产、销售、产品和用户等信息，如何对这些数据进行有效的管理、挖掘数据的价值、优化业务管理效率、提高企业盈利能力，已经成为企业面临的重要课题。

"数据二十条"明确企业数据是"各类市场主体在生产经营活动中采集加工的不涉及个人信息和公共利益的数据"，将其与公共数据和个人数据区分开来。要推动建立企业数据确权授权机制，使市场主体享有依法依规持有、使用、获取收益的权益，保障其投入的劳动和其他要素贡献获得合理回报，以加强数据要素供给激励。

《关于促进企业数据资源开发利用的意见》提出，"企业在生产经营过程中形成或合法获取、持有的数据，是企业发展的重要资源。加强企业数据资源开发利用，是推进全国一体化数据市场建设、实现数据资源配置效率最优化和效益最大化的重要举措"。

当前，企业数据资源的开发利用已经有一些很好的实践。例如，一些企业利用数据开发精准营销、柔性制造和智慧供应链管理，一些平台企业、行业龙头企业主动向生态合作伙伴开放数据服务。但总体上企业将数据资源转化为经济价值的举措刚刚起步，数据价值潜力还有较大的释放空间。根据国家数据局在2024年2月开展的全国数据资源调查结果，我国生产数据总量中仅有2.9%的数据被存储，而在存储数据中，企业一年未使用的数据占比约为四成，大量数据被存储后还没有被读取和使用。在开展数字化转型的大企业中，实现数据复用增值的仅有8.3%。数据价值被低估，存在大量挖掘复用的潜能。

在国家数据战略引领和企业数字化转型不断深化的背景下，企业制定科学的数据管理战略来提升决策能力、运营效率和市场竞争力成为必然的选项。需要在企业数据管理战略愿景和目标下，以激发企业创新活力为关键，以健全企业数据权益实现机制为重点，尽早建立企业数据治理框架，包括组织结构保障、管理制度和流程、信息披露和数据安全、技术和人才储备等。在当前阶段，加快推进企业数据资产入表、提升企业数据治理能力，是企业数据管理战略的重要内容。

一、企业数据管理的进展和挑战

1. 企业数据资产入表进程

《企业数据资源相关会计处理暂行规定》为企业数据资产入表、会计处理标准以及披露要求等提供了方法和指引，也为企业数据资本化打开了大门。该规定明确了数据资源的适用范围，既包括已经确认资产类别的企业数据资源，也包括由企业合法拥有或控制的、预期会给企业带来经济利益的、尚未确认为资产的数据资源。根据要求，企业可以在"无形资产""存货""开发支出"三个科目下新增"数据资源"项目，对企业合法拥有或控制的数据资源进行列示。同时对企业数据资源采取"强制披露加自愿披露"的创新方式，对报表有重要影响的要求强制披露，如数据资源的取得方式、变动情况与相关会计政策、会计估计等。

从企业层面看，通过数据资产入表，企业能够更好地盘活数据资产价值，展示其数字竞争优势，为开展投融资提供依据，优化市场资源配置。数据资产入表也有助于提升企业数据资产意识，激发数据市场供需主体的积极性，增强数据流通意愿，为企业深度开发利用数据提供动力。更进一步，随着企业对数据生产要素的理解和重视，将提升其业务决策的科学性和准确性，产生数据驱动商业模式的突破，通过创新数据价值实现场景来促进业务增长和效率提升。

将企业数据资源在会计报表上显性化，是探索数据要素价值释放的基础前提，同时也具有相当的现实复杂性和挑战性。当前，企业数据资产入表还处于探索阶段，参与的企业数量不多，入表资产规模普遍不大，其财务和金融价值尚未凸显。在《企业数据资源相关会计处理暂行规定》正式实施不到一年的时间里，我国5 000多家A股上市公司中，有41家在半年报中披露了数据资产入表情况，入表金额总计13.64亿元；非上市公司披露数据资产入表的超过了100家。从公开披露信息可以看出，当前企业数据资产入表的主要特点如下：一是数据资产入表企业所涵盖的产业行业范围较广；二是城市建设投资公司成为开展企业数据资产入表工作的重要积极力量；三是部分A股上市公司已开始进行企业数据资产入表的先行探索，这些先行企业多数为已具备良好数据资源和数据管理基础的信息传输、软件和信息技术服务业及制造业企业，市值规模在500亿元以下，而三大电信运营商数据资产入表则带动了较高市值企业的步伐，为后续企业数据资产入表的普及和推广提供了良好的示范和样板；四是一些大型互联网头部企业仍处于观望状态，尚未公开披露数据资产入表的相关事宜。

与此同时，企业在数据资产入表的实际操作中还面临着会计处理和数据资产层面的诸多挑战，如会计层面的确认与分类、成本归集、收入和成本确认、摊销方法等，数据资产层面的确权、估值、披露、标准、安全和风险治理等。企业数据资产入表的主要困难包括：企业对数据资产的认知和界定有限，企业对数据资产的形成路径理解不足，数据资产会计处理存在困难，企业数据资产入表披露等的规范和监管机制不明确，专业服务机构对数据资产的理解不足，等等。上海数据交易所等研究团队对主要困难提出相应解决方案，率先制定了《数据资产入表及估值实践与操作指南》，为企业数据资产入表的实践提供一般性路径和指引。

2. 企业数据治理能力建设

多数企业在深化数字化转型的过程中，面临着对自身数据的质量、权属、运用和管理能力认识不足，以及数据的采集、清洗、整合、集成等底层问题带来的挑战。这些困难延缓了企业数据资源开发利用的进程。规范科学的数据治理机制能够帮助企业摸清并提高数据质量、丰富数据应用，加快向数据驱动的经营模式转型，更好地实现数据价值，提升企业竞争力。建立企业数据治理框架是提升企业数据治理能力的实施保障，应结合国家战略、行业发展和企业目标合理规划。

2025年1月，国家发展改革委等部门印发的《关于完善数据流通安全治理 更好促进数据要素市场化价值化的实施方案》中，明确将建立健全数据流通安全治理机制，明晰企业数据流通安全规则作为首要任务，置于加强公共数据流通安全管理和强化个人信息流通保障之前。可见，企业数据的合规高效流通治理是提升数据要素市场价值的重中之重。

企业数字化转型下的数据治理与其所在的行业、企业的规模密切相关，不同企业的数据治理策略也各具不同。从行业上看，不同行业的数据类型差异决定了其数据治理的核心需求不同。例如，金融业企业以交易、财务、信用、风险类数据为主，其治理重视合规性、实时性，同时要整合多渠道数据以实现对客户的全生命周期服务；医疗健康业企业的数据类型涉及用户病历健康信息，对数据质量要求和隐私保护要求高，同时具有跨机构数据共享的标准化需求；制造业企业数据以工业设备、生产流程、供应链为重点，数据来源的系统多且标准不统一，数据治理的主要诉求是实时性、融合性、协同性等。因此，企业需要根据行业自身特点和需求，制定适配的数据治理策略，同时关注共性问题，如数据标准化、隐私保护和技术赋能。

从企业规模来看，大企业拥有更多获取数据和使用数据的渠道，其数据集庞大而复杂，需要更为完备的数据治理体系和技术能力来推动跨部门的数据管理，中小企业的数据资源通常规模较小，类型较为单一，需要建立数据管理的基础能力和引入外部服务，以确保数据的差异化优势。因此，在数据管理策略上，中小型企业以实用为先，注重整合和效率，而大型企业则需要建立全面、智能化的数据治理体系，以释放数据的最大潜力并保持竞争优势。

整体而言，完整的企业数据管理框架通常包括组织结构、管理制度和流程、数据分类分级、信息披露和数据安全等主要内容，通过明晰企业数据资产的权责关系、完善数据资产评估和披露标准、加强数据资产使用管理和数据治理能力，稳妥推进企业数据资产的开发利用和价值转化。

在组织结构方面，设置企业首席数据官正成为全球推动企业数据管理的重要创新和主流趋势。首席数据官是制定和实施企业数据战略的负责人，也是统筹企业数据管理的核心领导者。我国的首席数据官制度起步不久，在2021年的《"十四五"大数据产业发展规划》中首次提出推广首席数据官制度，同年广东等省率先开展首席数据官的试点工作。普华永道发布的《2023中国首席数据官调研》显示，在我国 2 500 家最大的上市公司中，首席数据官或类似数据管理岗的占比仅为 1.3%，远低于全球 27% 的水平。此外，调研还发现，首席数据官通常把确保数据应用与流通合规、制定数据战略、确保数据安全落地列为最重要的工作议程，数据资产化作为新兴议题还未受到足够的重视。首席数据官面临的最大挑战包括人才培养和运作机制不到位、部门间责权分工不明、整体数据战略和目标不明确。

目前，我国首席数据官的制度建设不断加快。中国电子信息行业联合会在 2023 年发布《企业首席数据官制度建设指南》，提出了包括以首席数据官为首的数据人才队伍的岗位设置、职能职责体系、能力素质要求、选用育留机制等整套首席数据官制度体系。国家发展改革委等部门在 2025 年 1 月印发的《关于完善数据流通安全治理 更好促进数据要素市场化价值化的实施方案》中，明确鼓励企事业单位设立首席数据官，加强数据治理和数据开发利用。

在标准化规范方面，国家积极鼓励企业实践和推广数据管理国家标准。2018 年，我国推出数据管理领域的首个国家标准《数据管理能力成熟度评估模型》（GB/T 36073–2018），旨在以系统的方法来引导提升企业数据管理能力。《数据管理能力成熟度评估模型》涵盖八个关键数据管理能力领域，包括数据战略、数据治理、数据架构、数据应用、数据安全、数据质量、数据标准和数据生命周期，提供全过程的数据管理评估标准。可以看出，企业数据管理能力的要求不仅限于数据的存储、计算和应用，还需要进一步关注数据的实时处理能力，及时响应外部变化。通过

《数据管理能力成熟度评估模型》评估，企业可以发现数据管理中的不足之处，并制定针对性的改进措施，从而推动企业的数字化转型。调研显示，当前绝大多数企业尚未开展《数据管理能力成熟度评估模型》认证。

综上，在国家战略指引、行业和市场需求驱动以及企业自身发展要求的推动下，企业数据治理的能力建设正越来越受到重视。诸多与数据质量、运用和管理关联的难题亟待从发展中找到应对之道，建立包括战略设计、组织保障、制度流程、标准建设、技术支撑等在内的企业数据治理框架体系，无疑是解决企业数据治理痛点的首要任务，也将有效推进企业数据的合规高效流通治理，促进企业创新发展。

二、企业数据管理战略的改革建议

企业数据是企业发展和创新的重要资源，而在当前的数据资源开发过程中，企业普遍面临数据分析技术能力不足、数据应用场景不清晰、规范和监管机制不明确、数据标准不统一、缺乏统一的数据平台等挑战，而存在对数据资源"不愿用、不会用、不敢用"的问题。为培育全国一体化数据市场，促进企业数据资源合规高效开发利用，国家数据局等部门出台《关于促进企业数据资源开发利用的意见》，提出要"以激发企业创新活力为关键，以健全企业数据权益实现机制为重点，充分发挥企业主体作用，分类推进企业数据资源开发利用，提升企业竞争力"。落实到企业数据管理战略层面，重点应关注如何"管好""用好"数据，让数据尽快进入生产函数，转变为生产力，更好地释放数据资源价值。

1. 制定全面的企业数据管理战略

数据与科技结合的智能时代到来，企业数字化转型势在必行，明确的数据战略有助于利用数据作为战略资产，形成数据驱动的决策模式，推动数字化转型。

一是应尽早明确企业对数据利用和管理的愿景，制定与国家数据战略一致、与企业业务战略相结合的企业数据战略，包括数据战略规划、数据职能框架、数据战略实施、数据任务效益评价等。二是定义并完善数据治理框架，包括设计数据管理机构，如设立首席数据官、组建跨部门的数据治理团队；讨论建立统一的企业数据管理的政策、流程和操作指南，明确数据管理者的角色、责任和问责制，以促进企业不同部门间的数据流动、共享与合作。三是建立健全数据资源管理制度机制，如数据权属、评估、处置、流通、交易等流程，拓展基于业务模式的企业数据资源应用场景，发现数据资源的市场价值和应用潜力。四是加快推进数据管理领域的国家标准评估认证，如《数据管理能力成熟度评估模型》《信息安全技术 数据安全能力成熟度模型》等，以统一的全过程数据管理评估标准，全面推动并完善企业数据管理的组织建设、制度流程、技术工具以及人员能力。同时针对不同敏感级别的数据和数据处理场景，采取差异化的数据安全与合规管理措施。

2. 科学化、规范化开展企业数据资产入表管理

数据资产入表的实施，对企业、行业和宏观经济都具有深远影响。企业数据资产入表能够盘活企业数据资源价值，也有利于展示企业的数字竞争优势，为企业未来将数据资产转化为生产力奠定基础。《企业数据资源相关会计处理暂行规定》提供了企业数据资产入表的原则性指引，随着政府和行业层面对相关操作实施规则的进一步细化和完善，企业层面的数据资产入表实践有望得到更为广泛和快速的推进与落地。

在企业数据资产入表的具体实施和管理方面，应服务于国家数据战略，以激活企业数据资源价值为核心，一是加强企业层面对数据资产的认知，提高数据资产入表的意愿和能力，借助政府部门、行业协会、会计咨询和研究机构等各界主体在政策引导、标准编制和宣传培训等方面的合力，积极有序推进数据资产入表的相关工作；二是从鼓励数据资源信息披露、加强数据质量评估、构建企业数据分类分级目录入手，通过借鉴行业领先企业的实践和案例分析，在实务层面建立适合自身企业特征的数据资产入表流程，探索形成入表操作的规范化路径；三是引入专业化技术和管理工具，利用适合企业的数据治理平台等基础设施，如在对数据资源进行加工和处理之后，形成可供数据交易平台登记的数据产品，提高数据资产入表和数据资产管理工作的效率。

3. 积极建设可信数据空间等企业数据基础设施

企业数据基础设施是国家数据基础设施的重要组成部分。研究显示，出于对数据权属、安全合规和交易风险方面的顾虑，当

前企业数据资源的使用主要集中在内部的流通与共享上，外部流通和交易较少，需要进一步创新推进数据的高质量供给和可信流通方案。

《国家数据基础设施建设指引》指出，"企业数据基础设施是指服务企业生产、运营、管理的数据平台，包括采集、存储、处理、管理等相关硬件和软件系统，以及企业整合、协同关联数据方形成的数据服务平台"。借助数据空间、区块链、隐私计算、匿名化等数据基础设施和技术模式，能够加快促进企业数据的安全流动和开发利用。

可信数据空间是基于共识规则、连接多方主体、实现数据资源共享共用的一种数据流通利用基础设施。《可信数据空间发展行动计划（2024—2028年）》提出，"支持国有企业和龙头企业建设企业可信数据空间，构建多方互信的数据流通利用环境，协同上下游企业开放共享高质量数据资源"，"引导龙头企业与物流、金融、信息科技等生产性服务平台加强协作，强化数据空间专业化服务能力，提高价值共创能力"。

国家数据基础设施建设任重道远，在企业层面的数据管理战略中纳入企业数据基础设施建设的重要内容，既能够通过关键技术、标准的突破，为国家提供产业支持，也有助于通过软硬件关键领域的标准化、规范化，尽早接入一体化技术和数据市场的国家系统布局，在数据战略中赢得发展的先机。

4. 加强技术支持与创新，共建统一的技术和数据市场

在智能数字时代，数据与人工智能、科技的结合是必然趋势，深度融合技术和数据是未来企业发展的重要能力基础。加强技术支持和创新成为企业数据管理战略中的重要内容，"数据＋人工智能"时代下的数据管理，必然需要与人工智能技术相协同。一方面，数据要素化提高了对企业数据管理能力的要求，如数据收集、分析计算、流通交易和治理等，数据在质量、格式、标注等方面要符合人工智能应用的需求；另一方面，人工智能技术日益成熟，已成为数据管理解决方案中的核心组成部分，生成式人工智能及其应用的蓬勃兴起，进一步加深了企业对数据资产的认知和理解。

具体而言，一是加强支持先进技术和创新，引入人工智能、区块链等新技术，优化数据管理流程，减少人工介入的成本和错误，提高企业数据处理能力和安全性，将数据驱动的决策模式更好地融入企业生产经营活动中，延伸业务边界。二是鼓励拓展创新型应用，支持企业内部创新团队开发基于数据的新产品和服务，通过孵化器或加速器项目促进新兴业务模式的发展，支持数据管理解决方案和产品的迭代优化。三是关注未来可实现跨域流通的技术基础，如多模态异构数据存储与处理、多源数据整合、数据实时处理等，助力企业内部各部门和系统间的数据共享，以及与外部合作伙伴或市场的高效数据流通。四是积极推动"数据＋技术"的生态圈建设，联合产学研各主体共同开发基于数据的新应用场景，实现资源共享与优势互补；成立或加入相关行业协会或联盟，共同推动标准化建设和最佳实践分享，以加速数据资产的应用推广。

小结：挑战与展望

数据作为新兴数字经济时代的核心战略资源，越来越受到世界各国战略的关注和重视。我国数据资源丰富、数据基础设施布局领先，具备将超大规模的产业和市场优势转化为数据要素优势的前提条件，国家数据战略和政策推动也走在国际前列。在前瞻性的国家数据战略和政策的引导推动下，我国数据基础制度的"四梁八柱"正逐步构建起来，形成培育数据要素市场、发展新兴数字经济的初步政策框架。在此基础上，将政府与市场、安全与创新、公正与效率最优结合，打造我国推动数据资本化的中国特色和竞争优势。

在数据资本化的初级阶段，一些主要领域已经出现了突破性的落地和应用，但也面临着诸多困难和挑战，需要在政策、法律、标准、技术的不断发展和完善中寻求解决方案。

一是数据资产在金融领域的应用。全球对数据资产的应用场景和市场创新仍主要集中在金融领域，利用金融手段对数据资源进行价值挖掘，促进其流通和增值，将数据资产转化为可以带来经济效益的金融产品或服务。近年来，有代表性的数据资产金融化创新实践不断涌现，但整体而言仍处于定制化的初级探索阶段，尚未形成规模化、标准化的金融产品，未来蕴含着巨大的发展潜力。同时，更重要的是，从金融服务实体经济的视角，要研究如何突破推动海量数据资源进入生产函数，发挥数据作为生产要素和资本的驱动力，在生产、流通和分配的过程中产生更多的价值，从全产业链的角度赋能实体经济。借助数据资源、数据产品、数据资产到数据资本的价值转化过程，使数据要素与实体经济的产品和服务相互结合、价值相互增强，逐步建立起新的大规模数据资产生态。

二是公共数据的授权使用。公共数据的开放、利用和资产化是推动整个数据资产和数据资本动起来的第一步，而公共数据的授权运营是突破公共数据开发利用困境、加速培育数据要素市场最主要的方式。在实践中面临的挑战包括数据隐私保护和安全、数据质量和标准化、数据权属和法律监管、市场机制下的经济可行和风险可控等。我国政府鼓励公共数据开放、授权运营，系统部署公共数据资源开发利用，各地区以城市为主体开展先行先试，积极推进公共数据的开发利用实践，因地制宜地形成了各具特色的市场化运营模式。未来，公共数据开放利用的进程将加快推进，应深入研究如何培育支持公共数据授权运营的生态体系，构建数据资产商业平台，以政府数据开放引领政企数据融合、个人数据利用、产业数据开发，最终构建起市场主导、政府引导、多方共建的数据资产治理机制。

三是企业数据管理战略的建立。企业不仅拥有庞大的数据规模，也是千行百业的微观实体，因此企业数据是企业发展和创新的重要资源。要加强企业数据资源开发利用，让数据进入生产函数，壮大数据产业发展，建设一体化技术和数据市场，这些都离不开对企业数据的有效管理。企业数据资产入表是我国数据政策的重大创新，是探索数据要素价值释放的基础前提，当前还处于实践探索阶段，仍具有相当的现实复杂性和挑战性。企业数据治理能力和体系也亟待规范完善。下一阶段的主要研究方向，应包括从整体上制定全面的企业数据管理战略、提高企业数据治理能力、建立企业数据资源管理机制、明确统一的数据评估标准，重点关注规范开展企业数据资产入表管理、建设可信数据空间等企业数据基础设施、加强支持先进技术和鼓励拓展创新型应用、积极推动"数据＋技术"的生态圈建设等关键议题。

整体而言，数据资本化是数据作为生产要素进入生产函数、推动实体经济价值增值的必然路径，在数据资本化的应用突破中，将数据与科技、人工智能相结合，夯实数据产业发展、经济智能化发展的基础，将带来社会财富的持续增加和经济发展的持续增长。

第六章
构建具有国际竞争力的数据产业链

第一节　数据是实现数据资本化的基础

一、数据具有丰富的资本属性

数据的特征决定了其具有特别明确的资本属性（见表6-1）。首先，数据作为信息时代的产物，数据来源、收集目的、质量高低、开放程度等差异很大，多数数据还具有非标准化、非结构化、相互隔离等基本特征。因此，数据的价值需要考虑加工的附加值、需要应用场景的配合等。

其次，数据具有非常独特的经济学特征：虚拟性，可重复使用，收集数据有高昂的固定成本，但是复制成本几乎为零；非竞争性和非排他性，数据复制后可以被不同的人在同一时间使用；等等。因此，从经济学的角度来看，数据资源可以成为一种良好且能够实现收益递增的资产。

再次，数据还具有较强的外部依赖性，同样的数据在不同的场景、对不同的人，以及在不同的时间都意味着不同的价值。数据具有时效性，需要不同的应用场景、应用算法、网络效应的配合，集合使用的价值更高。这就相当于给数据增加了固定的特征，使数据的价值从单一线性变成丰富、多维的资产场景。而数据的生成性意味着其本身没价值，而是在使用时产生价值。

最后，数据具有的非经济学维度特征，如隐私、合规、机密、安全等属性，都需要予以特别处理，以权衡数据价值和风险。这也符合资产的风险处置原则。

整体而言，数据具有非常丰富的资本属性，能给数据的加工和场景应用带来巨大的附加值，数据资源可以成为一种优质的收益递增的资产。数据具有产品特征和市场特征，数据资源可以逐渐走上资产化，走向金融化，最终走向资本化。

表6-1 数据的特征和资本属性

特点	概念	对价值评估的影响
资产特点	由企业拥有或控制的，由过去的交易或事件形成的资源，可以在将来给企业带来潜在的利益	数据可以作为资产在市场上交易
准公共物品的特征	有限的非排他性和非竞争性	复制成本极低，容易导致产权、所有权不明确，使数据资产增值部分难以确定
外部性	消费者使用数据资产，能给自己和其他人都带来使用效用	数据资产的消费者越多，数据资产的价值就越大
自然增值	每时每刻都会大量生成原始和衍生数据，能够不断创造新的价值	数据资产的价值每时每刻都在动态变化
多维性	包含的信息在多个方面具有满足人类生存和发展的客观属性	对于不同的人具有不同的价值

续表

特点	概念	对价值评估的影响
无限共享性	可以在同一时间被多方使用而没有任何损失	使数据具有更大的使用价值
集合使用价值更高	数据的价值取决于数据的应用场景，单一数据的应用有限	多维度的数据结合应用可能产生"1+1＞2"的价值

二、数据从资源到资本的进阶

在第二章第三节中，我们从最新的理论研究和政策实践等方面初步探讨了"如何发挥数据价值的潜能"，提出现有观点普遍认同数据要素的发展会经历资源化、资产化和资本化的进阶路径，从数据资源、数据资产到数据资本，丰富的数据将带来不可估量的价值预期。

数据从资源化进阶到资产化的过程中，既体现出产品特征，也体现出市场特征。数据资源化阶段将原始数据整理为可分析的数据资源，数据资源的产品特征包括可访问性、完整性和唯一性等，而数据资源的市场特征要求具有安全性、准确性和时效性。数据资源化过程一般对应到数据交易一级市场，即从数据采集商到数据产品开发商，主要解决原始数据授权、数据资源流通等问题。

数据资产化阶段可以理解为，在企业业务部门应用或交付的数据产品形成后，数据通过交易流通传递时价值的实现过程。数据资产化是实现数据价值的核心阶段，能够使具有潜在价值的数据资源成为具有经济或社会价值的数据资产。数据资产的产品特征包括稀缺性、增值性、价值波动性、底层资产价值特性等，而数据资产的市场特征指场景多样性、场景经济性等。在这个阶段，数据资产通过不同的交易平台进行市场交易，形成数据资产交易二级市场。

当前数据资本化主要处于数据金融化的阶段，即通过数据信贷融资和数据资产证券化等资本化方式，赋予数据资产以金融属性，此类数据资产金融产品的交易一般被称为数据资产交易的三级市场。在这个阶段，数据资本的产品和市场特征分别取决于数字技术和市场活跃度的进展。一方面，数字技术的迅猛发展不断融合经济资本、实物资本与数据资本，巨大的创新逐步将数据资本带入资本市场的核心位置。另一方面，数据资产的市场应用创新主要是利用金融手段，将数据资产转化为可以带来经济效益的金融产品或服务，市场活跃度正处于积极鼓励和培育的早期阶段。

具体到微观视角，普华永道和上海数据交易所在《数据要素视角下的数据资产化研究报告》中概述了面向企业的数据资产化实施路径（见图6-1）。从企业或机构输出的原始数据，经过数据资源化、数据产品化、数据资产化三个阶段的多维度、体系化开发和管理，创新数据资产应用，实现数据资产价值的变现。可以看出，在数据资产应用的变现阶段，目前占据最大比重的应用仍在金融领域，包括IPO资产、并购、质押融资等。

然而，从根本上理解，数据通过流通和交易赋能实体经济才是数据资产应用最重要和最有发展潜力的部分，这才是数据资本的核心内容。从数据资源、数据产品、数据资产到数据资本，最后到数据价值增值,形成一个完整可循环的价值实现过程,数据也就变成一种普通的、可以自由流动的、能够产生增值的资本。

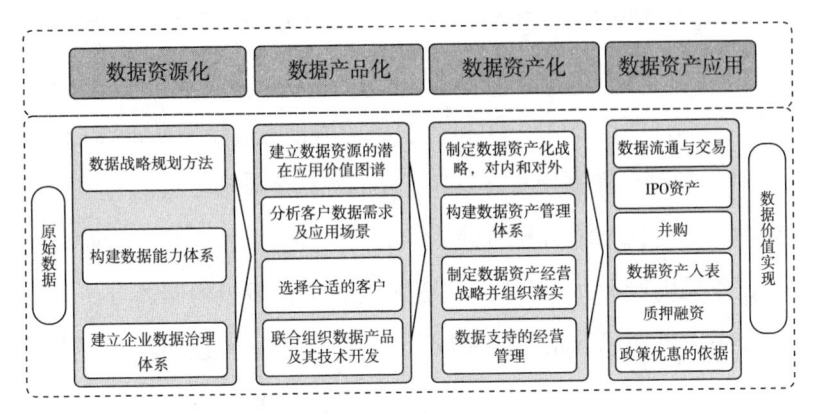

图 6-1 数据资产化的实施路径

资料来源:普华永道,上海数据交易所。

第二节 数据产业高质量发展是国家数据战略落地的关键

在数据价值的实现过程中,要将数据转化为财富和生产力,数据产业的高质量发展无疑是其中的重要环节。国家数据局对数据产业的定义是,"利用现代信息技术对数据资源进行产品或服务开发,并推动其流通应用所形成的新兴产业,包括数据采集汇聚、计算存储、流通交易、开发利用、安全治理和数据基础设施建设等"。这一定义涵盖了数据从资源化、资产化到资本化的全过程。

在数字技术、数据应用和产业创新的发展大潮下,数据产业正成长为备受关注和蓬勃发展的新兴产业。培育数据产业,是推进数据要素市场化配置改革的重要基础，也是发展新质生产力、推动高质量发展的需要。我国是世界上最大的数据之国，我国首份《数据产业图谱（2024）》显示，2023年我国数据产业规模达2万亿元，数据企业总数超19万家，2020—2023年的年均增长率为25%，预计2024—2030年的年均增长率将保持在20%以上，2030年数据产业规模将达到7.5万亿元。全球都已意识到数据对推动智能时代经济增长的重要作用，主要国家和地区纷纷加大在数据领域的产业布局和投入，积极抢占前沿发展的制高点。我国也将系统性布局和培育壮大数据产业作为促进科技创新、构建数据要素市场的重要战略内容。数据产业将成为激活数据要素潜能、做强做优做大数字经济的关键突破，对于加快经济社会发展和变革具有重要价值。

2024年7月，党的二十届三中全会明确了进一步全面深化改革、推进中国式现代化的目标和任务。会议突出强调了科技创新的重要战略意义，并对加快构建促进数字经济发展体制机制和完善数据要素市场制度规则等做出了详细部署。《中共中央关于进一步全面深化改革 推进中国式现代化的决定》提出，要"建设和运营国家数据基础设施，促进数据共享。加快建立数据产权归属认定、市场交易、权益分配、利益保护制度，提升数据安全治理监管能力，建立高效便利安全的数据跨境流动机制"。这意味着我国将继续推动机制创新、鼓励产业发展、培育生态繁荣、强化安全治理、提升国际合作，以体制优势保障我国丰富的数据要素价值潜力的释放，使我国成为数字时代的强国。

在国家数据战略框架的顶层指引下，我国数据基础制度的

"四梁八柱"已逐步构建起来，形成培育数据要素市场、发展数字经济的初步框架。下一阶段，发展数据产业是深化数据要素市场化配置改革、构建以数据为关键要素的数字经济的重要举措，是我们国家未来经济增长重要的新增长点之一。一系列围绕怎样构建中国创新型数据产业体系的政策正密集出台、落地。

2024年1月，国家数据局等十七个部门联合提出实施《"数据要素×"三年行动计划（2024—2026年）》，通过推动数据要素与制造、农业、交通、金融、科创、医疗健康、绿色低碳等各行各业的深度融合和赋能，激活数据要素潜能。该文件提出，到2026年底形成相对完善的数据产业生态，数据产业年均增速超过20%，数据交易规模倍增，推动数据要素价值创造的新业态成为经济增长新动力。

2024年5月，国家发展改革委等四部门发布《关于深化智慧城市发展 推进城市全域数字化转型的指导意见》，提出培育壮大数据产业，发展一批数据商和第三方专业服务机构，提高数据要素应用支撑与服务能力。

2024年9月，国家数据局就《关于促进数据产业高质量发展的指导意见》公开征求意见，强调发展数据产业是推进国家大数据战略、加快建设数字中国的重要支撑，要在优化产业发展结构、促进产业链协同发展、推动数据产业区域聚集等方面加强数据产业规划布局，旨在构建一个高效、合规、安全的数据产业生态系统。提出到2029年，数据产业规模复合年均增长率超过15%，数据产业结构明显优化，数据技术创新能力跻身世界先进行列，数据产品和服务供给能力大幅提升，催生一批数智应用新产品、新服务、新业态，并涌现一批具有国际竞争力的数据企业。在2024年12月发布的《关于促进企业数据资源开发利用的意见》中，进一步提出要充分释放企业数据资源价值，赋能产业转型升级。

2024年10月，中央层面首次对公共数据资源开发利用进行系统部署，发布了《关于加快公共数据资源开发利用的意见》，对推动我国数据产业健康发展提出了多项重要举措，强调要丰富数据应用场景，繁荣数据产业发展生态，将数据产业作为鼓励发展类纳入产业结构调整指导目录，推动数据产业健康发展。

同期，全国各地也纷纷出台支持数据产业及相关经营主体发展的专项政策。例如，上海印发《立足数字经济新赛道推动数据要素产业创新发展行动方案（2023—2025年）》，率先提出推动数据要素产业发展，加强数据产品新供给、激发场景应用新需求、发展数据经纪商新业态。力争到2025年数据产业规模达5 000亿元，复合年均增长率达15%，引育1 000家数据经纪商企业，使数据要素产业动能全面释放。

国家的战略和政策为数据产业发展指明了方向、铺设了道路，要将我国的海量数据优势、数字基础设施优势、工业产业优势、市场规模优势转化为数据产业优势，确保我国数据产业的核心竞争力。各地抓住数据产业成长的重要战略机遇，积极探索数据产业建设初见成效，已初步形成门类较为齐全的数据产业链，涉及数据采集、计算存储、开发利用、流通交易、安全治理等环节。数据企业逐渐发展壮大，技术创新不断涌现。从全国范围看，已基本形成了京津冀、长三角、珠三角和川渝贵四大数据要素产业聚集区。四大聚集区在数据要素市场发展中各具优势，协同带动、辐射示范效应显著提升，初步实现了城市群产业联动发展。

第三节　建立完整的数据产业链是实现数据资本化的核心

着眼未来，要充分释放数据价值潜能，把数据变成资本、财富和生产力，就要加快将数据要素融合到全产业链中，打通数据产业链的关键环节，赋能实体经济，从而推进可循环的数据价值实现和增值过程。

具体而言，从数据生命周期的视角，数据产业链包括从数据采集到发挥价值的生产、流通和应用等一系列主要环节，也相应地涉及数据基础设施、数据资源、数据产权、数据估值、数据交易、数据技术、数据与产业融合应用等阶段的配套机制构建与完善。其中，数据生产环节主要包括数据采集、数据存储和数据加工；数据流通环节涉及数据估值和数据交易；数据应用环节涉及数据分析和数据服务，涵盖数据要素与商业、工业、农业、政务、民生等各行各业的渗透和结合。

在"2023全球财富管理论坛"的主题演讲中，笔者（朱民）提出将数据转化成资产和财富，需要打通数据产业链，加快实现从数据资源到数据资本的转化。而在数据产业链的构建过程中，现阶段仍需要解决四个核心技术挑战：一是数据供给的技术挑战，需要解决隐私保护的问题；二是数据交易挑战，需要解决数据归属的问题；三是数据金融化的挑战，需要解决数据资产定价的问题；四是市场制度建设的挑战，需要解决评估、结算、交易以及保存数据等环节如何形成标准化体系的问题。正是由于这四个挑战的存在，将数据转化成财富和生产力的过程并不顺利。

因此，最重要的就是建立一个完整的数据产业链，培育大规模的数据资产生态，而不仅仅是局限在小规模的数据资产金融化方向，仅靠金融化并不能将数据转变成巨大的财富。立足当下，对应于原始数据从资源化到数据资源、产品化到数据产品、资产化到数据资产、资本化到数据资本的四个重要阶段，可以从每个阶段的核心入手，搭建数据产业链的不同模块（见图6-2）。

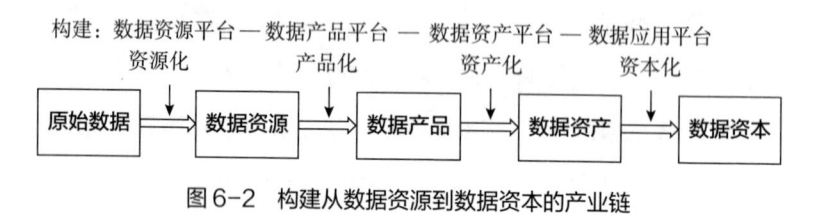

构建：数据资源平台 — 数据产品平台 — 数据资产平台 — 数据应用平台

```
             资源化         产品化         资产化         资本化
  ┌────────┐   ↓   ┌────────┐   ↓   ┌────────┐   ↓   ┌────────┐   ↓   ┌────────┐
  │原始数据│  →   │数据资源│  →   │数据产品│  →   │数据资产│  →   │数据资本│
  └────────┘      └────────┘      └────────┘      └────────┘      └────────┘
```

图6-2 构建从数据资源到数据资本的产业链

一、构建数据资源平台，为数据生产环节提供数据资源供给

第一个模块是构建数据资源平台，解决数据资源化阶段的供给挑战。其中，明确数据的产权，并做好隐私保护与数据安全工作，是构建这一模块的关键部分。当前数据市场活跃度不够的最直接原因是数据产品的有效供给不足，也就是数据资源转变为数据产品的比例不高。大量公共数据和国企数据资源没有形成可交

易的数据产品，数据资源供给和流通都缺乏政策和市场激励。"数据二十条"确立的数据"三权分置"制度，开创了数据要素新局面。

一是数据确权是破解数据资源供给和流通的症结所在。在当前环境下，由于数据的电子化形式，可以通过网络非常容易地进行转载和复制，部分行业的潜规则是"谁采集，谁拥有"，因此，侵犯用户数据产权、隐私权、知情权和收益权的情况时有发生，对个人数据的不当采集、处理和使用也屡见不鲜。从法律角度看，数据所有权的界定模糊不清，使它不能用于交易；数据的经济学特征，如可复用性决定了数据所有权不应交易，价值外部依赖性决定了数据所有权的不易交易；而数据的非经济学特征，如保证其隐私性、私密性和安全性等，则决定了数据所有权的不宜交易。

二是数据安全和合规是数据资源供给和流通的必要条件与基础。在数据隐私和安全保护方面，仍面临着多方面的挑战和风险。在社会和行业层面，缺乏数据共享、流通和交易的规范；在企业层面，普遍缺乏数据确权原则，缺乏结合法务、业务、安全合规与IT整合的跨板块的管控机制；在管理层面，缺乏符合数据生命周期、数据特点的风险管理方法，以及细粒度分级的管控手段；在技术层面，缺乏针对数据防御、感知、响应的技术和工具。

由于这些障碍和困难的存在，我们可以看到虽然国内外有很多做数据产品的企业，但做数据资源的平台不多。要降低或解决这些数据交易的障碍，就要从法规、制度的角度入手制定基础的交易框架和保障，从技术突破的角度入手破解数据隐私和安全保护难题，提高数据供给和交易的操作性。

顶层制度定义并明确数据产权。"数据二十条"建立了我国数据基础制度的指导框架，开创性地提出了"三权分置"的数据产权制度，明确了数据资源持有权、数据加工使用权和数据产品经营权，突破性提出淡化所有权、强调使用权、实现数据产权分置的确权思路，成为解锁数据价值流通的关键举措，对于释放数据要素价值具有明显的激励作用。虽然目前国家层面的相关立法还没有出台，也尚未对三种数据权进行明确的细化和界定，但以"数据二十条"为起点，将工作重点和焦点放在了使用权的流通和价值创造上，随着法律和政策的进一步出台，我国数据产权制度将向着以促进数据流通交易为目标的方向不断完善。

"数据二十条"还提出了数据分类分级确权授权机制，包括公共数据授权使用、企业数据供给激励和个人数据受托机制。其中，公共数据体量大、价值高。我国政府部门掌握的公共数据资源占全社会数据资源总量的80%左右，是数据资源供给的重要来源。融合开放的公共数据如同数据资产生态的土壤，是数据要素价值体系的重要构成部分。国家数据局组织开展全国数据资源调查，就《公共数据资源授权运营实施规范（试行）》公开征求意见，以制度建设为主线，积极推进公共数据资源管理和运营机制改革。

公共数据授权经营是数据资源供给模块中的重要内容。公共数据规模大、价值高、变化快，是具有经济价值、社会价值和管理价值的重要资产。公共数据资产兼具数据的特殊性和公共资产的共性，即公共性、价值性、管理性和开放性。在管理和使用公共数据时，必须始终以服务社会的最大利益为目标，以公平、有效和可持续为基本原则。

在公共数据资源开发利用的三种主要形式中，授权运营是突破公共数据开发利用困境、加速培育数据要素市场最主要的方式，取决于数据供给、授权平台、数据技术等主要因素。公共数据授权运营不仅需要考虑对公共数据的有效管理和保护，还需要关注如何通过创新的方式来实现公共数据的最大价值。

公共数据资产的授权经营管理是整个数据资产化的第一步，因为公共数据对估值方面的要求并不严格，授权管理也可以通过政策框架限定，且相对于企业和行业数据来说，公共数据是规模最大的数据集，可以为其他数据授权经营管理提供实践和探索的试验田。在政府数据开放政策的推动下，建立数据平台和市场、创新数据授权和使用模式，以及保护数据隐私和安全，都是公共数据授权运营面临的重要任务。建立跨部门合作和多方参与的协调模式，是公共数据授权运营成功的关键，有助于最大化公共数据支持政策制定、商业创新和社会服务的潜力。在实践中，也需要健全的法律和政策框架，以及高效的技术支持系统，以确保数据授权运营的顺利进行。

技术手段赋能数据确权，确保隐私保护和安全。政策制定者和数据管理者需要在数据开放与数据保护之间找到平衡，在激发数据的商业潜力和社会价值的同时，也确保数据的安全和隐私不被侵犯。在数据的"三权"明确之后，就需要考虑通过技术手段保障数据的隐私和安全，使数据的"三权分置"能够真正落实和实施。

传统的数据确权手段是采用提交权属证明和专家评审的模式，但缺乏技术可信度，并存在篡改等不可控因素。从当前来看，有两类技术可以赋能数据确权问题的解决。一类是利用区块链技术实现数据安全共享。区块链特有的链上、链下相结合机制，可以仅将数据签名、交易的摘要数据和轻量化智能合同逻辑放在"链上"，而将数据本身放在"链下"本地数据平台。这种方式既能够支持海量数据的本地存储，又可以将各个主体数据打通和连接，从而不仅能够实现数据资产生态中的所有参与方贡献各自的数据资产，也能够通过智能合约对资产流转和收益分配进行监督，达成收益共享和风险共担，大大促进数据资产的流通。

另一类是数据可信计算。由于数据在不同经营主体之间流动、共享、重组和再生成，存在多方参与难以划分数据的困难，可采用多方安全计算技术予以解决。多方安全计算可以在没有可信第三方参与，且不改变数据实际占有、控制权或所有权模糊的情况下，将计算能力移动到数据端，再将计算结果安全输出给整个计算任务系统，从而保护计算参与者的私有数据安全和隐私。借助同态加密、联邦学习、安全沙箱计算等隐私计算技术，已基本可以满足隐私保护的需求，实现原始数据不动，而经过隐私安全计算后的数据可以放到公共平台来使用，支持数据资源的安全共享和发展。

二、构建数据估值生态，推进数据流通

第二个模块是构建数据估值平台。数据资产的价值评估是打通数据资产流通环节的重要基础，也是当前亟待解决的最大挑战。科学的数据资产估值能够为统一数据资产交易定价机制提供重要的工具和框架。

数据估值是对数据资产使用价值的度量，是指导数据资产入市合理定价和登记入表的前提与基础。现有的数据资产估值方法可分为基于会计核算和基于评估技术两大类。从传统会计核算无形资产的角度出发，在现有模式的基础上进行拓展，主要有收益法、市场法和成本法。其中，收益法的超额收益不易计算，且难以在单个数据资产层面进行精确分摊；市场法缺乏足够活跃的数据资产公开市场交易基础；成本法因计算简单且易于理解而较为常用，主要是加总数据采集开发成本、质量规范成本和数据合规成本等，再与需求方议价确定交易价格，但成本法在实际使用中也存在一定争议。一是各项成本难以精确计量，较难体现数据资产直接及间接产生的收益和风险；二是因为数据特有的场景依赖性，同一数据在不同的应用场景下其成本具有很高的波动性；三是数据的可复用性和零边际成本，使数据在多次使用时每一次产生的成本也不相同，因此难以对不同客户的定价保持公允性。

从数据资产估值技术的角度，前沿研究不断优化与修正数据资产估值定价模型，结合层次分析、信息熵、灰色关联、博弈论、模糊综合评价、深度学习等方法，对数据资产价值的影响因素和权重进行修正，或侧重收益的预估和利益的分配，引入破产分配、博弈论、实物期权法和 DEVA 模型[1]等进行创新。这些评估方法在理论层面进行积极探索，未来有望结合实践的检验，找到合理解决数据资产的收益与风险问题的实际应用方案。例如，有学者提出通过夏普利值这一源自合作博弈论的价值概念，来解

---

[1] DEVA 模型，即 Discoverability（可发现性）、Emotion（情感）、Virality（传播性）和 Accessibility（可访问性），是评估互联网产品和服务的一种有效方法。

决数据的估值问题。夏普利值定义了一种独特而科学的支付方案，能够满足数据价值概念的许多期望特性，例如在多个数据贡献者之间公平地分配利润，以及在数据泄露时确定潜在的赔偿金额。

具体而言，夏普利值是合作博弈论中的一个重要概念，指在一个由多个成员组成的合作博弈中，每个成员根据各自拥有的不同稀缺性资源，在不同资源配置博弈联盟下形成不同的权力结构，进而对应一种权力收益分配方案。这种收益分配方案的解值被称为夏普利值。这一概念在解决合作利益分配问题上具有重大意义，提供了一种既合理又科学的分配方式。夏普利值在合作博弈、费用分摊、损益分摊等场景中有着广泛的应用。在数据估值方面，将数据视为一种资源或资产，而不同的数据贡献者则类似于合作博弈中的参与者。每个数据贡献者都拥有独特的数据资源，这些数据资源在与其他数据结合时能够产生额外的价值。夏普利值概念可用于评估每个数据贡献者在其数据被用于某种目的（如机器学习模型训练、数据分析等）时所产生的边际贡献，如在数据交易中确定交易价格和价值分配、在数据合作项目中明确参与者的利益分配比例、在数据分析中评估不同数据集的质量和重要性等。它能够确保每个成员根据其贡献获得相应的收益，从而保证分配的公平性。

价格机制是市场机制的核心，因此数据估值是数据资产化过程中最重要的一环。如果估值问题能够得到很好的解决，数据资产的公平性、可持续性和隐私安全透明问题就都能解决。当以夏普利值估值法为代表的前沿方法能够提供更好、更公平的市场激励机制的数据估值，同时还能解决风险问题时，就可以为解决数据价格机制难题提供方向。同时，借助人工智能、深度学习等技术和算法的进步，在解决计算复杂度和通过实际检验调整的基础上，这些前沿方法在数据估值领域能够获得更为广泛的应用。

三、构建数据资产交易的商业平台

第三个模块是建立大规模的数据资产商业平台。在数据产品化阶段，数据资产交易平台是将数据资源转化为数据产品、数据资产的重要商业平台。例如，数据资源的持有方可以直接通过数据资源登记，或者间接通过产品研发形成可交易的数据产品，然后在数据交易所进行挂牌和交易，交付给数据产品使用方。其中，满足资产条件的数据产品还可以进一步形成数据资产凭证，继续挖掘其应用价值（见图6-3）。在这个过程中，数据资本化的确权逐渐得到明确，而数据产品可以理解为基于数据资源、经过开发加工形成，并面向场景的交付物。

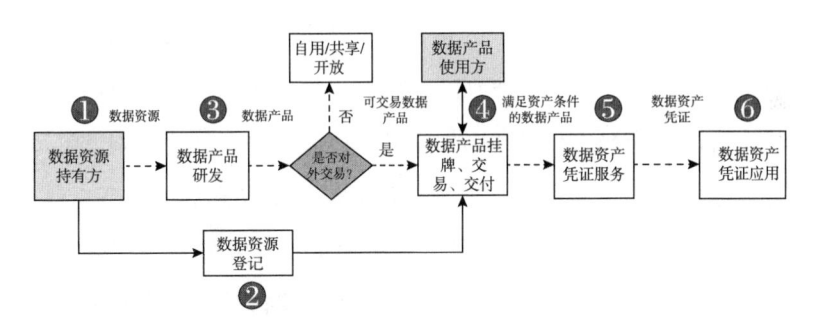

图6-3 数据产品化的形成路径

资料来源：普华永道，上海数据交易所。

在互联网发展早期，由于缺乏明确的商业模式和数据权责划分，很难围绕数据开展商业化行为。早期的数据流通多数是采用特定授权的方式运作，即用户授权给运营方，运营方能够得到并使用用户数据，用户以此获得运营方提供的相关数据服务。这种模式要求在用户和运营方之间签署授权协议，严格意义上缺乏商业化的规模效应。

数据产品的规模化发展需要配备良好的商业模式，建立起健康平衡的数据资产生态，只有如此，数据本身的经济价值才能全面释放。随着数据产权制度和估值定价技术的不断清晰，多元化的数据资产商业模式正在萌芽发展，逐渐形成打通政府、企业和用户各方的数据资产商业平台。当前，此类商业平台的模式主要包括数据交易平台、数据银行、数据信托、数据合作社/数据公社等。

1. 数据交易平台模式

在数据交易平台模式下，通常以数据货币化为目标，平台明确为某个特定数据集标价，并与相关供应方进行交易，同时提出数据具备相应价值的商业判断。数据交易按照是否经过数据交易所，可以分为场内交易和场外交易；按照交易产品的类型，可以分为原始数据（数据集）交易、数据产品交易和数据服务交易；而数据交易平台的类别根据其资本性质，可以分为国有资本主导、私营资本主导和非公司形式等。发展良好的数据交易平台有助于解决效率、合规、安全、信任等治理问题。

在实践探索上，近年来国外数据交易平台的发展迅速，如德国的 Datarade，美国的 AWS Data Exchange、Dawex、Snowflake Marketplace、Dataworld（数据治理平台）、BDEX（综合性数据交易中心），加拿大的 Quandl（专注于金融领域的数据平台），日本的 Data Plaza（第三方数据交易平台）等。这些交易市场都比较活跃，市场定位也较为精准。国内由数据生态活跃地区政府主导的数据交易所模式也不断涌现，如 2015 年成立的贵阳大数据交易所，2021 年以来北京、上海、深圳等地成立的数据交易所等。其运作机制在于，通过建立数据供应方与需求方共享的交易平台连接数据供需，以第三方专业技术和政府资质完成监管与加密支持，最终实现数据的交易流通。

综合来看，现有各大数据交易平台采用数据登记、技术赋能数据权益使用等多种形式探索破解数据确权难题，已形成了佣金收取、会员制、增值服务等多种盈利模式；数据应用场景不断拓展，参与交易流通的数据类型从金融数据逐步扩展到医疗、交通、工业等多种类型的数据；隐私计算技术加速应用，助力数据要素安全流通；公共数据日益成为交易平台数据的重要供给源，而数据交易平台也彰显出越来越大的公共价值，开始反哺数据产业发展，数据交易上下游产业链开始浮现。

数据交易平台商业模式可以较好地解决数据互信、数据保护与数据供需的主要矛盾，且有助于大量行业通过平台沉淀形成数据标签与数据产品。在未来，随着对公开、透明的数据流通的需求不断增加，数据交易平台在商业化过程中将扮演更加重要的角色，其模式也将更精准、更多元、更可行，或将演变出数据中介、数据经纪等更为细分的商业模式。

2. 数据银行模式

数据作为新的资产类别，在本质上与货币资产具有共同点，因此能够采用银行模式对数据资产进行管理和运营。数据银行以个人授权或主动上传数据作为主要数据来源，其给予个人一定的利益或支付一定的报酬，并将所收集的个人数据提供给其他主体有偿使用。在数据银行模式下，可以对数据进行集中有效的管理，同时也能够实现数据的增值和有序流通，给数据供给方带来一定的收益。数据银行通过吸纳"数据存款"，把分散在个人和集体中的数据资源集中起来，使其更容易被发现、访问和具备互操作性。以保护用户数据的所有权、知情权、隐私权和收益权为核心，数据银行能够建立起数据资产的管理与运营综合服务系统，包括数据确权、汇聚、管理、交易与增值服务等功能。

当前数据交易供给方多以企业、政府、社会团体为主，个人数据虽然具有较大的价值，但受到数据分散、采集难度大、隐私保护等多重因素的影响，难以在数据交易市场上形成规模。与现有的数据集市、数据交易所等模式相比，个人数据银行是尝试解决个人数据流通问题的一种新模式，具有更多的优势和可行性。

国内外已经开始探索数据银行的建设模式。日本为构建个人数据资产的统一管理和交易平台建立了数据银行模式，对个人非敏感信息进行管理和运营，为个人数据的流通提供途径。如图6-4所示，数据银行基于与个人主体的关系开展个人数据买卖活动，在通过交易合同获取个人授权后，经过多重渠道获取个人信息，并由个人数据商店实施管理，以个人在合同内的明确指示为条件，提供数据开发利用服务。个人数据类型通常包括金融数据、医疗健康数据、行为嗜好数据等。数据银行在获取授权后，从第三方支付机构、政府和企业采集数据，并集中存放在个人数据商店，开展数据保管、贩卖等基础业务，以及个人信用评分等增值业务。

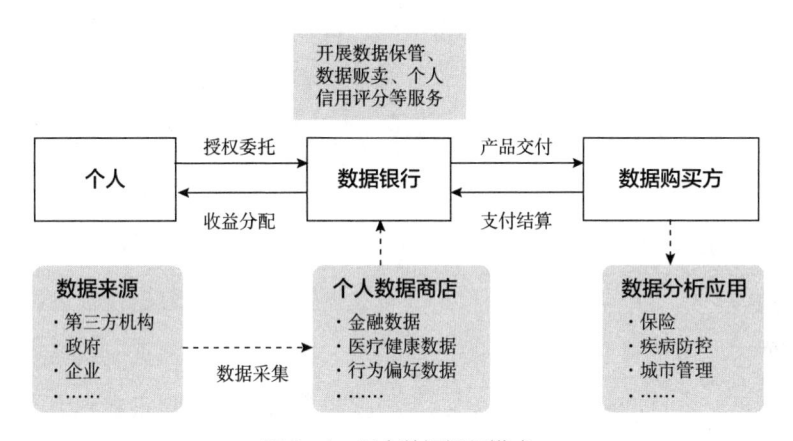

图 6-4 日本数据银行模式

资料来源：陶雪晴（2023）。

英国的 MyData 模式（本人数据管理模式）是当前数据银行模式的典型代表之一，是一种以个人为中心的数据管理模式，最早起源于英国 2011 年发起的一项个人数据共享计划 MyData 项目，旨在让消费者能够轻松获取并使用他们在企业手中的个人消费数据。MyData 模式的核心仍围绕个人对其数据的掌控权和控制权展开，以实现个人信息权利、改善数据规制现状、打破平台的锁定效应为目标，目前该模式已扩展至美国、韩国、欧盟。

此外，大型互联网企业谷歌、苹果等也借助数据银行构建自有数据生态，将数据整理后形成对外服务的商业化数据产品。

2017年，阿里巴巴发布了服务于品牌的消费者数据资产管理中心品牌数据银行（Brand Databank），融合了阿里巴巴全域渠道消费者数据以及品牌自有数据，助力品牌进行精细化分层运营。品牌数据银行将品牌消费者数据视为资产，像货币一样进行储蓄和增值。品牌商可以直观地看到相应的消费者资产，并用于帮助其制定营销决策。通过数据的全链路透视，消费者数据资产变得可评估、可优化、可运营，这在根本上改变了对营销效果的评估方式，从而能够支撑企业长期的营销规划和决策。

在探索数据银行服务政务数据运营方面，2021年，江西省抚州市开始试点建设数据银行项目，2022年召开数据银行项目供需对接会，落地了国内首个基于数据银行的政务数据授权运营模式。该项目通过推进数据互联共享、数据招商、数据应用场景开拓、数据产品研发等工作，为数据提供者、数据需求者和生态技术服务商提供数据产品、交易撮合和数据融通安全服务。目前该数据银行平台已汇聚了金融、医疗、农业、交通、文旅等运营场景所需的工商、司法、税务、社保、公积金、电力、能源等约16亿条政务数据，形成了数十种数据运营场景，为各行业进行赋能增值。

3. 数据信托模式

信托是指委托人基于对受托人的信任，将其财产权利委托给受托人，并由受托人针对受益人的利益或特定目的，按照委托人的意愿，对信托财产进行独立的管理、处分和风险隔离，或以委托人自己的名义管理和处分信托财产的行为。信托制度的委托人、受托人、受益人制度安排，信托财产在所有权的制度安排上的"双重所有权"结构化特征，即受托人享有信托财产法律上的所有权，受益人享有基于信托财产的信托利益，都与"数据二十条"中提出的数据资源持有权、数据加工使用权、数据产品经营权的分置机制具有充分的契合性，因此，在权利内容和制度安排上，数据资产成为信托财产具有合理性和可操作性。

数据信托模式有潜力将数据的资源、技术、金融三重属性与信托的制度、架构、功能、生态等多种优势有效整合，以满足数据资产的商业和业务逻辑需要，进一步扩大数据资产的应用场景。

当前各国的数据信托存在多种表现形式。美国的数据信托沿用杰克·巴尔金提出的"信息受托人"理论，该模式下没有独立的第三方机构，数据处理者作为信息受托人，对数据主体负有信义义务。英国的数据信托模式包含委托人、受托人、受益人的三方机构，具有提供独立数据管理的法律结构，受托人代表个人管理数据或数据权利，且其管理行为应以委托人的利益为优先。数据信托允许个人或机构将数据的控制权交给一个独立的机构，同时授权该机构对数据的使用和分享做出决定，而该机构对数据提供者承担信托责任，即需要以公正、谨慎、透明、忠诚的原则来管理和分享数据。

我国也积极探索数据信托的实践。2016年，中航信托作为受托方，与委托方数据堂联合推出了首单基于数据资产的数据信托产品，总规模3 000万元。在该实践中，数据堂将数据财产权转让给中航信托来获取相应的对价，中航信托将数据使用权等委托给数据服务商进行使用增值，社会投资者通过投资参与利益分配，实现了数据要素在委托方、受托方和使用者之间的流通循环，完成了资金的循环。

从数据治理的角度，数据信托提供了一种结构化和法律化的数据管理框架，能够有效协调数据隐私保护和价值实现的矛盾，是数据治理机制的创新和进步。有学者指出，一方面，数据信托机构充当中介的角色，承担着数据管理和保护的责任；另一方面，数据信托并不是要取代政府自上而下的监管，而是用自下而上的方式对政府监管进行必要的补充。

正如最新研究提出的，数据信托可被视作一种新型的、可信的数据流通模式，适用于个人数据、企业数据和公共数据等各种场景，其最重要的基础在于各方参与者之间的风险隔离。通过科学设计数据信托的运行机制，包括组织结构、特征、功能和监管方案等，可以发挥数据信托在数据价值链中的重要作用，包括数据增值、数据代管和数据共有等（见图6-5）。

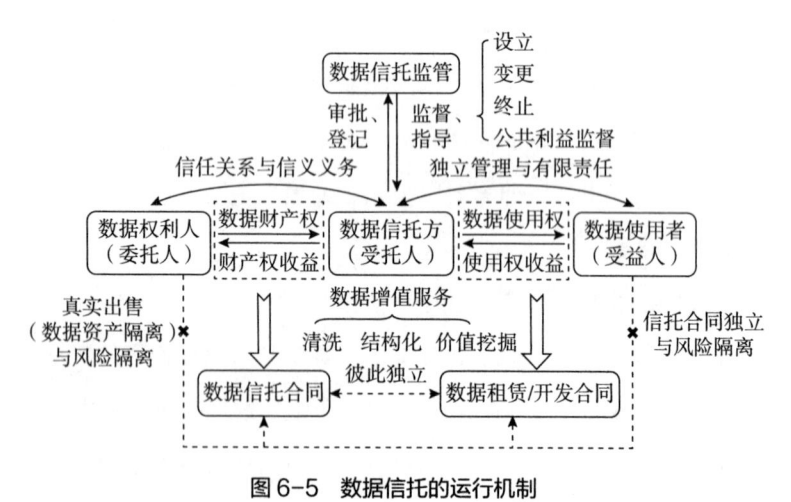

图6-5 数据信托的运行机制

资料来源：黄京磊、李金璞和汤珂（2023）。

4. 数据合作社／数据公社模式

数据合作社或数据公社，指一种以社区或合作社形式管理和共享数据的模式，旨在通过集体所有权和民主治理的方式，实现数据的公平利用、共有共治，并保护数据提供者的权益。在这种模式下，在将提供者自愿共享的数据进行结构化处理、聚合后，允许第三方对其数据进行分析、研究。与数据信托有类似之处，但在各国实践中，对于数据使用者是否需要向数据提供者支付费用存在不同的应用。

一类是公益性质的数据合作社，不需要向提供数据的个人给予利益的回报。如第三章提到，在欧盟《数据治理法案》中阐述的"欧洲共同数据空间"，其本质就是数据合作社模式的体现，也称为"数据利他主义组织"。《数据治理法案》允许此类组织基于科学研究、医疗保健等公共利益的目的，将经过个人同意而提供的个人数据以及非个人数据用于机器学习、数据分析等用途。瑞士的 MIDATA 是一个非营利性合作体系，充当数据收集的受托人，旨在确保公民对其数据使用的主权，但禁止个人通过 MIDATA 向第三方销售他们的个人数据或因提供个人数据而获得折扣、返利等利益。

另一类则为收费模式的数据合作社，要求在将个人数据提供给第三方的同时，要向第三方收取费用，并将其收入分配给数据提供者或向数据提供者提供更好的服务。例如，美国的"Driver's Seat Cooperative"（驾驶座合作社）是一个由司机和送货员自主管理的合作社，通过开发应用程序，使工作者能够获取关于他们工作的透明数据，从而更好地控制自己的工作和收入；意大利的短期租赁在线平台Fairbnb，允许人们出租他们的空间，类似于爱彼迎，但不同之处在于该平台致力于确保其业务模式对社区产生积极影响，例如将部分利润用于支持当地的社区项目。

尽管数据合作社的形式各有不同，但其本质都在于强调数据的共有共治，以及数据使用的透明度和公正性，通过合作和社区驱动的方式，试图改变传统的商业模式，确保技术和数据的利益能够更公平地分配给所有参与者。

四、稳步推进数据资产在金融领域的应用

在前三个模块的基础上，进一步演进到数据资产化阶段，就需要构建第四个模块，即数据资产的应用。"数据要素×"行动计划选取了工业制造、现代农业、商贸流通、交通运输、金融服务等12个行业和领域，发挥应用场景的牵引作用，推动发挥数据要素的乘数效应。金融行业是数据资产化应用最早和最为广泛的领域之一，这个模块旨在推动数据资产在金融领域的应用，帮助市场的建立，从数据拆分、市场化定价到数据交易的达成，逐步形成数据资产金融化的市场生态。

数据资产金融化是将数据资产转化为可以带来经济效益的金融产品或服务的过程。近年来，国内外有代表性的数据资产金融化实践不断涌现，我们在第五章中介绍了当前数据资产金融化的主要形式，如数据资产增信、数据资产质押、数据资产保理、数据资产证券化、数据资产入股、数据资产信托、数据资产通证化等。可以看出，在数据资产金融化的过程中，会涉及数据所有

者、生产者、需求方、投资人、交易平台等多方参与主体，能够实现跨行业、跨领域的融合创新，也提供了构建数据资产金融化生态的最佳场景。

数据资产证券化，是以数据资产未来可产生的现金流作为偿付支持，通过结构化设计，发行资产支持证券专项计划获得融资的过程。传统资产证券化的过程涉及多元化的参与主体，包括原始债务人、发起人、特殊目的载体、投资者、专门服务人、信托机构、担保机构、信用评级机构、证券承销商等。在数据资产证券化的过程中，也同样涉及相关的多元数据资产参与主体，共同完成数据资产池建立、数据资产评估、交易结构设计、收益支付、风险控制等流程。其实现机制需要从数据资产评估定价、交易平台建设、打包结构化、监管法律支持和投资者参与风险管理等多方面进行完善，也离不开技术能力、基础设施和第三方专业服务的全面支撑，从而有利于逐步形成相互关联、相互促进的良性数据资产金融化的生态系统。

作为促进资本市场深入发展的重要力量，资产证券化在增加资产流动性、方便发起人进行资产负债管理等方面有着深远的意义。数据资产证券化能够盘活存量数据资产，将企业的融资需求对接到金融市场，是连接数据资源和资本市场、将数据转化为资本的重要桥梁。尽管当前能够在证券交易所备案的标准化数据资产证券化产品在市场上还较为少见，但研究领域的关注度正日益增加，其未来的发展无疑对广泛推动数据产业、资本、市场的跨界融合具有重要意义。

更多支持数据资产金融化的创新商业模式也在持续提出。例如，上海数据交易所提出以数据资产作为质押品的"法律－技术－组织"新范式，构建数据资本桥结构下的企业数据资产化解决方案和公共数据资产化解决方案，并成功落地多个实践案例。在数据交易的流程中，从数据资源持有主体开始，经过数据加工使用、数据产品经营，最终到达数据需求主体。在这个过程中，数据被传输到数据交易所，通过连接数据资产交易平台的数据资本桥系统，对资产标的进行登记、估值、披露、托管、处置等服务，最后以券商发行数据资产支持证券的形式通过证券交易所达成与投资方的交易。

整体而言，从社会、经济、政策和技术层面，随着政策法规支持、基础设施保障、创新定价机制、统一交易平台搭建、生态主体培育等各个环节的进一步健全和细化，数据资产金融化的各类商业模式实践将不断从当前的点状探索创新，走向务实落地和全面发展，深度释放出数据资产的核心价值，共建健康有序的数据资产金融生态。

五、构建科学完善的数据市场制度

"数据二十条"提出，要加快培育数据要素市场，提升社会数据资源价值。随着数据资产在市场应用中的逐渐推广，还需要构建起科学、完善的数据市场制度，以制度规范保障数据市场的健康运行。具体而言，数据市场覆盖对数据资产的价值评估、数据产品的交付结算记录、数据资产交易凭证的披露、对资金流向的监察等全流程的数据活动，通过登记和更新数据资产信息、披露数据资产存证、确认数据交易合约信息等举措的实施，可以帮助提高数据资产交易的流动性。在这个过程中，也逐步建立健全科学的数据市场制度，培育健康良性的数据资产服务生态。

因此，构建数据市场制度也是培育数据产业链的重要内容。数据市场通常存在狭义和广义之分。狭义的数据市场一般指为数据交易提供撮合、匹配等服务的场所或载体，包括近年来各地成立的大数据交易所，为数据要素点对点交易提供支撑和便利的交易平台等。而广义的数据市场则是所有潜在的数据要素供给方、需求方、第三方技术和服务主体、市场监管机构以及数据要素交易行为共同构成的系统。构建数据市场制度也相应地包括两个层面，即整体的数据市场框架体系和具体的规范化细则指引，支持数据资产、数据应用等平台高质量发展，共同培育良性的数据资产服务生态。

数据市场制度应与多层次、多主体、多样化的数据交易体系相匹配，建立公正有效的交易规则和市场监管框架，以确保数据的流通、交易的安全以及市场的健康发展。

一是从数据交易对象来看，数据流通交易对象包括权属关系比较清晰的企业数据、权属关系较为复杂的个人数据，以及不涉及原始数据转移的公共数据等，需考虑制定不同的交易和监管规则，通过规范数据交易一级市场规则，解决原始数据的登记授权、数据资源的流通等问题。例如，健全完善数据资产登记体系，在数据资产信息登记和更新环节，明确数据产品的权利归属，为资产评估和验资机构提供信息支持；而针对公共数据的授权运营、企业数据的供给权益，以及个人数据的受托规范等，则需要探索建立分类分层的开放、共享、交易制度，推进实施公共数据确权授权机制。

二是从数据交易的场所和模式来看，包括以集中交易为主的交易所场内交易，以数据经纪人或数据中介撮合模式、经济主体自主交易或通过平台交易模式为主的场外交易，以及通过数据银行、数据信托、资产证券化等数据资产金融化方式参与的交易模式。这一阶段需要建立健全数据资产交易二级市场和三级市场，进一步鼓励场内交易、规范场外交易。而建设数据交易市场的核心在于培育市场机制，并配套相应的监管和规范机制。例如，建立数据资产存证等信息的披露机制，从制度安排上减少数据确权、定价、收益分配、审核等各个环节的信息不对称，有利于降低交易成本、提高市场效率；规范利用区块链技术等生成数据交易凭证，动态连续监测数据产品交易记录，有利于对未来交易合约应收账款规模进行预测，并向保理机构等提供风险预警，助力防范市场风险；而对于数据平台交易的规范和制度搭建，需要注重考虑如何实现兼顾效率与公平的数据价值分配机制，通过完善并统一数据交易规则，推进数据产品标准化，降低数据跨平台、跨区域流通的交易成本与转换标准的费用支出。以实现数据交易机构和主体之间的产品互认、需求互动、标准互通、主体互信为目标，在数据的合规高效流通和交易过程中激活数据要素价值。

特别地，在从原始数据发展到数据资本化的过程中，也将出现一大批与数据资本相关的服务供应商，在战略规划、场景开发、产品设计、估值定价等细分领域不断拓展，为企业和个人将数据转化为资本提供专业助力。大量数据服务商的出现，将有助于第四产业的发展和壮大，也成为未来服务业发展的一个重要方向。因此，应逐步建立健全交易所与数据商分离的市场运营机制，在支持数据交易所建设的同时，培育一批专业性强、资质完备的数据服务商或技术服务商，建立多元化的服务体系，以市场化的运作模式，为数据交易提供技术和能力支持，盘活整个数据交易的链条，提高数据资产交易流动性。此外，也培养其他致力于改善交易环境的第三方服务机构，创造多方协同的良性生态体系。

长期来看，数据市场建设要有利于数据的充分开发和利用，发挥数据生产要素作为资本赋能实体经济的核心价值作用，而不是仅注重最大化数据交易规模。有鉴于当前我国数据交易市场还处于起步探索阶段，数据交易所、数据交易平台、数据服务商、第三方服务机构等各参与主体在定位、作用、模式和功能等层面都尚不成熟，现阶段在数据市场制度建设方面的主要策略是，更注重整体规划框架搭建与实践探索的结合，在试点、创新和国际经验借鉴中不断落实市场规则和标准体系的制定、规范、迭代和完善，在理念上秉持加强数据供给、激活有效需求、促进流通交易以及赋能实体经济的核心原则，协同处理好市场和政府、效率和公平、创新和治理的关系，逐步培育起适应于多层次数据交易体系的市场生态。

小结：挑战与展望

数据是实现数据资本化的基础，数据资本化的核心内容是数据通过流通和交易赋能实体经济,这也是数据资产应用最重要和最有发展潜力的部分。要实现数据向资本的转化,把数据变成财富,就要加快推进从数据资源、数据产品、数据资产到数据资本,再到数据价值的增值,这是一个完整可循环的价值实现过程。这个过程也就是将数据要素融合到全产业链条、打通数据产业链的过程。

数据产业的高质量发展是国家数据战略落地的关键,数据产业正成为备受关注和蓬勃发展的新兴产业。促进数据产业发展离不开数据产业链的协同发展,包括从数据采集到发挥价值的生产、流通和应用等一系列主要环节,也相应地涉及数据基础设施、数据资源、数据产权、数据估值、数据交易、数据技术、数据与产业融合应用等阶段的配套机制的构建和完善。

构建数据产业链仍需在法律法规完善、技术突破、市场机制健全以及产业生态建设等方面进行深入研究和探索。现阶段特别需要解决四个核心技术挑战:一是数据供给的技术挑战,需要解决隐私保护问题;二是数据交易挑战,需要解决数据的归属问题;三是数据金融化的挑战,需要解决数据资产的定价问题;四是市场制度建设的挑战,需要解决评估、结算、交易以及保存数据等环节如何形成标准化体系的问题。

立足当下,从基础模块入手打造数据产业链和培育数据资产生态,就显得尤为重要。一是在数据生产环节,要解决数据资源供给挑战。首先是明确数据的产权,并做好隐私保护与数据安全工作;其次是重视公共数据资产的授权经营管理;最后是技术手段赋能数据确权,确保隐私保护和安全。二是在数据流通环节,关键是进行科学的数据资产估值。当前常见的成本法、收益法和市场法在使用中都存在一定争议，以夏普利值估值法为代表的前沿技术方法具有较为突出的优势，有望提供更好、更公平的市场激励机制的数据估值，同时还能解决风险问题，将成为科学探索数据价格机制的重点方向。三是在数据交易阶段，要构建大规模的数据资产商业平台。当前此类商业平台的模式主要包括数据交易平台、数据银行、数据信托、数据合作社／数据公社等。搭建良好的商业模式，有助于高效地将数据资源转化为面向场景的可交付的数据产品。四是在数据应用环节，金融业是数据资产化应用最早和最为广泛的领域之一，数据资产金融化将数据资产转化为可以带来经济效益的金融产品或服务。数据资产质押、数据资产证券化、数据资产入股、数据资产信托等创新商业模式的不断提出，有助于深度释放数据资产的核心价值，共建健康有序的数据资产市场生态。最后，构建数据产业链离不开规范、健全的数据市场制度，包括整体的数据市场框架体系和具体的规范化细则指引，以支持数据生产链上下游在生产、流通、应用等环节的协同发展，支持数据资产、数据应用等平台高质量发展，共同培育良性的数据资产市场生态体系。

第七章
构建安全、公平、透明的中国数据资本生态

培育建立完整的数据产业链，需要政府、企业、社会各方主体积极参与、协同共治，同步打造安全、公平、透明的数据资本生态系统。在这个过程中，要建立健全数据要素市场的制度和规则，落实政府、行业自律机构等相关主体的监管责任，保障数据供给方、需求方、服务和技术机构等各类主体的权利和义务，稳步打通数据生产链的生产、流通和应用各个环节，探索推广数据要素市场区域试点新模式，创新数据技术，为数据监管和治理保驾护航，参与国际数据治理的合作与交流，确保我国数据要素市场的高效运行和高质量发展。

第一节　创新数据要素市场的制度建设与政策框架

构建数据资本生态是一个复杂且长期的系统工程，首要的是确立数据产业发展和生态繁荣的战略目标，打造透明、稳定、可预期的制度环境，为整个生态的构建提供明确的方向和指引。

在国家顶层设计上，我国率先进行数据要素市场的制度建设探索。"数据二十条"从数据产权、流通交易、收益分配、安全治理四个方面初步搭建起数据治理的基础制度体系，提出建立保障权益、合规使用的数据产权制度，建立合规高效、场内外结合的数据要素流通和交易制度，建立体现效率、促进公平的数据要素收益分配制度，以及建立安全可控、弹性包容的数据要素治理制度。"数据二十条"初步构建了数据要素从资源、资产到资本的基本发展路径，稳步推进数据要素政策架构的"1+N"体系。

在法律法规体系上，我国已经形成了以"五法一典"为核心框架的数据要素法律体系，"五法一典"即《中华人民共和国国家安全法》《中华人民共和国密码法》《中华人民共和国网络安全法》《中华人民共和国个人信息保护法》《中华人民共和国数据安全法》《中华人民共和国民法典》。这些法规为数据要素产业的健康可持续发展打下了坚实的基础。

在数据工作发展上，2024年4月，国家数据局召开首次全国数据工作会议，提出坚持"一条主线"、统筹"三个建设"的重要论述，即坚持数据要素市场化配置改革这条主线，统筹数字中国、数字经济、数字社会规划和建设工作职责。"主线"强调用市场化配置改革的方式，做好数据流通交易与开发利用、数据产业发展与数据生态繁荣、数据资产化等工作，指明了我国数据要素改革的重点方向。2024年陆续推出数据产权、数据流通、收益分配、安全治理、公共数据开发利用、企业数据开发利用、数字经济高质量发展、数据基础设施建设指引八项制度文件。2024年7月,党的二十届三中全会对加快构建促进数字经济发展体制机制和完善数据要素市场制度规则等做出部署,为下一步推进数据领域的改革发展指明方向。

在机制建设上,国家政府逐步提出健全数据基础制度、优化数据基础设施布局、建立数据资源体系和数据交易体系、繁荣"数据要素×"业态、推进公共数据授权运营机制、优化数据跨境流动规则等发展关键事项,旨在通过打造数据资产化体系,如数据资产估值、数据资产入表和数据资产证券化等机制,加快推动数据的流动和价值的释放。

在政策支持与激励上,各地各部门围绕"数据二十条"制定数据要素相关细则规定,不断丰富完善数据要素各方面制度体系和配套政策。各部委结合职责,面向数据确权、数据资产入表以及行业数据流通等方面出台相关政策举措,逐步重点突破。例如,工信部牵头编制《数据确权授权的流程与技术规范》,财政部发布《企业数据资源相关会计处理暂行规定》等。各地方密集出台支持数据要素市场发展的数据条例,组建数据集团,发布税收优惠、财政补贴、融资支持等系列政策措施,吸引和鼓励企业积极参与数据要素交易和数据市场建设,培育数据资源开发利用生态。

第二节 支持数据产业发展的监管生态

总体而言,建立一个完善的数据要素市场化制度需要满足诸多基本要素，包括数据供给、数据需求、数据确权、数据定价、数据交易、数据应用、数据治理等，只有从产业发展、市场构建和生态培育等多方面综合入手，探索改革路径，才有利于尽早实现数据要素价值释放的系统化突破。

一、着力夯实数据基础设施建设

数据要素市场生态的构建需要强大的数据基础设施作为支撑。党的二十届三中全会首提"国家数据基础设施"，既包括支持数据收集、存储、处理、流通、应用等全流程环节的技术平台型硬件基础设施，如网络设施、算力设施、数据安全设施和数据流通设施四大类，也包括数据资源体系、数据流通体系、数据交易体系中具有通用性的规范标准、体制机制等软性基础设施，是支持数据要素市场高效规范运行的重要能力保障。

在第二届全球数字贸易博览会数据要素治理与市场化论坛上，国家数据局局长刘烈宏首次论述数据基础设施，明确提出通过构建适应数据要素特征、促进数据流通利用、发挥数据价值效用的数据基础设施，可以为数据要素市场生态的发展提供坚实的基础，加速以数据为关键要素的数字经济建设。从能力角度看，数据基础设施支撑数据汇聚、处理、流通、应用、运营、安全保障全流程。通过数据基础设施，可以实现从整体推动数据服务千行百业、深度融入社会生产生活，推动数据要素"供得出、流得动、用得好"。

同时，能力基础设施涉及数据要素市场的各类主体、工具，各种相关标准、协议、身份认证和授权,以及各类标准化和智能化的通用算法、模型和工具等。要实现不同区域、不同领域的数据资源有序汇聚,不同行业、不同机构的数据产品合规高效流通,不同参与主体对数据资源和产品的有效利用,应尽快从整体出发,明确数据基础设施的概念、发展愿景和建设目标,凝聚社会和产业共识,明确建设方向,推动构建协同联动、规模流通、高效利用、规范可信的数据基础设施服务体系。

二、促进数据产业发展和繁荣

数据要素市场涵盖数据生产(数据采集、数据存储、数据加工)、数据流通(数据交易)、数据应用(数据分析、数据服务)及生态保障等主要产业链环节。数据产业既与信息通信产业、互联网产业密不可分,又有其新的发展特点,同时现有的对高新技术企业、软件企业等的支持政策,尚不能完全覆盖相关数据企业,应将数据产业作为一个新兴的产业门类,制定针对性政策,不仅有利于回应市场关切,增强数据企业的获得感,也有利于顺应科技和产业发展规律,有效聚集资源,培育一批强有力的经营主体,提高产业竞争力。

《数据要素市场生态体系研究报告(2023年)》分析了2022年我国各产业链环节的市场规模分布,各环节市场规模占比从高到低依次为:数据生产环节47%,数据应用环节32%,数据流通环节15%,生态保障环节6%。可以看出,当前数据生产和数据应用环节发展较快,而作为释放数据要素价值重要途径的数据流通环节、支撑数据要素市场健康可持续发展的生态保障环节都还有较大发展空间。

具体到数据要素在各行各业中的融合和应用，其发展也存在差异。2022年，我国数据要素在商业、民生、工业、政务领域中的市场规模占比分别为39%、25%、24%、10%。其中，金融和医疗保障分别是商业和民生领域中数据要素应用覆盖最为广泛的行业，工业数据要素领域正加速发展，政务数据要素助推数字政府建设。数据要素正全面渗透融合到现代生产、生活领域，成为催生和推动数字经济新产业、新业态、新模式发展的基础。

下一阶段，应着重解决数据产业各环节，特别是数据流通和生态保障环节中的痛点和堵点，有效推进数据要素市场的发展。一方面，厘清数据产业的内涵和外延，面向市场需求，培育多元化的市场经营主体。另一方面，发挥市场配置资源的决定性作用，支持企业在资源汇聚、技术攻关、产品服务、流通交易、基础设施等方面加快发展。同时，用好政策工具，从投资政策、人才培养、产业集聚等方面给予相应的政策安排。

三、规范化推进数据流通和交易

数据流通环节具有数据开放、数据共享、数据交易的核心功能，是推动数据资本化和数据要素市场发展的关键枢纽。建设数据要素市场的相关政策、法律法规以及实践成果，只有尽早转化为具有通用性、可操作的标准规范，才有助于加快实现数据要素应用的规模化、市场化落地。重视数据要素流通标准化工作，对于构建数据资本生态、缓解数据供需不匹配、提高数据流转效率、释放数据价值具有重要意义。

我国高度重视大数据标准化工作，国家标准化管理委员会（职能现归属国家市场监督管理总局）与工业和信息化部共同成立了全国信标委大数据标准工作组，并组织国内相关产、学、研、用单位的专家、学者，共同编制《数据要素流通标准化白皮书》。从顶层设计视角审视数据要素流通现状及规律，提出了我国数据要素流通的总体框架，包括数据要素流通政策与法律法规、数据要素流通制度、数据要素流通模式、数据要素流通技术、数据要素流通标准五个方面（见图7-1）。数据要素流通环节可以划分为五个阶段，分别为数据权利、数据登记、数据定价（收益分配）、数据交易和数据监管（安全合规），这些阶段正在从法规制度、统一标准、市场规则、核心技术等方面不断完善。

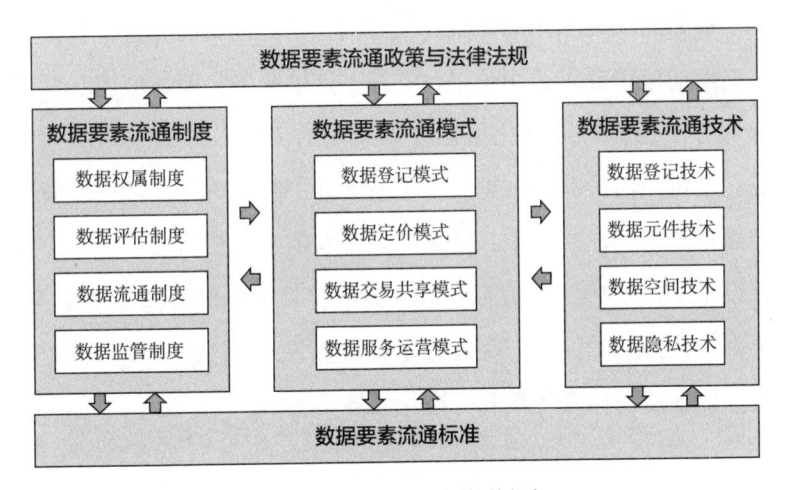

图7-1 数据要素流通总体框架

资料来源：全国信标委大数据标准工作组。

培育数据资本生态的目标是实现数据的共享和流通，充分发挥数据的价值。通过建立数据交易平台、数据共享联盟、数据资产生态技术体系和服务平台等方式，建立合作伙伴关系或合作机制，可以促进数据在多方之间、不同领域和行业之间的共享和流通，赋能解决数据确权、定价、交易、流通、隐私、商业模式等数据产业链中的关键问题，共同推动数据资本生态的发展。例如，利用信息化建设和数据技术优势，人民数据管理有限公司在2019年启动了首个国家级综合数据资产服务平台人民数据资产服务平台。该平台集数据合规性审查、数据确权出版、数据流通登记、数据资产服务于一体，搭建起"国家云"，面向全社会提供数据存储、数据运用、数据交易等多种服务，旨在探索打通政府、企业、第三方服务机构等各方的数据壁垒，实现数据资源的安全共享和发展。

在数据流通利用的设施建设方面，基础设施的完善也包括为数据流通应用提供通用化平台支撑、传输服务、跨域应用、标识管理等，能够帮助优化数据生命周期的流程，降低数据应用门槛。立足当前，我国数据要素流通尚处于起步阶段，数据流通标准规则体系仍在探索中，绝大部分标准集中于数据治理环节，基础设施、产权确认、数据产品、流通交易等标准规范相对缺乏。要夯实数据基础设施、完善数据资本生态，亟须建立统一有效的数据要素流通标准体系和标准化服务生态。

四、平衡数据跨境流动的收益与风险

数据跨境流动是数字经济时代的重要议题，我国致力于构建公平、透明、可预测的国际数据治理环境，在加强数据跨境流动监管方面采取了一系列积极举措，推动数据跨境合作，参与构建全球数据治理的规则制定。

数据跨境流动生态的构建需要政府、企业、社会组织等多方参与。政府端制定完善的法律法规和政策措施，为数据跨境流动提供法律保障和制度支持；企业端遵守相关法律法规和国际规则，加强数据安全管理，保障个人信息权益；社会组织积极参与数据跨境流动监管和治理，共同构建国际跨境数据治理环境。

我国致力于保障数据安全、有序、自由流动，初步构建了具有中国特色的数据跨境流动管理体系。《中华人民共和国网络安全法》《中华人民共和国数据安全法》《中华人民共和国个人信息保护法》等基础法律法规，明确了数据跨境流动应当进行安全评估；《数据出境安全评估办法》明确了数据出境的具体流程和要求；《个人信息出境标准合同办法》《促进和规范数据跨境流动规定》进一步健全了数据跨境流动规则，完善了数据跨境流动制度体系。

数据跨境流动生态具有多元化、复杂性和动态性等特点。多元化，指数据跨境涉及多个国家、部门等利益主体且诉求各异，监管和协调难度大。复杂性，指数据跨境涉及数据安全、个人信息保护、国际贸易规则等多个领域，不同国家的法律法规存在差异。动态性，指随着技术发展和国际形势变化，数据跨境流动生态会不断演变和调整。因此，针对数据跨境流动的监管和治理制度，在规范化和法治化的基础上，要更加注重通过技术提升来平衡各方利益、动态调整，在利用跨境流动便利性的同时维护数据主权、安全和隐私保护。

当前，全球数据跨境流动治理与规则正处于形成过程中，我国要构建高效、便利、安全的数据跨境流动机制，形成公平、透明、可预测的数据跨境流动生态。一方面要推动与国际数据交易规则的对接，完善跨境数据安全管理办法；另一方面要积极参与数据跨境流动市场相关国际规则的制定，完善数据跨境贸易规则，逐步扩大数据跨境贸易规模，提升全球数据资源配置规模和能力。

五、以数据服务生态保障数据安全和监管

积极创造数据要素应用场景条件是推动数据要素赋能实体经济的前置因素，数据要素市场需要构建良好的服务生态，为数据生产、流通和应用提供有效保障。数据服务生态保障覆盖数据监管、数据治理、数据安全等领域，可细分为数据资源质量管理、数据资产评估、融资交易撮合、数据权益保护等重要内容，其中数据安全是数据要素价值释放的支撑和保障。

从生态服务的提供主体来看，数据经纪商在推进数据要素市场化配置的过程中，特别是在丰富完善数据基础制度、推动数据基础设施建设、促进数据流通和开发利用等方面扮演着重要的角色，发挥着关键作用。截至2022年底，我国数据要素生态保障类企业达18万家，占数据要素市场规模的比重仅为6%，仍有很大的发展空间。数据要素生态保障类企业涵盖数据安全服务

商、数据资产评估服务商、数据合规评估服务商、数据质量评估服务商、数据人才培训服务商、数据治理和监管服务商等类型。其中，数据安全服务商发展较快，占比接近五成，数据资产评估服务商作为保障数据要素流通交易的重要机构，占比接近三成，数据合规、治理、人才培训等服务机构尚不健全。

随着数据资源进入企业财务报表，围绕数据资产化，将逐渐形成与其相关的技术体系、服务体系和监管体系，数据资源进入企业财务报表规模有望达到百亿元量级。数据不同于其他资产，为了避免产生资产泡沫，必须建立企业数据资产的技术服务体系，以解决数据资产的封装、确权、追踪等问题；建立市场服务体系，以解决数据产品设计、登记、流通、交易等问题；建立监管体系，以保证数据市场的有效、公平和高效。

我国数据应用场景多元，数据需求丰富，但数据要素市场作为新兴领域，相关制度和规范尚不健全，企业对数据资源重要性的认知和技术能力不足，参与度与积极性也有待提高。加强建设完整配套的数据要素应用服务体系、数据应用技术体系，能够为数据要素市场各参与主体提供有效的数据安全、数据监管等发展保障，为助力数据要素价值的全面释放，构建安全、开放、高效的数据要素市场生态体系提供有效支撑。

第三节　继续数据要素市场新模式的区域探索

数据要素市场作为一个生态系统，需要集聚发展，才能有效激活数据要素价值。探索构建数据要素市场制度，要发挥市场激励机制的作用，聚集多元化主体，培育数据资本生态的新模式、新业态。在国家顶层数据战略的指引下，各地纷纷以生态培育为目标，探索创新数据要素市场发展模式。

整体来看，《中国城市数据要素市场发展评估报告（2023年）》评估我国城市基本形成了四大数据要素产业聚集区，分别是京津冀聚集区、长三角聚集区、珠三角聚集区和川渝贵聚集区。四大聚集区在数据要素市场发展评估指标中各具优势，协同带动、辐射示范效应显著提升，实现城市群产业联动发展。一是以北京为中心的京津冀聚集区，数据量集中，高效能算力承载力领先，在数据中心建设和数据产品研发方面极具优势。二是以上海、杭州、南京、苏州等城市为主体的长三角聚集区，该聚集区省市共建数据共享交换机制，推动跨域数据共享共用，实现数据要素跨省市流动通畅。三是以深圳、广州、佛山、珠海等城市为主体的珠三角聚集区，在加快塑造"数字湾区"的背景下，创新探索数据跨境双向流动机制，成为我国探索数据跨境流动的先行示范区。四是以成都、重庆、贵阳等城市为主体的川渝贵聚集区，在组织架构、合作模式等方面开展诸多探索，为培育数据要素产业生态积累新经验。

目前，我国各大城市围绕当地数据基础资源优势和特色产业，积极探索数据要素市场发展模式和实施路径，在数据基础制度建设、公共数据授权运营、数据交易平台建设、应用场景探索、数据要素产业生态培育等方面先行先试，已探索出一批典型案例和成功经验。整体来看，一线城市上海、北京、深圳和广州的数据要素市场化配置改革进展较快，引领全国数据要素市场发展；重庆、杭州、成都、武汉等数字经济发展水平较高的新一线城市，在政府的积极推动和企业的创新实践下，也逐步形成了具备当地特色的数据要素市场发展格局。

在数据基础制度建设方面，北京率先成为启动数据基础制度先行区、加速建设数据基础制度的综合改革试验田和数据要素的集聚区，推动相关政策在全市范围内形成综合样板，为全市数据要素市场化配置改革提供范例；贵州成立全国首个大数据综合试验区，积极探索数据基础制度建设，已颁布大数据地方性法规，大数据安全、政府数据共享开放条例，是数据立法先行者；上海注重数据要素市场的国际化发展，推动数据跨境流动机制的建设。

在公共数据授权运营方面，多地出台了公共数据授权运营的政策法规，在公共数据的市场化运作方面进行大量创新实践，如实施"政所直连"模式，推动公共数据的市场化运作，打破政府与市场之间的数据壁垒，促进数据资源的共享和开放。全国已有20多个省市陆续成立了数据集团公司或数据科技公司作为公共数据授权运营建设主体，采用统一授权、分场景授权、分级授权等不同授权运营方式。北京在公共数据运营中采取以场景为牵引、分行业集中的数据专区模式。浙江统筹建设省市县三级一体化智能化公共数据平台，在全域内设立多个试点，通过试点先行的方式，探索医疗健康、金融保险、道德诚信等场景的公共数据授权运营模式和机制。

在数据交易平台建设方面，各地数据交易平台持续增加，平台建设加快推进。从实践来看，各大数据交易平台逐步形成了数据登记、技术赋能数据权益使用等确权模式，医疗、交通、工业用电数据等成为数据需求新热点，政府公信力推动更多高价值公共数据进入数据交易平台，数据服务商不断赋能数据产业发展。但各区域交易平台仍存在服务同质化、网络开放不足等问题。各大数据交易平台交易标准、交易规则存在较大差异，不同平台生态系统中的相关企业数据开放度较低，相互之间数据兼容性较差，在一定程度上影响了数据要素的跨区域交易和流动，限制了数据价值的充分释放。

在应用场景探索方面，我国在金融、医疗、教育、交通等领域都拥有广泛的应用场景，且以5G、大数据、人工智能、区块链为代表的数字技术加速向各领域融合渗透，数据赋能作用日益凸显，智慧交通、远程医疗、无人工厂等多样化的数据应用场景不断扩展。进一步，随着企业数据资产入表，更多的数据价值得到发现并确认，也增加了数据资源的应用场景或业务模式。北京创新提出"数据服务产业"概念，明确了数据生产服务业、数据安全服务业、数据流通服务业、数据应用服务业四个数据服务产业的组成部分，有利于加快培育数据产业集群、促进平台企业开放生态系统、推动政企数据交互共享。

在数据要素产业生态培育方面，江苏率先开展数据要素市场生态培育项目，基于数据的资源、资产与资本属性，以构建生态系统的思路，围绕数据收集、管理、应用、流通四大培育方向，引导政府、园区和各类企业先行先试，遴选了一批培育项目，并对其进行跟踪指导，打造数据要素市场价值链，构建数据要素市场生态体系。北京国际大数据交易所则建立了首个面向全球的数字经济中介产业体系，对数据托管、数据经纪等一系列创新型中介产业进行培育。

第四节 以数据技术创新保障数据监管与治理

数据要素市场的发展离不开技术的支持和保障，数据资本生态提出的安全、公平和透明高要求，意味着数据技术体系必须不断变革创新，秉持"数据可用不可见""数据可控可计量""可溯源存证"的技术理念，稳步壮大数据要素市场。

数据技术随着产业进步、业务需求而持续演进。数据要素在数据生产、流通、应用、治理保障的全生命周期过程中发挥赋能作用，产生经济价值，也提出了可控、可计量、可流通的技术新要求。在数据流通交易的核心阶段，数据计算、估值、确权、建模等都需要突破性的技术创新（见图7-2）。

中国信息通信研究院在《数据要素白皮书（2023年）》中，介绍了当前支持数据处理、数据流通和数据价值释放的主流技术方向。简言之，数据处理技术以云原生技术、软硬协同技术以及由数据仓库和数据湖融合形成的湖仓一体技术为代表，能够提高数据处理技术性能、安全性和智能性，也能够减少存储成本，提升数据处理时效性；数据安全流通技术以人工智能、隐私计算、区块链、图联邦技术为代表，能够降低技术使用门槛，助力数据流通与共享，能够解决数据生命周期的隐私保护问题和多方业务间的数据安全可信流通难题,实现数据可用不可见的密态流转,以及打破数据孤岛;而支持场景应用下数据要素价值释放的技术则包括向量数据库、图分析技术、时空大数据平台以及时空数据库等,有助于解决非结构化数据的存储与计算问题,分析数据之间的关联性及复杂关系,实现海量时空数据管理,满足不同应用场景的数据处理需求。

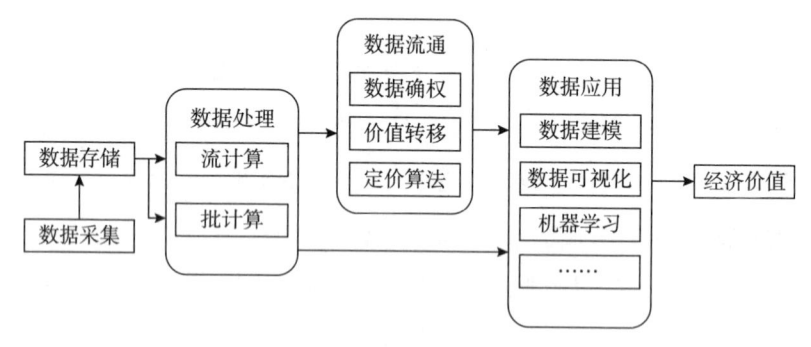

图 7-2 数据要素流通技术流程

资料来源:中国信息通信研究院。

面向数字经济深入发展的未来,数据要素技术体系将在采集、存储、计算、管理、流通、安全各环节更新和重构,逐渐形成数据要素基础设施、可信数据空间等综合性技术框架,为系统性解决数据共享流通瓶颈问题、安全可信问题和数据内容保护问题提供坚实的技术底座。

目前,各地方及各机构正充分利用前沿技术,提升数据安全技术保障水平,助力数据要素市场的构建。例如,浙江利用数据沙箱、隐私计算等技术手段,在公共数据平台上开发开放域系统,实现数据安全开放、融合应用,并成立浙江省数据开放融合关键技术研究重点实验室，探索攻克数据利用技术难题。平安银行积极研发人工智能模型，开发出双向数据安全分类分级人工智能打标及管理平台，提升数据分类分级效率，满足国家和监管机构的相关法规与要求。

此外，从数据监管治理的角度，利用人工智能、区块链、智能合约等，充分发挥技术算法的实时触达性、不可更改性、分级权限控制性和自动执行性等特性，是提高数据监管效率、推动数据安全监管体系建设的重要途径。通过构建完善的数据安全管理体系、应用先进的数据安全技术、加强数据安全协同治理以及持续监测与改进等方式，可以显著提高数据监管与治理的效率和效果。应鼓励安全技术的融合创新，探索建立数据技术规范标准，以安全促发展，为实现数据安全高效流通保驾护航。

第五节　促进与规范数据跨境流动

一、数据跨境流动对全球经济增长的贡献与挑战

数据作为新型的国家战略性资产，全球越来越多的经济活动由数据驱动。数据跨境流动已经成为全球资金、信息、技术、人才、货物等资源要素交换、共享的基础，也是数字化时代影响经济全球化的重要因素。全球数据流主要包括信息、搜索、通信、交易、视频等，为商品贸易等其他类型的跨境流动奠定了基础。全球商品贸易的历史表明，全球商品流动能促进 GDP 的增长，

而无论商品流通的方向如何，在全球商品贸易网络中处于中心位置的国家都能获得更大的利益。这一规律对于数字经济时代数据流动的影响或将同样成立。

全球数据流动对经济增长有明显的拉动效应。数字技术改变了跨境业务的开展方式和参与范围。自2008年以来，曾经快速增长的全球商品贸易和跨境资金流动已趋于平缓和下降，数据跨境流动飙升，成为促进全球经济增长的新动能。麦肯锡在《数字全球化：全球流动的新时代》中估算，数据流相对全球人口每增加10个百分点，将带动GDP增长0.2%。2005—2014年的10年间，依靠数据跨境流动的经济活动使全球GDP增长了3%。2014年，数据跨境流动直接和间接创造的价值，使全球GDP增加了约2.8万亿美元，已超过传统的全球商品贸易流和国际投资流。预计到2025年，数字化对全球经济增长的贡献将高达11万亿美元。根据经济合作与发展组织的测算，数据流动对各行业利润增长的平均促进率为10%，在数字平台、金融业等行业中可达到32%。而世界经济论坛的研究则显示，对数据跨境流动的限制，会因为带来高昂的合规和准入成本而阻碍经济增长，并抵销数字化带来的收益。

数字时代，全球化进入由传输信息、知识和创新思想的数据流动所定义的新阶段（见表7-1）。数据和信息的无形流动，接近零的数字通信和交易边际成本，全球即时信息访问等新特征，为大规模开展跨境业务提供了新途径，数字基础设施对流动的影响也变得更为重要。由于全球流动的包容性增强，更多的新兴经济体、中小型企业，以及个人都能够直接参与数字全球化，创造更加广泛、高效的国际市场，并对国家经济增长产生重要的影响。

表 7-1 贸易全球化与数字全球化的差异

20 世纪的贸易全球化	21 世纪的数字全球化
·实物商品的有形流动 ·主要在发达经济体之间流动 ·资本和劳动力密集型流动 ·交通基础设施对流动至关重要 ·主要由跨国公司推动流动 ·流动以货币化交易为主 ·思想的跨境传播缓慢 ·创新从发达经济体流向新兴经济体	·数据和信息的无形流动 ·新兴经济体的参与增加 ·知识、信息和数据密集型流动 ·数字基础设施变得同样重要 ·小企业和个人的作用日益增加 ·更多是免费内容和服务的交流 ·全球即时信息访问 ·创新在发达经济体和新兴经济体之间双向流动

资料来源：麦肯锡（2016）。

一方面，数据跨境流动通过促进国际贸易和投资、推动数字经济和社会发展、促进技术创新和跨国合作、提高企业运营效率以及增强全球经济互联互通等途径，扩大了全球化的覆盖范围，重塑全球产业链、价值链，成为推动全球经济增长的新动能。另一方面，数据跨境流动也将对国际利益分配、数字贸易、数据产业、数据主权、国家安全和网络安全等产生前所未有的影响，既对各国构建数据监管政策提出了新的挑战，也需要多边合作建立全新的数据跨境流动全球治理体系与规则，以确保协调解决数据主权、数据安全和隐私保护等数字经济时代的核心问题。

数字全球化中的利益冲突和竞争是制约数据跨境流动的主要因素，不同国家的数据资源禀赋差异也将对全球经济格局和数据产业链分工产生深远影响。当前，各主要经济体对数据要素的跨境流动采取不同的监管态度，国际尚未形成统一的数据跨境流动规则。美国对数据跨境流动的政策曾一直坚持"数据自由流动+扩张域外管辖",从 2023 年开始结构性转向针对"受关注国家"实施"有限例外"的数据流动审查;欧盟采取"单一数字市场+外严内松"的数据本地化或限制性数据跨境流动政策,利用其法律制度的传统优势,构建高门槛、高标准的数据跨境传输规则,向其他国家输出欧盟模式;日本则同时与美欧的数据跨境流动监管框架对接,规则形式上参考欧盟,但采取更为弹性化的原则,务实推动本国数据跨境流动规制新方案及其主导权,通过双边、多边积极谈判,致力打造美、日、欧三方互认的"数据共同体"。

各国在数据跨境流动规则上的博弈,反映了对数据治理国际话语权的重视,旨在利用各自的产业先发优势形成在国际数据跨境流动规则上的竞争优势,以从根本上占据未来数字经济市场的全球高地。随着全球数据跨境流动治理和规则博弈的演进,我国也提出符合本国特色的数据跨境流动"中国方案",在发展与安全的基础上,积极推进数据跨境流动治理框架和标准体系建设,促进数据跨境安全有序自由流动,同时依靠国内和国际两个大循环,联动扩大我国数据跨境流动规则的影响力,为全球数据跨境流动治理探索提供新的思路。

全球数据跨境流动规则趋于多样化、复杂化和差异化。主要国际组织和多边机制,如联合国、世界贸易组织、经济合作与发展组织、亚太经济合作组织、二十国集团等,积极推动数据跨境流动的跨国协调,达成原则共识,成为协同各国监管规则、促进数据跨境安全有序流动的重要平台。此外,在区域及双边框架下的自贸协定和数字经济专项协定等,也通过纳入数据跨境流动相关条款,从而打破国家间的数据流动壁垒,促进全球数据跨境流动治理。

二、数据跨境流动助力数据资本化的实现

数据资本化可以理解为将数据资产的价值或使用价值折算成股份或出资比例,通过数据交易和数据流通将数据资产变为资本,赋能实体经济。在这个过程中,数据在各级市场中自由流通,完成从数据资源、数据产品、数据资产到数据资本的转变,实现其价值和使用价值最大化,最终数据也就成为一种普通的、可以自由流动的、能够产生增值的资本。

在构建数据产业链的流通环节,一方面要注重政务数据共享、公共数据开放、商业数据交易,另一方面要注重国际数据跨境流动。在全球数据跨境流动规则框架下,没有企业可以回避数据跨境流动规则的深刻影响。数据跨境流动有利于释放数据价值、降低企业成本、优化全球数据资源配置、帮助拓展国际市场和促进技术创新、推动数据产业链和数字经济发展,成为实现数据资本化的重要途径和内容之一。

1. 促进数据资源的跨境流动和数据资本的价值增值

数据资源是数字贸易发展的基础和重要载体,数据跨境流动打破了地域限制,使数据资源能够跨越国界,在更广阔的范围内实现流通与共享,支持全球数字贸易的蓬勃发展。

数据资本是一种新型的资本类型，参考《资本论》《21世纪资本论》等经典著作对"资本"的定义，数据资本也可以通过市场永久转移或交易，实现自行增值。数据跨境流动扩大了数据资源的流通范畴，有助于消除数据孤岛，提高数据资源的利用效率，也提供了数据资本在数字产业链中实现价值增值的更大空间，促进全球数据价值链的构建。

数据跨境流动极大地促进了全球数字贸易发展。联合国贸易和发展会议测算，2011—2021年，全球跨境数字服务贸易规模从2.15万亿美元增至3.81万亿美元，年均增长率为6.76%。其中，2021年，跨境数字服务贸易达到历史最高增速，同比增长14.3%，在服务贸易中占比达63.6%。同一时期，全球数据跨境流动也加速增长，规模从53.57 Tbps（太比特/秒）扩张至767.23 Tbps，增长超过13倍。2011—2019年，数据跨境流动规模年平均增长率超过25%，特别是2020年之后，增长率持续稳定在高位，连续两年超过29%。

这显示了数据跨境流动与数字全球化及数字贸易发展的密切关联性。跨境数字贸易也是数据资本创造价值的重要场景，完善数据跨境流动机制将极大地激活数据要素潜能，实现数据资本的价值增值。

2. 降低企业成本，优化数据资产配置

数据跨境流动有助于降低流动规则范围内企业的运营与合规成本，优化数据资源的全球或区域配置，使数据能够更好地满足市场需求，推动数据资源、数据产品、数据资产的流通和配置。

从近期的全球数据跨境合作趋势来看，以美国、欧盟、日本为代表的国家正致力于形成区域性的数据跨境流动圈阵营，2023年下半年先后发布了《欧盟－美国数据隐私框架》和"英美数据桥"等合作框架。2024年4月，欧盟理事会通过了欧盟和日本的数据跨境流动协议。该协议将逐步取消数据本地化措施的阻碍，确保欧盟和日本的数据流动，使金融服务、运输、机械和电子商务等多个行业的企业受益。企业将不需要在多个地方建立和维护数据存储设施并复制其使用的数据，这减少了烦琐且成本高昂的管理或存储要求，降低了企业的额外成本，也提高了企业数据的安全性。

在数据跨境流动的方案中，我国积极推动《全面与进步跨太平洋伙伴关系协定》《数字经济伙伴关系协定》，以及双边、多边数据跨境流动的谈判进程。2024年3月，国家互联网信息办公室出台《促进和规范数据跨境流动规定》，适当放宽了数据跨境流动条件，适度收窄了数据出境安全评估范围，有助于降低企业合规成本，促进数据跨境流动。该规定采用列举方式，规定了无须进行数据出境安全评估或个人信息出境标准合同备案的场景，为境内外企业提供了研发、生产、销售等数据安全有序流动的便利，有助于高质量数据资源等优质生产要素的顺畅流动和高效配置。

3. 激活数据资本市场的内生动力，推动数据产业链发展

数字时代，数据跨境流动，数据流引领技术流、资金流、人才流，使数据资源日益成为重要的生产要素和社会财富。数据跨

境流动是促进社会和经济数字化发展的重要推动力,也是提高数据产业竞争力和重构数据价值链的重要手段。以数据吸引全球资源要素、深度参与全球产业分工和合作,成为激活和壮大数据产业的市场内生动力,也是构建高质量数据产业链的重要举措。

现阶段数据跨境流动的发展和实践,正在数据资产金融化、数据跨境服务和合作平台化、数据跨境双向流通机制等方面努力探索,从市场端积极推动数据跨境合规安全流通的机制建设。一是在数据资产金融化创新方面,如基于信托制度的国际通用性,数据信托有望成为数据跨境流动与合作的重要新途径和新模式之一。二是在数据跨境流动交易平台和机制建设方面,如上海数据交易所开设运营国际板,致力于打造全球数据要素配置的重要枢纽节点,建设国际化数据交易平台,连接企业和国内外的数据交易市场。在广州南沙、深圳前海、珠海横琴等数据枢纽区域开展"数据海关"试点,探索建立数据跨境审批与管控机制。三是在拓展数据资本的多场景应用渠道和生态培育方面,如"粤港澳大湾区数据保护与数据跨境服务平台"的上线启动,为企业数据流通的安全性、合规性提供保障,推动企业间的规模化数据协作与跨界融合,增加数据资本价值变现的途径。四是在推动我国数据跨境流动治理制度落地方面,如试行国家数据出境安全评估制度,推动社交媒体、医疗、金融、汽车、民航等行业的重点企业完成数据出境风险自评估工作。

依据全球数据跨境流动的经验规律,跨境数据主要流向三类地区:产业链供应链枢纽、数字产业优势地区和数字规则较为完善的地区。我国已经具备了完整的工业体系和数字经济发展优势，有潜力成为全球数据跨境流动的重要枢纽，应尽快建立健全数据跨境流动规则、机制和治理的方案，助力加快形成完整的数据产业链，与数据供应链、价值链和创新链深度融合，只有打通数据基建、数据服务、数据应用、数据产品、数据流通、数据交易等关键环节，才能充分释放数据资本赋能实体经济的核心价值。

第六节 提升数据治理的国际合作与交流

全球数据治理作为保障数据质量、安全和合规的关键路径，是数字经济时代绕不开的重要议题。尽管当前各国数据治理模式难以协同统一，数字经济领域的国际合作面临地缘政治、意识形态和文化安全等多方面的考验，但围绕特定类型数据流动、标准法规互认、隐私安全技术创新、大数据发展等符合人类公共利益领域的国际合作和交流，仍有很大的发展空间。

一是国际标准制定和法律法规互认。

数据治理的标准制定和法律法规互认，是确保全球数据流通和应用顺畅的重要基石。数据治理的国际标准不仅为各国数据治理提供了可遵循的规范，还能促进跨国企业之间的数据合作与共享。制定统一的数据标准和规范，可以减少数据交换与整合的障碍，提高数据的可用性和价值。当前国际主流的数据治理框架包括 ISO 数据治理标准、DGI（数据治理研究所）数据治理框架和 DAMA（国际数据管理协会）数据管理框架等，为不同国家和组织提供了数据治理的参考和指导。

在数据保护和隐私法律法规的互认方面,国际上已经取得了一定的进展。例如,欧盟的《通用数据保护条例》为欧洲国家的数据保护设立了高标准,并影响了全球范围内的数据治理实践。同时,一些国家和地区之间的双边或多边协议都包含了关于数据流动、数据保护和隐私的条款,以确保数据交换符合各自的法律要求,促进成员国之间的数据互认和合作。经济合作与发展组织发布的《关于政府调取私人部门实体持有的个人数据的宣言》,强化了该组织成员基于国家安全和执法目的的数据调取合作。

整体而言,全球范围内的数据保护和隐私法律法规互认仍面临诸多挑战。不同国家和地区之间的法律监管框架、文化隐私观念、司法体系、数据安全技术标准以及数据主权等存在差异,都会导致互认过程中出现分歧。同时,由于当前仍缺乏全面的国际协调机制,国际组织在推动数据保护标准互认方面进展缓慢。联合国于2024年9月举办未来峰会,通过了《全球数字契约》,有望成为弥合数字治理分歧、凝聚共识、促进数字合作的全球性重要指导框架。

二是数据跨境流动的合作博弈。

相比其他生产要素,数据要素的跨境流动性对数据价值具有更广泛的影响。中国信息通信研究院报告,2022年,全球数据跨境流动规模达到99.7万Gbps(吉比特/秒),近3年平均规模增速超30%,持续处于高位。随着数据跨境流动趋势的增加,具有数据要素和数字技术优势的地区正在逐渐成为全球数据价值链的重要枢纽,由此形成新的国际利益分配格局。

各国制定数据跨境流动政策，是基于自身的国家安全、产业发展、技术标准、社会文化做出的综合决策。很多国家和地区制定了相应的数据跨境管理规则。据统计，截至 2023 年 5 月，已有 70 多个国家和地区对数据跨境流动有所规制，超过 180 个区域贸易协定中增设了包括数据跨境流动在内的数字贸易规则专门章节或专门条款。

尽管各国在数据隐私保护制度上存在根本差异，但全球政治经济环境持续变动，使各国围绕数据跨境流动的政策协调仍保持着动态的合作博弈。如美欧基于平衡市场需求和国家安全利益，通过《欧盟－美国数据隐私框架充分性决定》达成了新一轮数据流动协议。七国集团推动"可信数据自由流动"落地，强调将优先推动医疗、绿色、自动驾驶等特定领域的数据共享。简言之，各国在数据跨境流动规则上的博弈，反映了其对数据治理国际话语权的重视，旨在形成规则上的竞争优势，以占据未来数字经济市场的全球高地。

我国始终倡导数据跨境安全有序流动，携手各方构建开放共赢的数据领域国际合作格局。我国通过构建数据跨境流动制度体系，促进双边、多边协商，参与国际规则制定，提出国际倡议，积极推动数据跨境流动国际合作，并取得了新的进展。我国发布《促进和规范数据跨境流动规定》，放宽数据跨境传输制度，进一步对接国际高标准经贸规则；提出《全球数据跨境流动合作倡议》，呼吁全球携手构建高效便利安全的数据跨境流动机制；加入《区域全面经济伙伴关系协定》、主动对接《全面与进步跨太平洋伙伴关系协定》和《数字经济伙伴关系协定》等国际高标准经贸规则，与多个国家和地区签署双边、多边数据跨境流动协议，如与德国签署《关于中德数据跨境流动合作的谅解备忘录》，与新加坡建立数字政策对话机制，并在数据跨境领域合作展开交流等。

三是数据安全与技术合作。

以数据推动创新和发展受到全球的广泛关注，但快速发展和部署应用的新兴数字技术给各国都带来了巨大的治理挑战。在数据治理的国际合作中，要兼顾安全与发展的原则。

一方面，要加强在数据安全领域的国际合作，共同应对网络攻击、数据泄露等威胁。各国和国际组织正加强在数据加密、匿名化、数据共享等方面的技术合作，以提高数据跨境流动的安全性和合规性，保护数据免受非法跨境攻击。中国2020年提出《全球数据安全倡议》，强调各国应尊重他国主权、司法管辖权以及数据安全管理权，共同维护全球数据流动的安全与秩序，不仅关注保障本国数据安全，也能尊重其他国家在数据跨境流动方面的相关规则。

另一方面，要通过国际合作共同开发数据资源，推动数据资源的共享和利用，推进全球数据资产治理机制的建设，释放数据资本对全球经济增长的潜力。首先，建立并完善各国数据开放机制，建立数据共享平台，加强数据安全管理，以全球数字公共品的形式提供公共服务的数字解决方案。其次，整合优化现有全球数据治理的网络系统，协调解决不同经济体间数据标准和技术流动的异质性问题，提升全球数据治理的技术化、标准化与规范化。最后，积极建立更多的双边、多边对话机制和平台，增进政府间关于数据治理与合作的沟通交流，弥合数据治理制度和跨境流动政策等的国别差异，增加数据治理的互操作性。

未来，随着全球数字经济的不断深化，数据治理的国际合作与交流将更加拓宽、拓深。各国只有在法律法规、数据跨境流动、数据保护、技术合作等领域开展深入合作，才能推动全球数字经济的健康发展。同时，中国也将继续积极参与全球数据治理体系建设，贡献数据治理的中国方案，与多方合作，维护开放、公正、非歧视性的营商环境，为构建人类命运共同体贡献中国智慧和力量。

第七节　推动中国数据产业与数据资本生态发展的政策建议

数据已经成为数字经济时代最重要的生产要素，是算法、算力的基础，也是智能生产、智能生活、智能社会的起点和终点。数据和基于大模型的人工智能形成闭环，高质量的数据是训练大模型和人工智能进步的源头，人工智能再源源不断地生成新的数据。由此，数据与大模型同源共振，数据产业蓬勃兴起，在大模型应用和人工智能发展的推动下，迎来未来最大的科技和产业大潮。

2024年7月，党的二十届三中全会召开，会议明确了进一步全面深化改革、推进中国式现代化的目标和任务。会议突出强调了科技创新的重要战略意义，并对加快构建促进数字经济发展体制机制和完善数据要素市场制度规则等做出了详细部署。《中共中央关于进一步全面深化改革 推进中国式现代化的决定》提出，要"建设和运营国家数据基础设施，促进数据共享。加快建立数据产权归属认定、市场交易、权益分配、利益保护制度，提升数据安全治理监管能力，建立高效便利安全的数据跨境流动机制"。这也为数据要素市场发展指明了方向，意味着在数据要素市场建设的现有基础上，要继续推动机制创新、鼓励产业发展、培育生态繁荣、强化安全治理、提升国际合作，以体制优势保障我国丰富的数据要素价值潜力的释放，使我国成为数字时代的强国。

一、以数据制度建设为根本，推动数据要素市场化配置改革

我国在数据基础制度建设方面取得了显著进展。从国家顶层设计出发，我国已经陆续出台了《中共中央 国务院关于构建数据基础制度更好发挥数据要素作用的意见》《数字中国建设整体布局规划》《企业数据资源相关会计处理暂行规定》《"数据要素×"三年行动计划（2024—2026年）》等战略指导规划，组建了以国家数据局为中心的全国各级数据管理体系，为进一步细化数据基础制度、落实数据要素市场化配置改革谋划好了开篇布局。同时，以《中华人民共和国网络安全法》《中华人民共和国数据安全法》《中华人民共和国个人信息保护法》《关键信息基础设施保护条例》为核心，辅以各类行政法规和地方性立法，初步

建立了数据基础制度的法律框架。

近期，国家数据局将针对数据要素市场化配置改革的痛点，陆续推出数据产权、数据流通、收益分配、安全治理、公共数据开发利用、企业数据开发利用、数字经济高质量发展、数据基础设施建设指引八项重要制度文件，加大政策供给，加快构建我国数据基础制度的"四梁八柱"，以助力应对数据权属界定、数据价值评估、数据资产核算和管理制度等实践挑战，推动数据要素价值的实现。

第一，统筹推进、系统完善数据基础制度体系建设。数据要素市场建设是一项综合性的系统工程，根据基础制度对数据要素产业和市场影响的重要程度，从整体到局部，从设计到落实，分阶段逐步细化布局，加快形成数据要素市场的核心法律基础、制度基础和操作基础。目前，我国的数据要素基础制度主要由国家发展改革委、财政部、国家数据局等中央部委牵头制定，集中围绕数据权利、数据交易和数据安全合规监管等主要内容开展，法律条例也侧重数据安全和信息保护，但尚未出台全面的国家数据法案，地方层面的数据要素基础制度也尚未整体成形。后期应基于整体要求制定国家层面的数据法案，结合各地的经济发展、产业特色、数据需求等区域性特征，因地制宜地逐步跟进区域化数据要素基础制度，并提高数据基础制度的可执行性。

第二，加快数据基础制度落地实施，促进数据要素市场化配置改革提速。数据要素市场化配置改革将数据作为关键生产要素，通过市场机制进行有效配置和利用。目前，我国数据要素市场化配置改革刚刚起步，在初期阶段就构建起适应数据要素特征、符合市场规律、契合发展需要的基础制度，对于建设长期、稳定、繁荣的数据要素市场具有方向指引和治理保障的核心作用。数据产权、数据流通、收益分配、安全治理这四项数据基础制度也对应着数据要素市场化配置改革的主要任务，旨在提升经济效率、推动产业升级、增强国际竞争力。在制度设计和落地实施上，我国现有数据要素相关法律法规和制度主要集中在数据要素产业链中较为核心的环节，如数据权利、数据登记、数据定价、数据监管等，而发展相对滞后的，如针对数据价值核算、数据运营等的制度法规，也是数据要素市场配置实施中的重要内容，应逐渐补充加强。

第三，增强数据要素市场化配置改革的系统性、整体性和协同性，培育全国一体化数据市场。现阶段数据要素市场的定义和边界尚未形成权威共识，数据要素市场化配置改革过程中面临的问题和挑战是多方面的，主要包括数据产权界定不清、数据交易市场建设不完善、数据流通与共享不充分、数据安全和隐私保护能力不足、跨界跨域数据融合应用度不高等。只有在数据基础制度的统一引导下，激发政府、企业、行业等各界主体发挥合力，才能从系统、整体和协同层面推动数据要素市场化配置改革进程，实现跨域、跨行业的全国一体化数据市场快速发展。

二、以数据基础设施建设为底座，夯实数字经济发展基石

基础设施建设是支持经济发展的重要基石，随着经济、社

会、技术的进步而持续更新，到以数据要素为特征的数字经济时代，信息化、数字化阶段的信息基础设施、数字基础设施，应升级为数据基础设施。数据基础设施是数据基础制度落地和数据高效开发利用的基础承载，构建数据要素市场生态同样需要强大的数据基础设施作为支撑。

第一，新型数据基础设施要在继承信息、数字基础设施的基础上，升级为契合数字经济时代的特有内涵。数据要素的"技术－经济"特征，使数据基础设施对实体经济的赋能作用更加突出。全国数据工作会议提出，要优化数据基础设施布局，加快全国一体化算力网和数据流通基础设施建设。党的二十届三中全会首次提出"国家数据基础设施"，支持"建设和运营国家数据基础设施，促进数据共享"。而当前实践中的数据基础设施和技术环境，与国家构建数据要素市场的战略目标、数据要素流通实践的需求、市场流通环境建设的需求之间还有较大差距。

第二，全面系统的数据基础设施建设在重视技术设备等硬件能力的同时，也应重视提升规范标准等软件能力。一方面，要支持数据收集、存储、处理、流通、应用等全流程环节的技术及硬件基础设施建设，如网络设施、算力设施、数据安全设施和数据流通设施四大类。其中，以5G、光纤、卫星互联网为代表的网络基础设施建设已较为成熟；算力基础设施的发展趋势是通过"东数西算"工程，加快构建全国一体化算力网；下一阶段是重点部署以数据空间、区块链、高速数据网为代表的数据流通设施，以及以隐私技术、联邦学习为代表的数据安全设施。另一方面，布局数据资源体系、数据流通体系、数据交易体系中具有通用性的规范标准、体制机制等软性基础设施,从制度上保障支持数据要素市场的高效规范运行。数据要素流通标准化建设包括基础共性标准、关键技术标准、安全管理标准和重点领域标准等方面,涉及数据体系的基础性和通用性框架、数据生命周期各环节的规范管理、行业落实法律法规以及行业主管部门的管理要求等,是建立统一开放、竞争有序的数据要素市场的本质内在要求。持续完善数据流通、治理、开发、产品、确权、估值、技术、安全等环节的标准规范,能够充分保障数据生产要素的高速、有序、安全流通,赋能千行万业。

第三,统筹规划全国范围内的数据基础设施建设进程,结合地域特征实施战略布局。在数据基础设施建设方面,我国各大城市围绕当地数据基础资源优势和特色产业,积极探索数据要素市场发展模式和实施路径。上海、浙江、海南、北京、福建、贵州等多地在网络基础设施、算力基础设施、融合基础设施、政务数据一体化平台、公共数据授权运营平台、数据交易平台等方面超前布局,数据要素市场发展较快,而在全国其他区域的整体发展不均衡、覆盖面不全,下一阶段应在统筹规划中充分结合各地特色优势,在更多的区域布局中推广并予以政策支持,释放地方数据基础设施建设的潜力。

三、打通数据产业发展关键环节,促进数据赋能实体经济

数据产业是利用数字技术,在对数据资源进行产品和服务开

发的过程中所形成的新兴产业形态。数据产业链包括从数据采集到发挥价值的生产、流通和应用等一系列主要环节，也相应地涉及数据基础设施、数据资源、数据产权、数据估值、数据交易、数据技术、数据与产业融合应用等阶段的配套机制构建与完善。要实现数据向资本的转化，赋能实体经济，把数据变成财富，就要加快将数据要素融合到全产业链中，打通数据产业链，从而推进可循环的数据价值实现。

第一，推动公共数据扩大开放利用是解决数据供给的重要突破口。

我国公共数据开放共享初见成效，授权运营起步探索，政企数据融合不断深入，但由于开发开放激励不足、权属关系难确定、定价模式不成熟、数据隐私保护和安全问题等因素，目前仍存在有效供给不足、流通模式待完善、数据质量不高以及复用难度大等问题。下一阶段要持续探索公共数据、企业数据开发利用新路径，挖掘和释放数据要素价值。

在管理和使用公共数据时，必须始终以服务社会的最大利益为目标，以公平、有效和可持续为基本原则。在公共数据授权使用规则上，应坚持五个重要共性。一是所有授权使用的条件和条款必须透明。二是授权协议中需明确数据使用的具体目的和范围。三是对涉及个人隐私和敏感数据的使用，需要特别授权并采取适当保护措施。四是收费标准必须合理且透明，不得以获取盈利为目的。五是规则需要明确数据使用者的责任和义务。

要加强高质量数据供给，激活数据流通的源头，首要是做好公共数据的授权运营。现阶段应着重从以下三点入手：一是构建法律、政策和技术生态，二是构建数据资产商业平台，三是构建核心的估值体系。"数据二十条"指出，要"推动用于数字化发展的公共数据按政府指导定价有偿使用"。因此，要解决估值体系这一核心问题，鼓励利用前沿的估值工具，探索建立公共数据利益分配机制，激励数据供给方和加工方加大高质量数据供给。同时，也鼓励在具备条件的区域先行先试，探索总结可推广、可复制的公共数据授权运营经验。

第二，促进数据流通交易的关键是解决数据估值。

数据流通是构建数据要素交易市场的关键枢纽，也是解决数据资源碎片化和相互隔离问题的核心。从我国数据流通交易的现状看，在数据确权方面，仍在制度制定的起步阶段，确权、登记等领域的标准、细则仍有待明确；在数据估值方面，对数据的估值定价还没有统一的较成熟的模式，准确性和认可度不高，难以满足实际应用的需要；在数据交易方面，场外交易仍是主流模式，各地数据交易所和交易平台的交易规则难以互通互认。

价格机制是市场机制的核心，要建立数据要素市场化价格机制，解决数据估值就成为数据流通环节中最重要的内容。如果估值问题能够得到很好的解决，数据资产的公平性、可持续性以及隐私安全透明问题就都能相应地得到解决。应广泛学习、借鉴跨领域科研方法和成果，集中力量突破解决数据估值这一难题，为促进数据流通解决关键性障碍。例如，前沿研究提出用夏普利值来解决数据的估值问题，其在合作博弈、费用分摊、损益分摊等场景中有着广泛的应用，提供了破解数据估值难题的科学方向。

在数据跨境流动方面，全球数据跨境流动治理与规则正处于形成过程中，美欧国家围绕数据跨境流动的规则博弈不断加剧，我国初步构建了较为严格的数据出境安全管理制度，尚未形成具有全球约束力的数据跨境流动全球治理和规则体系。要坚持安全与发展，一是明确数据主权，建立数据跨境流动中国治理方案，完善跨境数据安全管理办法，平衡好数据本地化存储与数据跨境流动的关系，建立内外有别的数据跨境流动安全保障和监管体系；二是积极牵头或参与数据跨境流动国际条约、标准或规则的制定，建立或参与区域性的数据跨境流动规则及白名单机制，构建数据流动的国际"朋友圈"；三是加大数据和算力的国际市场投入，推动构建开放、合作、共赢的国际数据治理体系。

第三，丰富数据应用场景，充分发挥数据要素对实体产业的乘数效应。

数据应用场景是实现数据流通、释放数据价值不可或缺的依托，涉及政务、工业、农业和服务业等行业的数据应用。在数字技术的深度渗透下，数据要素对实体产业的乘数效应可以通过多种机制来实现：一是提高微观层面企业生产经营效率；二是不同来源数据集融合匹配后的信息增值，为企业带来价值提升；三是多场景复用带来的宏观价值倍增。

当前，我国数据应用正处于探索发展的快速增长阶段，《"数据要素×"三年行动计划（2024—2026年）》提出，到2026年底，在智能制造、智慧农业、交通运输、金融服务等领域打造300个以上示范性强、显示度高、带动性广的典型应用场景。为更好地拓展数据应用场景，总体上应以数据使用为核心功能，以提升实体经济效率为主要目标,扩大数据服务和应用范围,推动数据资本化发展。

具体而言,一是要以需求为牵引,聚焦符合国家战略的重点行业和领域,挖掘高价值数据要素应用场景,加速数实深度融合,以场景创新驱动数据交易需求、繁荣数据产业生态;二是加强多样化的典型应用场景试点探索,推动数据资源丰富、作用效益明显、条件适宜的区域、产业先行先试,形成示范引领作用予以推广;三是安全有序,在数据应用场景的开发和使用过程中,用技术管理数据安全和风险,确保数据成为赋能经济发展的高质量驱动力。

第四,培育多元化、专业化数据商,壮大全链条数据产业服务生态。

构建数据要素市场需要更好地发挥市场机制作用,培育壮大数据企业,完善数据流通交易服务生态,打造竞争有序、繁荣活跃的数据产业。

数据产业覆盖广泛的参与方和服务机构,既包括从事数据技术创新、资源开发利用、数据技术赋能应用的企业,从事数据产品和服务流通交易的企业,也包括登记、评估、审计服务机构等,以及参与数据基础设施建设的企业。中国通信标准化协会大数据技术标准推进委员会在数据要素产业图谱中,根据各行业在数据产业中的定位和作用,将涉及金融、通信、互联网、制造业等22类行业中的企业分为数据要素价值驱动企业、数据要素服务机构、数据要素技术厂商三大类。当前我国数据经纪商在行业、区域层面的发展都缺乏协调,在行业分布结构上,主要集中在数据咨询服务商、数据资源集成商、数据分析技术服务商等门槛较低的行业，缺少数据交付服务商及数据治理商等相关行业。在地理分布结构上，主要集中在长三角、珠三角和京津冀地区，中西部地区相关产业的数据经纪商的类型和数量都较少。

培育多元化的数据商，一是基于数据产业的阶段性重点发展需求，结合当前数据经纪商分布结构和发展状况，有针对性地提出培育数据经纪商发展的重点产业和区域方向，并予以政策支持，建立企业参与的激励机制；二是发挥政府监管和行业自律的作用，推动出台数据经纪商认证机制，明确数据经纪商分类、准入和管理标准，推动数据经纪商专业化、规范化的高质量发展；三是创新数据中介形式，探索搭建合法、合规的数据经纪商服务平台，借助业务赋能、信息交流和市场支持等手段构建良好的生态，推动数据产业及应用的有序发展。

四、提升数据安全治理监管能力，繁荣数据资本生态

随着数据资产流通价值的提升、方法的多样化和应用场景的多元化，其对应的风险也不断提升。然而，当前有关数据流通交易的法规制度尚未明确和完善，需要加大监管数据要素市场的力度。例如，《中华人民共和国个人信息保护法》中的匿名化标准难以操作，匿名化标准与技术标准之间缺乏衔接。此外，数据资产入表后，对数据资产的披露要求也相应提高，包括数据资产的形成、来源和约束条件等，由此产生会计报表的合规风险。可

见，法律与政策之间的背离是数据价值流通过程中主要风险的根源，应在立法和政策制定中寻求平衡，确保数据资产的有效流通和合理利用。

第一，完善数据法律法规及标准规范体系。

一是制定和完善数据流通和安全相关法律法规，确保数据在采集、存储、加工、流通和应用过程中的合法性与合规性，明确数据交易、共享、使用等行为的法律边界和责任。

二是探索建立安全、可追溯的数据要素流通规则和秩序，强化对数据登记、定价、交易及应用等全流程的监管机制，健全数据伦理和隐私保护机制，促进数据流通与效率提升。

三是建立数据分类分级保护制度，根据数据的重要性和敏感性进行分类，并制定相应的保护措施，降低安全风险；提高数据保护制度与技术标准的统一性，规范应用，提高可操作性。

四是建立健全跨境数据司法保护法律体系、创新跨境数据司法管辖体系、加强数据跨境流动的国际合作治理，与各国探讨建立数据互认的合作框架。

五是设立专门的数据安全监管机构，促进数字监管能力升级，制定和实施数据安全监管政策，探索数据治理的长效机制。开展数据安全风险评估，制定行业管理规范，对各行业数据活动进行风险评估，及时发现并防范数据安全风险。

第二，鼓励数据技术创新，重构数据安全技术体系。

随着数据安全治理监管与合规要求的日益增加，数据安全技术也需要持续创新，并建立体系化的应对策略。

一是数据要素市场与新技术的融合发展逐渐深入。鼓励各类主体不断加强差分隐私、多方安全计算、联邦学习等多种数据安全与隐私保护技术的研发和落地应用，为数据交易、流通中的安全保护提供持续的技术支撑。

二是构建覆盖数据生命周期、符合应用场景需求的数据安全技术体系。通过对数据生命周期内各使用场景的风险监测和评估，针对现有数据安全管理的薄弱环节，进行技术升级和制度流程优化，提高数据安全防护能力。

三是推广先进的数据加密技术，确保数据在传输和存储过程中的安全性；积极应用数据脱敏技术，在公共数据的授权使用和流通过程中保护数据安全和隐私；推动数据防泄露技术，防止数据应用过程中的泄露和滥用。

四是在财政、基建和人才政策方面持续予以支持，鼓励在条件适宜的区域先行先试，培育推动数据技术创新和应用的政策环境，提升隐私计算、区块链、多方安全等前沿技术在数据流通交易业务中的实际应用率。

第三，关注数据人才培养，稳步提升全民数字素养和技能。

一是数据治理离不开人力资本支持，要着力培养、引进数据要素流通等领域的专业人才，在国家教育体制中引导建立需求导向的中长期数据人才培养计划。

二是在产业数字化转型过程中，应关注传统职业和岗位的数据技能培训，最大化利用能够将实体产业经验与数字技术相结合的人力资源。

三是大力提升数据管理人员的国际视野、数据安全意识和数据合规知识储备，分层级培养具有数据管理洞见和数据战略意识的复合型人才。

五、坚持高水平的制度型开放，推进数据治理国际合作

全球数字治理正面临规则重构的关键时期，我国积极参与和引导数字领域的国际规则制定，积极推进数字领域高水平开放，大力发展数字贸易，在数字领域国际合作方面已经取得了有效进展。

第一，继续积极参与和引导国际数据规则与标准制定。

在国际交流合作平台上，积极提出和阐述数据治理的中国倡议与中国方案，增进国际交流和共识，积极推动数据规则、规制、标准、管理的相通相容，促进国家间的数据互认与合作。

积极参与国际数据治理规则谈判，提升我国数据治理水平，促进数据流通领域的实践合作与经验交流。积极参与国际数据流通标准的制定和修订工作，提升我国在国际数据流通领域的话语权和影响力。

第二，积极推进高水平对外开放，加强国际数据安全合作。

稳步扩大制度型开放，构建透明、稳定、可预期的制度环境，加大与世界主要经济体的对话，搭建高水平的数据领域开放合作平台，与其他国家和地区开展数据安全领域的合作与交流，分享经验和技术，共同应对数据安全的挑战。

在《全球数据安全倡议》下，坚持各国应尊重他国主权、司法管辖权及数据安全管理权，共同维护全球数据流动的安全与秩序。以事实为依据，全面客观地看待数据安全问题，积极维护全球信息技术产品和服务的供应链开放、安全、稳定。

第三，推动我国与他国在数据跨境流动领域的合作和互信。

在增强数据安全保障和数字治理能力的基础上，明确提出适合我国国情的数据跨境流动治理方案，逐步建立起与世界主要经济体、我国主要贸易伙伴的数据跨境传输便利化机制。通过国际合作共同开发数据资源，建设国际化数据交易平台，推动数据资源的共享和利用，推进全球数据资产治理机制的建设。

积极参与国际数据跨境流动规则的制定和谈判，力争加入《区域全面经济伙伴关系协定》，主动对接《全面与进步跨太平洋伙伴关系协定》和《数字经济伙伴关系协定》等国际高标准经贸规则。

第四，扩大国际数据治理"朋友圈"。

充分发挥"一带一路"倡议、金砖国家、上海合作组织、中阿合作论坛、中非合作论坛、东盟地区论坛等国际交流合作平台的作用，在平等互利、尊重各国数据主权和数据安全的基础上，不断增强数据治理中国倡议和中国方案的影响力。

积极建立更多的双边、多边对话机制和平台，增进政府间关于数据治理与合作的沟通交流，弥合数据治理制度和跨境流动政策等的国别差异，增加数据治理的互操作性，共同推动全球数字经济的健康发展。

小结：挑战与展望

构建安全、公平、透明的数据资本生态是一个复杂而系统的过程，需要政府、企业、社会等主体积极参与、协同共治。首先，需要明确数据资本生态的目标和定位，建立健全数据要素市场的制度规则和政策框架。其次，要从产业发展、市场构建和生态培育等多方面综合入手，培育支持数据产业发展的监管生态，包括夯实数据基础设施建设、促进数据产业发展和繁荣、规范数据流通和交易、平衡数据跨境流动的收益与风险、建立良好的数据服务生态等。再次，要充分利用数据要素市场区域试点的典型案例和成功经验，积极总结并推广形成新模式、新业态。此外，要创新数据技术为数据监管和治理保驾护航，如构建完善的数据安全管理体系、应用先进的数据安全技术、加强数据安全协同治理以及持续监测与改进等。最后，要积极参与全球数据治理的国际合作与规则构建，建立合作机制，携手各方打造开放共赢的数据领域国际合作格局。

数据是未来一切经济和社会活动的起点与终点，以数据和人工智能为基础的第四产业正在崛起，引领数据资本时代的到来，将给人类生活、工作、社会和思维带来重大的影响，改变市场与财富、公司与金融的关系，重新定位数字化与数据的作用。数据产业和资本的发展还将改变企业模式，产生新的产权和新的激励机制，企业决策将变得更加自动化和智能化，市场机制会更加有效。数据的资本化使数据能参与分配，成为个人、企业和社会未来最重要的财富，而且是不断增长、持续回报的财富。

中国是数据大国，在新兴数字经济时代，数据无疑成为所有发展的基础支撑点和前沿引擎，是我国经济新的增长点和新质生产力的重要组成部分。只有让数据更好地与科技、人工智能结合，让数据进入生产函数，培育统一的技术和数据市场，将数据转化为资本、生产力和财富，才能更好地推动中国的科技创新、经济增长、财富扩大和社会发展。在推动数据制度建设、数据产业发展、数据市场建设、数据安全治理和国际合作的过程中，有巨大的挑战，也意味着巨大的机会。迎接挑战，承担责任，继续改革开放，构建中国创新型数据产业体系，助力中国经济高质量发展，是时代赋予我们走向新世界前沿的责任和机遇。

参考文献

第一章 "数据+人工智能"的新兴数字经济正在崛起

1. 布莱恩约弗森，麦卡菲. 第二次机器革命［M］. 蒋永军，译. 北京：中信出版社，2014.
2. 邓仲华，李志芳. 科学研究范式的演化——大数据时代的科学研究第四范式［J］. 情报资料工作，2013（4）：19-23.
3. 耿子恒，汪文祥. 人工智能对产业发展影响的研究进展［J］. 企业经济，2021（10）：31-40.
4. 国家发展和改革委员会.《"十四五"数字经济发展规划》解读｜发挥数字经济特征优势 推动数字经济健康发展［EB/OL］.［2022-01-21］. https://www.ndrc.gov.cn/xxgk/jd/jd/202201/t20220121_1312591_ext.html.
5. 国家统计局. 数字经济及其核心产业统计分类（2021）［EB/OL］.［2021-06-03］. https://www.stats.gov.cn/sj/tjbz/gjtjbz/202302/t20230213_1902784.html.
6. 国务院发展研究中心国际技术经济研究所，中国电子学会，智慧芽. 人工智能全球格局：未来趋势与中国位势［M］. 北京：中国人民大学出版社，2019.

7. 黄欣荣. 大数据时代的思维变革［J］. 重庆理工大学学报（社会科学），2014（5）：13-18.

8. IDC. 数据时代2025［R］. 北京：国际数据公司，2018.

9. 李涛，欧阳日辉. 数据是形成新质生产力的优质生产要素［N］. 光明日报，2024-04-23.

10. 牛正光. 大数据的"集量成智"模型对科研范式的影响［J］. 中国软科学，2017（Z1）：374-379.

11. 彭文生. 数字经济如何影响增长与分配［EB/OL］. ［2023-04-03］. http://www.50forum.org.cn/home/article/detail/id/10304.html.

12. 宋海龙. 科技进步与思维方式变革［J］. 大理大学学报，2017（9）：42-48.

13. 谭铁牛. 人工智能的历史、现状和未来［J］. 求是，2019（4）：5.

14. 迈尔-舍恩伯格，库克耶. 大数据时代［M］. 盛杨燕，周涛，译. 杭州：浙江人民出版社，2013.

15. 颜世健，喻国明. 智能方法作为"第五范式"：人工智能时代科研范式的"新物种"［J］. 学术探索，2024（1）：34-43.

16. 中国信息通信研究院. 大数据白皮书（2020年）［R］. 北京：中国信息通信研究院，2020.

17. 中国信息通信研究院. 全球数字经济白皮书（2023年）［R］. 北京：中国信息通信研究院，2024.

18. 朱民. 跨越ChatGPT：大模型和AI的未来［J］. 新经济导刊，2023（2）：4-7.

19. Aghion P, Jones B, Jones C. Artificial Intelligence and Economic Growth［R］. Cambridge: NBER Working Paper, 2017.

20. Agrawal A K, Gans J S, Goldfarb A. Prediction, Judgment, and Complexity: A Theory of Decision-Making and Artificial Intelligence［R］. Cambridge: NBER Working Paper, 2017.

21. Berens P, Cranmer K, et al. AI for Science: An Emerging Agenda [R]. 2023.
22. Bommasani R, et al. On the Opportunities and Risks of Foundation Models [J]. arXiv, 2021.
23. Brown T B, et al. Language Models are Few-Shot Learners [J]. arXiv, 2020.
24. Brown T B, Mann B, Ryder N, et al. Language models are unsupervised multitask learners [J]. Nature, 2020, 580(7803): 425-432.
25. Brynjolfsson E, Kahin B. Understanding the Digital Economy [J]. The Academy of Management Review, 2000, 26(3):463.
26. Bukht R, Heeks R. Defining, conceptualising and measuring the digital economy [R]. Manchester: GDI Development Informatics Working Papers, 2017.
27. Dahlman C, Mealy S, Wermelinger M. Harnessing the digital economy for developing countries [R]. Paris: OECD Development Centre Working Papers, 2016.
28. G20 Digital Economy Task Force. G20 Digital Economy Development and Cooperation Initiative [R]. Hangzhou: G20 DETF, 2016.
29. House of Commons. The Digital Economy [R]. London: UK Parliament, 2016.
30. Huth E J. The information explosion [J]. Bulletin of the New York Academy of Medicine, 1989, 65(6): 647.
31. IDC. Worldwide IDC Global DataSphere Forecast, 2023-2027 [R]. Framingham: IDC, 2023.
32. IMF. Measuring the Digital Economy [R]. 2018.
33. Jumper J, Evans R, Pritzel A, et al. Highly accurate protein structure prediction with AlphaFold [J]. Nature, 2021, 596: 583-589.
34. Kling R, Lamb R. IT and organizational change in digital economies, in understanding the digital economy [M]. Cambridge: MIT Press, 2000.

35. Machlup F. The Production and Distribution of Knowledge in the United States [M]. New Jersey: Princeton University Press, 1962.
36. Mckinsey & Company. Digital Globalization: The New Era of Global Flows [R]. 2016.
37. Merchant A, Batzner S, Schoenholz S S, et al. Scaling deep learning for materials discovery [J]. Nature, 2023, 624: 80–85.
38. Mesenbourg T L. Measuring the Digital Economy [R]. Washington, D.C.: U.S. Census Bureau, 2001.
39. National Security Commission on Artificial Intelligence. The Final Report [R]. Washington, D.C.: NSCAI, 2021.
40. OECD. A roadmap toward a common framework for measuring the Digital Economy [R]. Paris: OECD Publishing, 2020.
41. OECD. Guide to Measuring the Information Society 2011 [M]. Paris: OECD Publishing, 2011.
42. OECD. Guidelines for Supply-Use tables for the Digital Economy [R]. Paris: OECD Publishing, 2019.
43. OECD. OECD Information Technology Outlook [M]. Paris: OECD Publishing, 2011.
44. OECD. The Digital Economy [M]. Paris: OECD Publishing, 2013.
45. Porat M U. The Information Economy: Definition and Measurement [M]. Washington, D.C.: Government Printing office, 1977.
46. Radford A, Wu J, Child R, et al. Language models are unsupervised multitask learners [J]. OpenAI Blog, 2019, 1(8): 9.
47. Rao Z, et al. Machine learning-enabled high-entropy alloy discovery [J]. Science, 2022, 378: 78–85.
48. Sauceda D, Singh P, Ouyang G, et al. High throughput exploration of the oxidation landscape in high entropy alloys [J]. Materials Horizons, 2022, 9:

2644-2663.

49. Shimada K. Customer value creation in the information explosion era [C]//2014 Symposium on VLSI Technology (VLSI-Technology): Digest of Technical Papers. IEEE, 2014: 1-5.

50. Doyle P, Lane J, Theeuwes J, et al. Confidentiality, Disclosure and Data Access: Theory and Practical Applications for Statistical Agencies [M]. Amsterdam: Elsevier Science, 2001.

51. Tapscott D. The Digital Economy: Promise and Peril in the Age of Networked Intelligence [M]. New York: McGraw-Hill, 1996.

52. Tolle K M, Tansley D S, Hey A J G. The Fourth Paradigm: Data-Intensive Scientific Discovery [J]. Proceedings of the IEEE, 2011, 99(8): 1334-1337.

53. Tunyasuvunakool K, Adler J, Wu Z, et al. Highly accurate protein structure prediction for the human proteome [J]. Nature, 2021, 596: 590-596.

54. U.S. Department of Commerce. Digital Economy [R]. 2000.

55. U.S. Department of Commerce. The Emerging Digital Economy [R]. 1998.

56. UNCTAD. Digital Economy Report 2019 [R]. Geneva: United Nations Conference on Trade and Development, 2019.

57. Wang H, Fu T, Du Y, et al. Publisher Correction: Scientific discovery in the age of artificial intelligence [J]. Nature, 2023, 620: 47-60.

58. Xu Y, Liu X, Cao X, et al. Artificial intelligence: A powerful paradigm for scientific research [J]. The Innovation, 2021, 2(4): 100179.

59. Zhang L, Chen S. China's Digital Economy: Opportunities and Risks [R]. Washington, D.C.: IMF working paper, 2019.

第二章 发挥数据价值，走向智能数字经济

1. 敖蓉. 数字经济催生新职业［N］. 经济日报，2023-03-30.
2. 蔡继明，刘媛，高宏，等. 数据要素参与价值创造的途径——基于广义

价值论的一般均衡分析［J］.管理世界，2022，38（7）：108-121.

3. 蔡万焕，张紫竹.作为生产要素的数据：数据资本化、收益分配与所有权［J］.教学与研究，2022，56（7）：57-65.

4. 陈书晴，任昊翔，陶思佳，等.数据要素与多元市场主体融合机制研究［J］.信息通信技术与政策，2022（1）：2-10.

5. 陈晓红，唐立新，李勇建，等.数字经济时代下的企业运营与服务创新管理的理论与实证［J］.中国科学基金，2019（3）：301-307.

6. 德勤，阿里研究院.数据资产化之路：数据资产的估值与行业实践［R］.2019.

7. 杜庆昊.数据要素资本化的实现路径［J］.中国金融，2020（22）：34-36.

8. 段巍.解码数字经济时代的产业链升级——数据要素和数字技术的双重作用［J］.中国社会科学评价，2023（3）：58-66+158.

9. 关于构建数据基础制度更好发挥数据要素作用的意见［EB/OL］.［2022-12-19］.https://www.gov.cn/zhengce/2022-12/19/content_5732695.htm.

10. 国家工业信息安全发展研究中心，等.中国数据要素市场发展报告（2021-2022）［R］.2022.

11. 国务院.国务院关于印发"十四五"数字经济发展规划的通知［EB/OL］.［2021-12-12］.https://www.gov.cn/zhengce/content/2022-01/12/content_5667817.htm.

12. 何伟.激发数据要素价值的机制、问题和对策［J］.信息通信技术与政策，2020（6）：4-7.

13. 黄再胜.数据的资本化与当代资本主义价值运动新特点［J］.马克思主义研究，2020（6）：124-135.

14. 李海舰，赵丽.数据成为生产要素：特征、机制与价值形态演进［J］.上海经济研究，2021（8）：48-59.

15. 林飞腾.大数据资产及其价值评估方法：文献综述与展望［J］.财务管理研究，2020（6）：1-5.

16. 刘涛雄，戎珂，张亚迪.数据资本估算及对中国经济增长的贡献——基于数据价值链的视角［J］.中国社会科学，2023（10）：44-64+205.

17. 刘震，张立榕.数据资本形成及其特征的政治经济学分析［J］.学习与探索，2023（9）：84-92.

18. 麦肯锡公司.洞见未来：中国数字经济创新六大趋势［R］.2022.

19. 普华永道.数据要素视角下的数据资产化研究报告［R］.上海：普华永道，2022.

20. 普华永道.数据资产化前瞻性研究白皮书［R］.上海：普华永道，2021.

21. 戚聿东，刘欢欢.数字经济下数据的生产要素属性及其市场化配置机制研究［J］.经济纵横，2020（11）：63-76+2.

22. 上海数据交易所.数据资产入表及估值实践与操作指南［R］.2023.

23. 宋冬林，田广辉.经济平台化模式下数据的资本化与资本积累新特点［J］.税务与经济，2023（1）：1-7.

24. 宋宪萍.数据资本的利润来源及其极化效应［J］.马克思主义研究，2022（5）：133-144.

25. 皮凯蒂.21世纪资本论［M］.巴曙松，等，译.北京：中信出版社，2014.

26. 王胜利，樊悦.论数据生产要素对经济增长的贡献［J］.上海经济研究，2020（7）：32-39+117.

27. 谢康，夏正豪，肖静华.大数据成为现实生产要素的企业实现机制：产品创新视角［J］.中国工业经济，2020（5）：42-60.

28. 徐翔，厉克奥博，田晓轩.数据生产要素研究进展［J］.经济学动态，2021（4）：142-158.

29. 徐翔，赵墨非.数据资本与经济增长路径［J］.经济研究，2020，55（10）：38-54.

30. 徐翔，赵墨非，李涛，等.数据要素与企业创新：基于研发竞争的视角[J].经济研究，2023，58（2）：39-56.

31. 许宪春，张钟文，胡亚茹.数据资产统计与核算问题研究[J].管理世界，2022，38（2）：16-30+2.

32. 杨虎涛.如何认识数字经济的特性[J].智慧中国，2023（1）：25-26.

33. 杨俊，李小明，黄守军.大数据、技术进步与经济增长——大数据作为生产要素的一个内生增长理论[J].经济研究，2022，57（4）：103-119.

34. 叶雅珍，朱扬勇.数据资产[M].北京：人民邮电出版社，2021.

35. 尹传儒，金涛，张鹏，等.数据资产价值评估与定价：研究综述和展望[J].大数据，2021（4）：14-27.

36. 于立，王建林.生产要素理论新论——兼论数据要素的共性和特性[J].经济与管理研究，2020，41（4）：62-73.

37. 张薰华.《资本论》脉络（第二版）[M].上海：复旦大学出版社，1999.

38. 赵涛，张智，梁上坤.数字经济、创业活跃度与高质量发展——来自中国城市的经验证据[J].管理世界，2020（10）：65-76.

39. 郑联盛，臧怡宏，李俊成.欧盟金融数据治理：框架、重点与启示[J].金融监管研究，2024（2）：20-42.

40. 中国信息通信研究院.数据价值化与数据要素市场发展报告（2021年）[R].2021.

41. 中国信息通信研究院.数据要素白皮书（2023年）[R].2023.

42. 朱民.世界正在离开信息时代进入智能时代[EB/OL].[2023-12-08].https://finance.sina.com.cn/jjxw/2023-12-08/doc-imzxhsmz0842335.shtml.

43. 朱秀梅，林晓玥，王天东，等.数据价值化：研究评述与展望[J].外国经济与管理，2023，45（12）：3-17.

44. Ackoff R. From data to wisdom [J]. Journal of Applied Systems Analysis,

1989(16): 3-9.

45. Arrow K J. Economic Welfare and the Allocation of Resources for Invention [M]// Nelson R. The Rate and Direction of Inventive Activity: Economic and Social Factors. National Bureau of Economic Research, 1962.

46. Beaudreau B C. The dynamo and the computer: an engineering perspective on the modern productivity paradox [J]. International Journal of Productivity and Performance Management, 2010, 59(1): 7-17.

47. Begenau J, Farboodi M, Veldkamp L. Big data in finance and the growth of large firms [J]. Journal of Monetary Economics, 2018(97): 71-87.

48. Bennett Institute for Public Policy, Cambridge & Open Data Institute. The Value of Data: Policy Implications [R]. 2020.

49. Bolin G. The Value Dynamics of Data Capitalism: Cultural Production and Consumption in a Datafied World [M]//Hepp A, Jarke J, Kramp L. New Perspectives in Critical Data Studies, Transforming Communications Studies in Cross-Media Research. London: Palgrave Macmillan, 2022.

50. Bourdieu P. The forms of capital [M]//Richardson J. Handbook of Theory and Research for the Sociology of Education. New York: Greenwood, 1986.

51. Brynjolfsson E, Collis A. How Should We Measure the Digital Economy? [J]. Harvard Business Review, 2019, 97(6): 140-148.

52. Brynjolfsson E, McElheran K. Data in Action: Data-Driven Decision Making in U.S. Manufacturing [J]. Empirical Studies of Firms & Markets eJournal, 2016.

53. CERN. About The Worldwide Lhc Computing Grid [EB/OL]. https://wlcg-public.web.cern.ch/about.

54. Cieslik K, Margócsy D. Datafication, Power and Control in Development: A Historical Perspective on the Perils and Longevity of Data [J]. Progress in Development Studies, 2022, 22(4): 352-373.

55. Corrado C, et al. Data, Intangible Capital, and Productivity [R]. Cambridge: NBER Working Paper, 2022.
56. Deloitte Insights. Monetizing data and technology can help unlock future growth—here's how to take advantage of the opportunity [R]. 2023.
57. Goodridge P, Haskel J, Edquist H. We See Data Everywhere Except in the Productivity Statistics [J]. Review of Income and Wealth, 2021, 68(4): 862-894.
58. Hürtgen H, Mohr N. Achieving business impact with data [R]. McKinsey report. 2018.
59. ISO. Cloud computing and distributed platforms—Data flow, data categories and data use [EB/OL]. https://www.iso.org/obp/ui/#iso:std:iso-iec:19944:-1:ed-1:v1:en.
60. Jones I C, Tonetti C. Nonrivalry and the Economics of Data [R]. Cambridge: NBER Working Paper, 2020.
61. McAfee A, Brynjolfsson E. Big Data: The Management Revolution [J]. Harvard Business Review, 2012, 90(10): 60-68.
62. MIT Technology Reviews Custom, ORACLE. The Rise of Data Capital [EB/OL]. [2016-03-21]. http://files.technologyreview.com/whitepapers/MIT_Oracle+Report-The_Rise_of_Data_Capital.pdf.
63. Mitchell J, Ker D, Lesher M. Measuring the economic value of data [R]. Paris: OECD Going Digital Toolkit Note, 2021.
64. Morozov E. Digital technologies and the future of data capitalism [J]. Social Europe, 2015.
65. Nguyen D, Paczos M. Measuring the economic value of data and cross-border data flows: A business perspective [R]. Paris: OECD Publishing, 2020.
66. OECD. Introduction to Data and Analytics (Module 1): Taxonomy, Data

Governance Issues, and Implications for Further Work [R]. 2013.

67. Provost F J, Fawcett T. Data Science and its Relationship to Big Data and Data-Driven Decision Making [J]. Big Data, 2013, 1(1): 51-59.

68. Ramadhan A. Data Capital: A Systematic Literature Review [J]. DESIDOC Journal of Library & Information Technology, 2022(42): 119-129.

69. Reinsdorf M, Ribarsky J. Measuring the digital economy in macroeconomic statistics: The role of data [R]. Washington, D.C.: IMF Working Paper, 2019.

70. Sadowski J. When data is capital: Datafication, accumulation, and extraction [J]. Big Data & Society, 2019, 6(1).

71. Tang C L. Data Capital: How Data is Reinventing Capital for Globalization [M]. Cham: Springer Cham, 2021.

72. Tuxera. Autonomous and ADAS test cars generate hundreds of TB of data per day [EB/OL]. [2018-10-10]. https://www.tuxera.com/blog/autonomous-and-adas-test-cars-produce-over-11-tb-of-data-per-day/.

73. U.S. Department of Commerce. Measuring the Value of Cross-Border Data Flows [EB/OL]. https://www.commerce.gov/sites/default/files/migrated/reports/measuring-cross-border-data-flows.pdf.

74. Xin B, Liu Y, Xie L. Strategic data capital investment in a supply chain [J]. Operations Management Research, 2023, 16(4): 1925-1948.

第三章　数据战略是国际竞争前沿

1. 阿里研究院. 欧盟数据系列法案的启示：数据确权与激活数据价值的政策逻辑［EB/OL］.［2022-06-11］. https://www.sohu.com/a/556239345_121123922/?pvid=000115_3w_a.

2. 黄卓，张晓冬. 数据商和第三方专业服务机构的培育动力机制研究［J］. 社会科学辑刊，2023（6）：165-172.

3. 李重照，黄璜. 英国政府数据治理的政策与治理结构［J］. 电子政务，

2019（1）：20-31.

4. 吕指臣，卢延纯，江健楷.公共数据进场交易：现实意义、面临挑战与实现路径［J］.价格理论与实践，2024（9）：83-89+225.

5. 清华大学智能法治研究院.美国《联邦数据战略》评述：亟需改革与重启［EB/OL］.［2023-08-11］.https://mp.weixin.qq.com/s/37S3GZl24aAMynajNqhJeQ.

6. 上海数据交易所.2023年中国数据交易市场研究分析报告［R］.2023.

7. 上海数据交易所.全球数据跨境流动规则全景图［R］.2023.

8. 王丽颖，王花蕾.美国数据经纪商监管制度对我国数据服务业发展的启示［J］.信息安全与通信保密，2022（3）：10-18.

9. 王雪，夏义堃，裴雷.国内外数据要素市场研究进展：系统性文献综述［J］.图书情报知识，2023，40（6）：117-128.

10. 中国软件评测中心.公共数据运营模式研究报告［R］.2022.

11. 中国信息通信研究院.全球数字经贸规则年度观察报告（2024年）［R］.2024.

12. Butler O. Obligations Imposed on Private Parties by the GDPR and UK Data Protection Law: Blurring the Public-Private Divide [J]. European Public Law, 2018(24): 555-572.

13. Carrara W, Chan W S, FISCHER S, et al. Creating value through open data:study on the impact of re-use of public data resources [EB/OL]. [2019-06-01]. https://www.europeandataportal.eu/sites/default/files/edp_creating_value_through_open_data_0.pdf.

14. Casalini F, González J L, Nemoto T. Mapping commonalities in regulatory approaches to cross-border data transfers [R]. Paris: OECD Trade Policy Papers, 2021.

15. Department for Digital, Culture, Media and Sport (DCMS), UK. UK National Data Strategy [R]. 2020.

16. European Commission.A European strategy for data [R]. 2020.
17. Federal Data Strategy. Federal Data Strategy: Leveraging Data as a Strategic Asset [R]. 2019.
18. Lokker. Online Data Privacy Report: Website Privacy and Compliance Challenges [EB/OL]. https://lokker.com/wp-content/uploads/2024/04/LOKKER_Online-Data-Privacy-Report_032024-2.pdf.
19. Open Data Watch. Maximizing Access to Public Data: Striking the Balance Between "Open by Default" and Targeted Data Sharing [R]. 2019.

第四章　数据资本化的中国战略与政策

1. 高金智库数据资产研究课题组．中国企业数据资产入表情况跟踪报告（2024年上半年）[R]．2024．
2. 国家互联网信息办公室．数字中国发展报告（2022年）[R]．2023．
3. 人民网．国家大数据战略（2）——习近平与"十三五"十四大战略．[EB/OL]．[2015-11-12]．http://politics.people.com.cn/n/2015/1112/c1001-27809382-2.html．
4. 人民邮电报．数字中国加快数字业务发展 释放数字生产力［EB/OL］．[2024-04-12]．https://www.szzg.gov.cn/2023/szzg/gzdt/202404/t20240412_4808111.htm．
5. 刘晓晗．中国企业数据资源入表的实践探索、发展趋势与路径建构［J］．城市观察，2024，94（4）：4-18+159．

第五章　数据资本化的三大应用突破

1. 北京注册会计师协会政务服务委员会．关于优化企业数据资源开发与利用政策的研究报告［R］．2024．
2. 马颜昕．公共数据授权运营的类型构建与制度展开［J］．中外法学，2023，35（2）：328-345．

3. 普华永道. 2023普华永道中国首席数据官调研报告［R］. 2023.

4. 中国信息通信研究院. 公共数据授权运营发展洞察（2023年）［R］. 2023.

5. Open Data Watch. Maximizing Access to Public Data: Striking the Balance Between "Open by Default" and Targeted Data Sharing [R]. 2019.

6. Pollock R. Welfare gains from opening up public sector information in the UK [EB/OL]. https://rufuspollock.com/papers/psi_openness_gains.pdf.

7. The GovLab. The GovLab at NYU Tandon Launches Website on "Data Collaboratives"-New Forms of Public-Private Data Exchanges that Create Public Value [EB/OL]. [2017-01-17]. https://engineering.nyu.edu/news/govlab-nyu-tandon-launches-website-data-collaboratives-new-forms-public-private-data-exchanges.

8. UK Parliament POST. Sharing Public Sector Data [R]. 2022.

第六章　构建具有国际竞争力的数据产业链

1. 工信安全智库. 2022年数据交易平台发展白皮书［R］. 2022.

2. 郭兵，李强，段旭良，等. 个人数据银行——一种基于银行架构的个人大数据资产管理与增值服务的新模式［J］. 计算机学报，2017，40（1）：126-143.

3. 国家工业信息安全发展研究中心. 中国数据要素市场发展报告（2021—2022）［R］. 2022.

4. 国家数据局. 关于向社会公开征求《关于促进数据产业高质量发展的指导意见》意见的公告［EB/OL］.［2024-09-27］. https://mp.weixin.qq.com/s/KgbREe03PKX-6ZGvcxUXxw.

5. 黄京磊，李金璞，汤珂. 数据信托：可信的数据流通模式［J］. 大数据，2023，9（2）：67-78.

6. 普华永道，上海数据交易所. 数据要素视角下的数据资产化研究报告

［R］. 2022.

7. 普华永道. 数据资产生态白皮书：构建可持续的数字经济新时代［R］. 2020.

8. 赛迪工业和信息化研究院. 中国城市数据要素市场发展评估报告（2023年）［R］. 2024.

9. 上海数据交易所. 全国统一数据资产登记体系建设白皮书［R］. 2022.

10. 陶雪晴. 国外数据流通典型模式［J］. 通信企业管理，2023（9）：47-49.

11. 卫思谕. 提升数据市场发展水平［N］. 中国社会科学报，2022-07-18.

12. 吴果莲，苑秀娥. 基于应用场景的数据资产会计核算研究［J］. 中国注册会计师，2023（6）：91-95.

13. Delacroix S, Lawrence N D. Bottom-up data Trusts: disturbing the "one size fits all" approach to data governance [J]. International Data Privacy Law, 2019, 9(4): 236–252.

14. Jia R, Dao D, Wang B, et al. Proceedings of the Twenty-Second International Conference on Artificial Intelligence and Statistics [J]. Proceedings of Machine Learning Research, 2019(89): 1167–1176.

第七章　构建安全、公平、透明的中国数据资本生态

1. 工业和信息化部信息中心. 数据要素市场生态体系研究报告（2023年）［R］. 2023.

2. 马涛，刘秉源. 跨境数据流动、数据要素价值化与全球数字贸易治理［J］. 国际经济评论，2024，170（2）：151-176.

3. 全国信标委大数据标准工作组. 数据要素流通标准化白皮书（2022版）［R］. 2022.

4. 赛迪工业和信息化研究院. 中国城市数据要素市场发展评估报告（2023年）［R］. 2024.

5. 中国电子技术标准化研究院，等.数据要素流通标准化白皮书（2024版）[R].2024.

6. 中国信息通信研究院.全球数字治理白皮书（2022年）[R].2022.

7. 中国信息通信研究院.全球数字治理白皮书（2023年）[R].2023.

8. McKinsey Global Institute. Global flows in a digital age: How trade, finance, people, and data connect the world economy [R]. 2014.

9. The World Economic Forum, Data Free Flow with Trust (DFFT): Paths towards Free and Trusted Data Flows [R]. 2020.